中公文庫

中世の秋（上）

ホイジンガ
堀越孝一訳

中央公論新社

目次

下巻目次

翻訳について

本書 Herfsttij der Middeleeuwen, 1919 の翻訳には全集第三巻 Verzamelde Werken, 9 vols., Tjeenk Willink & Zoon N. V., Haarlem, 1948-53, vol.III, 1949 を用いた。これは一九四一年改訂第五版を収録している。今回翻訳の改訂にあたって、一九六九年に同じ出版社から刊行された第十一版「初版から半世紀記念出版」本を参照した。大きく変わっているところはないが、図版の数を十六葉から三十九葉に増やしている。また、巻末に索引を設けている。全集は全著述について第九巻に索引をまとめている。

原文中括弧内の挿入語句は本文に組み込んで訳した。ホイジンガは引用あるいは引例したテキストは脚注で明らかにすることが多いが、わたしは「とシャトランはいっている」とか、「パリの一市民によれば」とか、本文で示すのを原則とした。こうして原注がかなり減り、わずらわしさがなくなったと思う。その他、他人の著述の参照を指示したりする注はかなりはぶいた。それはそれなりに意味がある注だとは思うが、なにはともあれ、ホイジンガの文章そのものをていねいに読んでもらいたいと思うからである。訳注もその趣旨でつけた。この翻訳のこれまでの刊本にくらべて、さらにその点で充実したと思っている。注は各章ごとにまとめ、原注は†つき、訳注は＊つきの番号で示した。

「地図」は各巻に「ネーデルラント」を載せた。現在のオランダ、ベルギー、ルクセンブルク、それにフランスのほんの北の端である。ドイツもほんの西端が入っていて、おかげで本文に盛んに出てくる「クレーフェ」がどこなのか、「地図」でお調べいただける。印象だけだが、本文と解説に出てくる地名の七割はこの「地図」を利用してお調べいただけるのではないか。

下巻の巻末に「史料紹介」「ホイジンガ年譜」「参考文献」「索引」を載せた。「史料紹介」はホイジンガが読んだ数多くのテキストのうち、ほんの一部にとどめなければならなかったのが残念である。「ホイジンガ年譜」は、限られた範囲でではあるが、ホイジンガの経歴の節目節目の歴史的背景が見えるように工夫した。「参考文献」は今回の改訂にあたって用意したものである。「索引」は本文中、言葉は悪いが、好き勝手に飛び出してくる人名、地名、固有名詞をつかまえるのに役立てていただきたい。どこかのページの訳注で、あるていど、解説しているつもりである。

オランダ語の人名、地名の読みの問題点は破裂音（最近は「閉鎖音」といっているようだが）のカタカナ表記である。Huizinga の ga が「ガ」か「ハ」かといった問題だが、原則としては澄んだ音に表記した。ただし、ホイジンガはハイシンハとは書かず、慣用にしたがった。また、もうひとつの問題はフラマン語とワロン語の対立である。オランダ語系のフラマン語で「ヘント」も、フランス語系のワロン語では「ガン」となる類だが、読み返してみると、わたしはワロン語に味方して表記しているケースが多い。併記するのもわずらわしいし、そのままとした。ご了承いただきたい。

第一版緒言

たいていの場合、ひとは、新しいものの起源を過去にさがそうとする。新しい思想、新しい生活の形態がどのようにして生まれいでて、後世、まったき光を輝きはなつにいたるかを知りたがるのだ。ひとは、どの時代も、その次の時代に約束されたものを隠しているとみ、なによりもまずそれを知りたがる。近代文化の萌芽《ほうが》を中世文化にさがし求めようとの努力が、なんと熱心に続けられてきたことか。その熱心さたるやたいへんなもので、なにか、こう、中世精神の歴史は、ルネサンスの、いわば待降節《たいこうせつ》にほかならなかったのだとされてしまったかの観がある。かつては、死んだ時代、硬直した時代とみなされていた中世が、いや、実はすでに新しいものが生まれいでていた時代であった、すべてが近づく完成をめざしていた時代であったとみられるようになったのである。だが、新しい生の誕生のことをたずねるに熱心なあまり、歴史においても、自然における同様、死と誕生とはその歩調を一《いつ》にしているとのことが、ともすれば忘れられがちになってしまったのであった。古い文化の諸形態が死滅する。そのとき、その同じ土壌《どじょう》に新しい文化が養分を吸い、やがては花を咲かせる。

この書物は、十四、五世紀を、ルネサンスの告知とはみず、中世の終末とみようとする試みである。中世文化は、このとき、その生涯《しょうがい》の最後の時を生き、あたかも思うがままに伸びひろがり終えた木のごとく、たわわに実をみのらせた。古い思考の諸形態がはびこり、生きた思想の核にのしかぶさり、これをつつむ、ここに、ひとつのゆたかな文化が枯れしぼみ、死に硬直する——、これが、以下のページの主題である。この書物を書いていたとき、視線は、あたかも夕暮れの空の深みに吸いこまれているかのようであった。ただし、その空は血の色に赤く、どんよりと鉛色の雲が重苦しく、光はまがいでぎらぎらする。いま、書いたものをよみかえしてみて、こう思う、もうすこし、この夕暮れの空に視線をとどまらせていたならば、にごった色もしだいに澄み、ついにはまったき澄明さにいたったのではなかったか、と。いま、ここに、線と色とを与えられたイメージは、当初の予想をこえて、暗く、にごったものになってしまった。ありうることなのだ。衰えゆくもの、すたれゆくもの、枯れゆくものにいつまでも目を奪われがちな人の著述には、ややもすれば濃すぎるほどに、死が、その影を落としている。

この著述の出発点は、ファン・アイク兄弟とその弟子《でし》たちの芸術をよりよく理解したい、時代の生活全体との関連においてとらえたいとの望みにあった。ブルゴーニュ社会、これが、この目にとらえたいと望んだ統一体であった。これを、ちょうどイタリアの十五世紀《クワトロチェント》のように、ひとつのきれいに完結した文化期とみることができるかと思ったのである。だから、はじめのつもりとしては、本の表題は、『ブルゴーニュの世紀』となるはずであった。だが、考察の内容がしだいにひろがり、そう限定することは、おのずから不可能になってきた。ブルゴーニュ文化の統一性をうんぬんしうるとしても、それは、ごく限られた意味においてでしかなくなったのである。フランス文化のブルゴーニュ的ならざる部分が、せめては同等の関心をよせてくれと要求したといおうか。かくて、この書物は、ブルゴーニュというひとつのまとまりを捨て、かわりに、フランスとネーデルラントという二元の構成をとるにいたった。しかも、これが、はなはだ釣合《つりあ》いのとれない構成になってしまったのである。というのは、衰えゆく中世文化一般を論ずるにあたっては、ネーデルラントは、これをフランスのはるか後方におかざるをえず、ネーデルラント文化がその独自の存在意義を主張する領域、すなわち、信仰生活と芸術の分野においてのみ、はじめて中世末期の文化一般におけるネーデルラント的要素が、こまかな議論の対象となっているのであるから。しかも、第十六章においては、ロイスブロークやドニ・ル・シャルトルーに加えて、エックハルトやゾイゼ、タウラーをも証人として喚問すべく、あらかじめ定めた地理上の境界を大きくふみこえてしまった。これまた、弁解のゆるされぬところであろう。

いちおう目を通した十四、五世紀の著述の数の、なんとすくなく思われることか。ほかにも、もっともっとよみたいものがたくさんあった。わたしの陳述が主として拠《よ》った、それぞれ傾向の異なる、いくつかの主要な精神の典型に加えて、なお多くの人びとの生の記録を、わたしは、すすんで紹介しようとした。けっきょく、歴史著述家としては、とりわけフロワサールとシャトランを、詩人としてはユスタシュ・デシャンを、神学者のうちでも、とりわけジャン・ジェルソンとドニ・ル・シャルトルーを、画家としてはヤン・ファン・アイクを多く引用し、引例する結果となったのだが、しかし、それは、かならずしも材料不足からとばかりはいいきれないのである。たしかに、わたしの力量不足ということもあろうが、しかし、そういう結果をまねいたもっと大きな理由は、かれらが、その表現のゆたかさと特異な鋭さとによって、時代の精神をくっきりと映しだす鏡であったという事実にあるのだ。

ここに陳述を試みたのは、生活と思考の諸形態についてである。それら諸形態のうちにあった本質的内容をとらえること、このこともまた、歴史研究の仕事であろうか？

ライデン　一九一九年一月三十一日

中世の秋　上巻

フランスとネーデルラントにおける十四、五世紀の生活と思考の諸形態についての研究

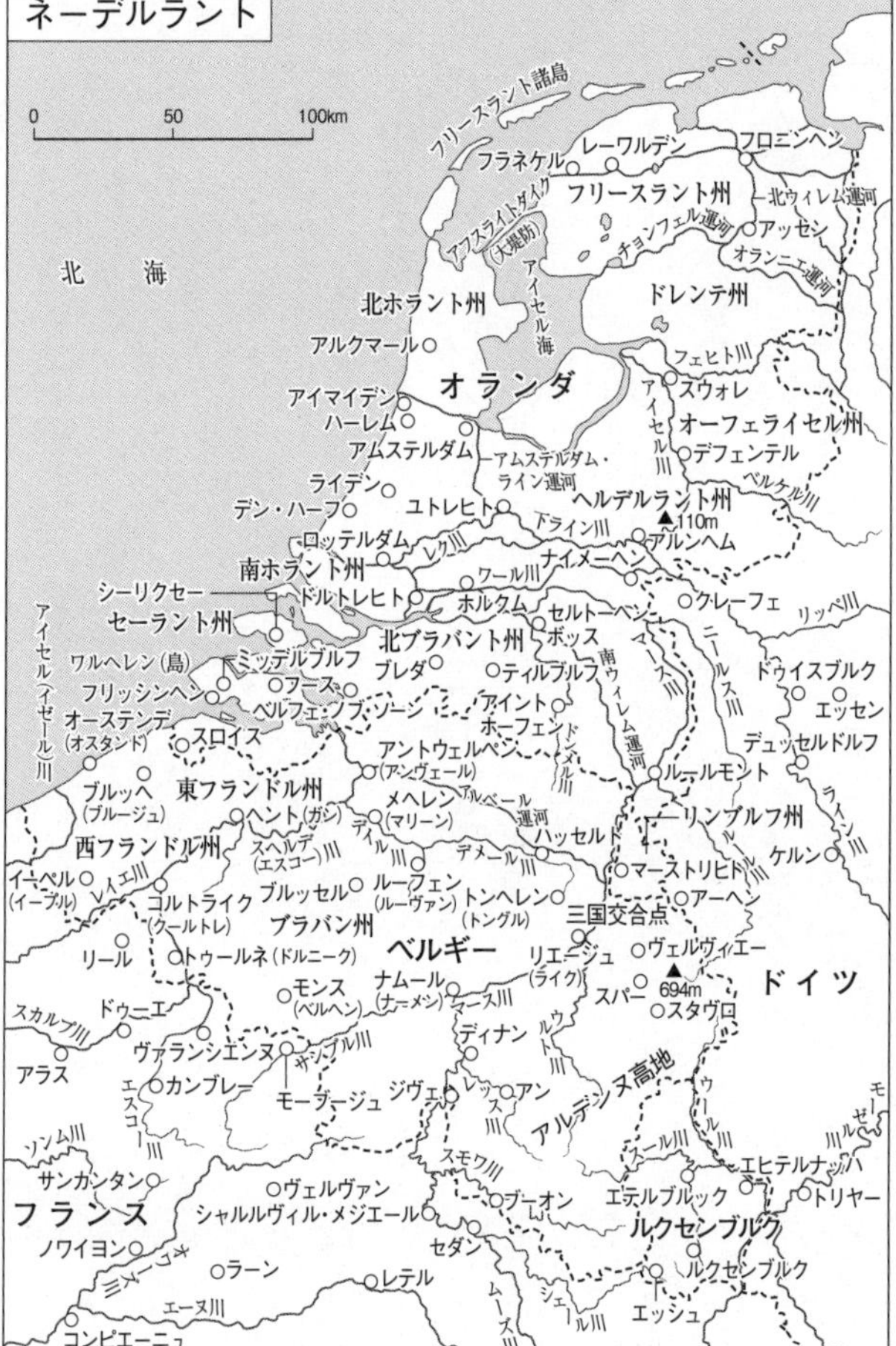

0
50
100km
北海
フリースラント諸島
レーワルデン
フロニンヘン
フラネケル
フリースラント州
北ウィレム運河
アフスライトダイク
(大堤防)
チョンフェル運河
アッセン
オランニエ運河
アイセル海
ドレンテ州
北ホラント州
アルクマール
フェヒト川
スウォレ
オランダ
アイマイデン
ハーレム
アムステルダム
アイセル川
オーフェライセル州
デフェンテル
アムステルダム・ライン運河
ライデン
ベルケル川
ヘルデルラント州
デン・ハーフ
ユトレヒト
110m
ライン川
アルンヘム
ロッテルダム
レク川
ナイメーヘン
南ホラント州
ワール川
シーリクセー
ドルトレヒト
ホルクム
クレーフェ
リッペ川
セーラント州
セルトーヘンボッス
北ブラバント州
マース川
ニールス川
アイセル(イゼール)川
ワルヘレン(島)
ミッデルブルフ
ブレダ
ティルブルフ
南ウィレム運河
ドゥイスブルク
フリッシンヘン
フース
アイントホーフェン
エッセン
オーステンデ
(オスタンド)
ベルフェ・ノブ・ゾーン
スロイス
ドンメル川
デュッセルドルフ
アントウェルペン
(アンヴェール)
ルールモント
ブルッヘ
(ブリュージュ)
東フランドル州
アルベール運河
メヘレン
(マリーン)
リンブルフ州
ライン川
ヘント(ガン)
ハッセルト
ルール川
西フランドル州
スヘルデ
(エスコー)川
ディル川
デメール川
ケルン
イーペル
(イープル)
レイエ川
コルトライク
(クールトレ)
ブリュッセル
ルーフェン
(ルーヴァン)
トンヘレン
(トングル)
マーストリヒト
アーヘン
三国交合点
ブラバン州
リール
トゥールネ(ドルニーク)
ベルギー
リエージュ
(ライク)
ヴェルヴィエー
694m
ドイツ
スパー
モンス
(ベルヘン)
ナムール
(ナーメン)
マース川
スタヴロ
ドゥーエ
スカルプ川
ヴァランシエンヌ
サンブル川
ディナン
ルウト川
アラス
カンブレー
エスコー川
モーブージュ
ジヴェ
レッス川
アン
アルデンヌ高地
ウール川
モーゼル川
ソンム川
スモワ川
スール川
エヒテルナッハ
サンカンタン
ヴェルヴァン
ブーオン
エテルブルック
トリヤー
フランス
シャルルヴィル・メジエール
ルクセンブルク
ノワイヨン
セダン
オワーズ川
ラーン
ルクセンブルク
レテル
シェール川
ムーズ川
エーヌ川
エッシュ
コンピエーニュ

ネーデルラント

I　はげしい生活の基調

世界がまだ若く、五世紀ほどもまえのころには、人生の出来事は、いまよりももっとくっきりとしたかたちをみせていた。悲しみと喜びのあいだの、幸と不幸のあいだのへだたりは、わたしたちの場合よりも大きかったようだ。すべて、ひとの体験には、喜び悲しむ子供の心にいまなおうかがえる、あの直接性、絶対性が、まだ失われてはいなかった。どんな事件も、どんな行為も、明確な、ものものしい形式にとりまかれて、はっきりと定められた生活様式の高みにまで押しあげられていた。誕生とか、結婚、死といった大事件、これらはもとより、秘蹟《ひせき》の儀式によって、聖なる神秘の光に輝いていた。だが、それにくらべればたいしたことでもない旅行、仕事、訪問などもまた、祝福、きまり文句のくりかえし、無数の儀式作法につきまとわれていたのである。

災禍と欠乏とにやわらぎはなかった。おぞましくも苛酷《かこく》なものだった。病は健康の反対の極にあり、冬のきびしい寒さとおそろしい闇《やみ》とは、災いそのものであった。栄誉と富とが熱心に求められ、貪欲《どんよく》に享受されたというのも、いまにくらべて、貧しさがあまりにもみじめすぎ、名誉と不名誉の対照が、あまりにもはっきりしすぎていたからである。毛皮のコート、明るい暖炉の火、一杯機嫌《きげん》の冗談、やわらかいベッド、こういったものが快楽のあかしだったのである。イギリスの小説は、人生の喜びを描くに、いまなおこれらのことごとを、生きいきと描きだしている。

　生活の種々相が、残忍なまでに公開されていた。これでもか、これでもかと、みせつけられていたのである。ハンセン病を病む人たちは、ガラガラを鳴らしながら、行列を作ってねり歩く。教会では、乞食《こじき》が哀願の声をはりあげ、障害のある身体をさらす。地位、身分、職業は、服装でみわけがついた。大物たちは、武具や仕着せできらびやかに飾りたて、畏《おそ》れとねたみの視線をあびてでなければ、出歩こうとはしなかった。処刑をはじめ法の執行、商人の触れ売り、結婚と葬式、どれもこれもみんな高らかに告知され、行列、触れ声、哀悼の叫び、そして音楽をともなっていた。恋する男は愛人のしるしを身に飾り、仲間同士では盟約の徽章が、党派内では、その頭領の紋章、徽章が身につけられた。

　対照と多彩とは、都市と田舎《いなか》の外観にもはっきりとあらわれていた。都市は、わたしたちがみなれているように、味気なくお粗末な工場や小屋がだらだらとひろがる郊外に、しまりなく消滅してしまうようなことはなかった。市壁にとりまかれ、きちんとまとまり、数知れぬ尖塔《せんとう》が空をさしていた。貴族や大商人の石造りの家がどんなに高く、どんなに重々しいものであったにせよ、いぜん、飛翔《ひしょう》する石塊、教会堂が、都市の景観の中心として他を圧していた。

夏と冬との対照は、わたしたちの経験からはとても考えられないほど強烈だったが、光と闇、静けさと騒がしさとの対照もまた、そうだったのである。現在、都市に住む人びとは、真の暗闇、真の静寂を知らない。ただひとつまたたく灯《ひ》、遠い一瞬の叫び声がどんな感じのものかを知らない。

すべてが、多彩なかたちをとり、たえまない対照をみせて、ひとの心にのしかかる。それゆえに、日常生活はちくちくさすような情熱の暗示に満たされ、心の動きは、あるいは野放図な喜び、むごい残忍さ、また静かな心のなごみへと移り変わる。このような不安定な気分のうちに、中世都市の生活はゆれうごいていたのである。

ひとつの音があった、忙しい生活のざわめきを押えて、くりかえし鳴りひびく音、どんなに重なり鳴ろうともけっしてみだれることなく、この世のものすべてを、秩序の領域へと高く押しあげる音、鐘の音である。鐘は、日々の生活の、あたかも警告の善霊であった。ききなれた音色で、あるときは喪を、あるときは賀を、そしてまた安息を、不穏を告知する。また、あるときは召集し、警告する。

鐘は愛称をつけられていた、「ふとっちょジャックリーヌ」とか、「鐘のロラン」とか。こきざみな片面打ち、ゆるやかな両面打ちがなにを意味するか、人びとはよく知っていた。あまり鳴りすぎるからといって、そのために鐘の音に鈍くなるようなことはなかった。

一四五五年のこと、ヴァランシエンヌの町とブルゴーニュ侯の宮廷とを異常な興奮につつみこんで、ふたりの市民のあいだに争われた有名な決闘が続いているあいだじゅう、大鐘が打ち鳴らされたが、そのものすごさは、シャトランにいわせれば、「きくのもぞっとする」ほどだったとか。

アントワープの聖母マリア教会堂の塔にある、一三一六年に作られた古い警鐘は、オリダ、つまり「ものすごい鐘」と呼ばれていた。警鐘を打つことをいうのに「恐怖《エフロワ》を鳴らす」「恐怖《エフロワ》をなす」といういいまわしがあった。なお、このエフロワという言葉は、もとはラテン語でエクスフレドゥス、つまり不和を意味し、のち、この状況を鐘で知らせること、つまりは警報を、そしてついに恐怖を意味するようになったのだ。

法王が選出されて教会分裂が終わったからといい、ブルゴーニュ派とアルマニャック派とが和解したからといっては、パリの教会という教会、修道院という修道院は、朝から日暮れまで、それどころか一晩じゅう、鐘を打ち鳴らしたというのだが、してみると、そのときパリの人びとは、恐るべき知覚麻痺《まひ》状態にあったにちがいない。

祭列もまた、人びとの心を深くゆりうごかしたにちがいない。乱世ともなると、もっとも、そうでないときはすくなかったのだが、祭列は、毎日毎日、何週間もぶっとおしで町をいった。オルレアン家とブルゴーニュ家との宿命の争いが、ついに公然たる内戦へと発展し、王シャルル六世が、イギリスと結んでフランスを裏切ったアルマニャック派と戦うべく、ジャン無怖侯《サン・プール》とともに国王旗をとったときのこと、パリでは祭列のことが布告され、王が敵地にあるあいだじゅう、毎日、祭列が催された。

五月の終りから七月にはいるまで、次々と、いろいろなグループ、修道会、組合が交替し、次々と新たな聖遺物が奉持され、道筋を変えて、祭列は進んだ。それは、とパリの一市民はいう、「現に世人の記憶にあるかぎり、もっとも敬虔《けいけん》な祭列」であった。全員、食を断ち、裸足《はだし》で祭列に加わった。王家裁判所《パルルマン》の裁判人たちも、貧しい民衆も。資力のあるものは、ろうそくか松明《たいまつ》を手にもっていた。いつも、幼い子供たちがおおぜいまじっていた。パリ周辺の村々からも、貧しい村人たちがはるばるやってきて、裸足で祭列に加わった。「はげしく泣き、滝津瀬《たきつせ》の涙をこぼし、信心に身をうずかせて」人びとはともに歩き、あるいはこれをみまもった。そして、ほとんど連日、はげしい雨が降っていたという。

もっとある、できるかぎり贅《ぜい》をこらして飾りつけられた町への王侯の入城。そして、ひっきりなしの処刑。処刑台は残忍な感情を刺激し、同時に、粗野な心の動きではあるにせよ、憐《あわ》れみの感情をよびおこす。処刑は、民衆の心に糧《かて》を与えた。それは、お説教付き見世物だったのだ。恐るべき犯罪には、恐るべき刑罰がくふうされた。

ブリュッセルでのこと、放火犯で殺人犯のある若者は、燃えさかる粗朶《そだ》にかこまれて、付け根の環《わ》が杭《くい》にはまっていてぐるぐるまわるしかけになっている鎖につながれた。かれは、心をえぐるような言葉で、自分をみせしめとみるようにと、人びとにうったえた。

「かれの言葉に、人びとの心はおおいになごみ、憐れみの涙にくれぬものとてなかった」。「かくて、かれの最期は、かつてみられなかったほど美しいものだったと賞揚されたのである」と、これはシャトランの言である。

一四一一年、ブルゴーニュ派の恐怖政治下にあったパリで首をはねられた、アルマニャック派のマンサール・デュ・ボワは、慣例に従って許しを乞《こ》うた首切り役人に喜んで応じたばかりか、接吻《せっぷん》させてくれとまで願ったという。「おおぜいの人がいたが、熱い涙をこぼさぬ人はほとんどいなかった」と、ジュヴェナル・デ・ジュルサンは伝えている。

大貴族が犠牲者になることもよくあった。民衆は、きびしい正義の執行をまのあたりにして満足し、これを、この世の権勢のむなしさについての警告とうけとったのである。その効き目《き》は、一葉の絵ないし「死の舞踏」などの遠く及ばぬところであった。当局は、見世物の効果をすこしでもそこなわぬようにと配慮した。その位階に応じた服装をつけて、貴族は、処刑台への悲しい道を進んだのである。

王家の執事であったジャン・ド・モンタギューは、ジャン無怖侯の怒りの犠牲となって、二輪車にたかだかとのせられ、トランペット吹き二名に先導されて、処刑台へとひかれていった。かれは官服に身を正し、礼帽をかぶり、毛皮裏地《ウプランド》のコートをはおり、赤白にそめわけた股引《ホーズ》をはき、足には黄金の拍車をつけていた。この黄金の拍車をつけたまま、首をはねられた死体がさらされたとパリの一市民は伝えている。

金持の司教教会参事会員ニコラ・ドルジュモンは、アルマニャック派の報復の犠牲となって、一四一六年のこと、だぶだぶの紫のマント、紫の頭巾《ずきん》という恰好《かっこう》で、ごみ車にのせられて、パリ市中をひきまわされ、あげくのはてに、仲間ふたりの首切りに立ち会わされた。そしてかれじしんは、「悩みのパンと苦しみの水」[*1]の終身禁固の刑に処せられた。これはジャン・モリネの伝えである。

王家裁判所裁判人になることを拒否したことのあるウダール・ド・ビュッシーの首は、ルイ十一世の特別命令によって掘りだされ、「王家裁判所裁判人のふうにならって」毛皮裏地の緋色《ひいろ》の頭巾をかぶせられて、エダンの広場にさらされた。韻文の理由書がそえられていたが、王じしん、ものすごい冗談をとばしながら、この件について書きしるしたという[*2]。

祭列や処刑ほどひんぱんではなかったが、巡回説教師たちの雄弁もまた、ときおり民衆の心を動かした。新聞をよみなれているわたしたちには、いつもなにかに飢えている無知なかれらの心に、説教師たちの言葉がどんなに強くはたらきかけたことか、理解するのはむずかしい。

民衆説教師リシャール、のちに聴罪師としてジャンヌ・ダルクのそばにいたといわれている人[*3]だが、かれは、一四二九年、パリで十日間ぶっとおしに説教した。朝の五時にはじめて、十時から十一時まで、たいていは、回廊に有名な「死の舞踏」図が描かれていることで知られたイノッサン墓地内の納骨堂を背にして、かれは話をした。ひらかれた納骨堂のアーチの下に、うずたかく積みあげられたしゃれこうべの山が、聴衆の視野にはいっていた。

十回目の説教をしおえたかれが、これが最後の説教ということになろう、これ以上話をする許可をもらってはいないのだから、と聴衆に伝えると、「えらい人もふつうの人も、心底、悲しげに泣いた。まるで最愛の友を地に葬るという目にでもあったかのように。かれもまた泣いていた」。ついにかれはパリからたちさったが、民衆は、かれが日曜日に、サン・ドニでもういちど説教をするだろうと考え、群れをなして、実に六千、とパリの一市民は伝えているが、土曜日の夜、町を出、よい席を確保しようと野原に一夜をあかしたという。

また、フランチェスコ修道会のアントワーヌ・フラダンは、悪政を手きびしく批判したからというので、パリでの説教を禁止されたが、まさにそのことゆえに民衆に愛された。民衆は、コルドリエ修道院にはいったかれを日夜護衛した。女たちは、灰と石の玉を用意して、警戒に立った。このようなおだやかではない行動を禁止する布告が出されると、人びとは嘲笑《ちょうしょう》して、こういったという、王さまなんかの知ったこっちゃない。だが、ついにフラダンはパリから追放されることになり、民衆は、「かれの去るのを、深く深く悲しみ叫びながら」、かれをみおくったとジャン・ド・ロワは伝えている。

ドメニコ修道会のヴァンサン・フェリエが説教にやってくると、町という町からは、町の人びと、役人たち、司教をさえ加えて聖職者たちまでもが、讃歌《さんか》を歌いながら、かれを迎えに出、自分たちの町に招じこもうとしたという。かれの旅につき従うものは数を知らず、かれらは、日がおちて夜にはいると、口に祈りを唱え、自分の身体を鞭《むち》打ちながら、行列を作り、町をねり歩いた。

町という町から、新しい追随者の群れが加わった。かれは、だれからも反対されない人を選んで係の長とし、これらの人びととの食事、宿泊の世話をさせた。いろいろな修道会の修道士たちが、おおぜいいっしょに旅していて、懺悔《ざんげ》を聴聞《ちょうもん》するあいだ、ミサをあげるあいだ、つねにかれのそばにいた。この聖徳の説教師は、いたるところでもめごとを調停し、かれにつき従う数人の公証人が、ただちにその証書を作製したという。スペインの町オリウェラの長官は、ムルシアの司教あての手紙に述べている、かれはこの町で一二三件の調停を行なったが、うち六七件は殺人事件であった、と。

かれが説教するときには、木組を組んで、かれの手なり衣服なりに接吻したいと願って押しよせる群衆から、かれとそのお供のものたちを守らなければならなかった。かれが説教しているあいだ、仕事は休みになった。聴衆が涙をこぼさなかったことはめったになかった。最後の審判、地獄の責苦、あるいは、主の受難に話が及ぶと、聴衆とともに、かれもまた、はげしく涙にむせび、泣きやむまでかなりのあいだ、説教は中断されることになった。悪人は、みんなの前で地面に身を投げだし、涙とともに悪業のかずかずを告白したという。

一四八五年のこと、名だかいオリヴィエ・マイヤールが、オルレアンで四旬節の説教をしたときには、たいへんな数の人が、まわりの家々の屋根にのぼって説教をきいたという。屋根葺《ふ》き職人は、六十四日分の修理代金を請求している。

いささか、英米社会の宗教復興運動や救世軍を想《おも》わせる。だが、その雰囲気《ふんいき》は、もっと異常、かつ、あけっぴろげだったのだ。フェリエの説教の効果についての叙述には、かれの伝記記者の敬虔《けいけん》な心から出た誇張がふくまれている、そう、だれしもが考えるだろう。だが、そんなふうに考えなければならない理由は、すこしもないのだ。冷静沈着なモンストルレにしてからが、同じような調子で、トマ某なる人物の活動ぶりを記録しているのである。

トマ某は、カルメル会修道士を自称し、のち、化けの皮をはがされた人物だが、一四二八年、北フランスとフランドルを説教してまわり、たいへんな騒ぎをひきおこした。かれもまた、町役人たちに迎えられて町にはいり、貴族は、かれの乗るらばのたづなをとった。モンストルレが名前をあげているお偉方たちもふくめて、多くの人が、かれのいくところ、どこへなりともついていこうと、家と家族を捨てた。上層の市民たちは、かれのために設けた高い説教台を、これ以上してはとうてい買えないというほど高価なつづれ織りで飾りたてたという。

受難、最後の審判の話についで人びとの心をつかんだのは、富と虚飾に執着することへの攻撃であった。民衆は、とモンストルレは述べている、修道士トマをことのほか徳とし、これを愛したが、それというのも、かれが虚飾、美服を排し、また、とくに痛烈に貴族、聖職者を非難したからである。上流の婦人が、円錐形《えんすいけい》の帽子、エナン帽をたかだかとかぶり、聴衆のあいだにあらわれでもしようものなら、かれは、いつも小さな子供たちを、モンストルレにいわせれば、「贖罪《しょくざい》の約束つきで」けしかけて、エナンだ、エナンだ、と叫ばせることにしていた。だから、女たちは、そのころ、しばらくのあいだ、このエナン帽をつけようとせず、ベギーヌ会修道女[*4]のように、頭巾で頭をくるんで出歩いていたという。「だが」と、この愉快な年代記家はいっている、「ひとが近づくと角《つの》をひっこめ、気配がなくなるとまた角を出すかたつむりみたいなもので、この説教師が国外へたちさってからほんのすこししかたたぬうちに、女たちは、また以前と同じようにやりはじめ、かれの教えをすっかり忘れて、すこしずつすこしずつ、もとの服装にもどったばかりか、まえよりまして、大胆な衣装をつけるようになったのだ」

説教師リシャールもトマも、虚栄の品々を山と積んで焼かせた。同じ趣向というべきだろう、それから六十年後、フィレンツェは、サヴォナローラの意志により、はるかに大きな規模で燃えあがり、かずかずの芸術品を失うことになる。一四二八、二九年のパリとアルトワでは、カルタ、すごろく盤、さいころ、髪飾りなどが問題となり、男も女もいそいそと、これらの品々をもちよった。

この焼き払いは、説教師が民衆の激情を誘うところ、十五世紀のフランスにおいても、イタリアにおいても、しばしばくりかえされた行事であった。つまりは、これは、虚飾や娯楽にふけった生活を悔い、これを憎む気持をよく表現する儀式であり、はげしい情緒《じょうちょ》の高まりを、荘重な共同の行為のうちに様式化しようとする努力なのであった。まさしく、この時代は、すべてについて、よいかたちでの様式を作りだそうとする傾きをみせていたのである。

感情の激しやすさ、涙もろさ、心の動きの変わりやすさ、敏感さ、このような性向をわかってやろうとしなければならない。この時代の生活がどんな色合い、どんな輝きをみせていたかを知ろうには。

公の喪にさいしては、まるで災害にあったときのようなありさまがみられた。シャルル七世の葬儀のとき、民衆は、葬列をみて激情にわれを忘れたという。ジャン・ド・ロワは、こう証言している、その葬列には、廷臣たちが、全員「苦悩の喪服に身をつつみ、なんとも哀れを誘う光景ではあった。かの君の死に対しかれらのいだく大いなる悲しみと憤りのさまをみたこの町の人すべてのあいだに、はげしく泣きむせぶ嘆きの声があがったのであった」

王の六人の小姓が、黒のビロードにつつまれた馬にのって葬列に加わっていた。「たれか知ろう、かの君の死をいたみ、かれらの服した苦悩と哀傷の喪の心を」。かれら美少年のうちひとりは、悲しみのあまり、四日間というものなにも食べず、一滴の水も飲まなかったと、いとおしげにひとはうわさしたと、これはジャン・シャルチエの証言である。あふれる涙を誘いだすのは、大喪、説教、あるいは信仰の秘儀に接しての激情だけではなかった。世俗の儀式、行事にさいしてもまた、滝なす涙が流されたのである。フィリップ善良《ル・ボン》侯に接見したフランス王のある儀礼使節は、しばしば、涙でその口上をとぎらせたという。ブルゴーニュの宮廷を去ることになったポルトガル王族の若者ジョアン・ド・コインブラ[*5]との別れにさいし、人びとは、声をあげて泣いたという、王太子を迎えたときにも、イギリス王とフランス王がアルドルに会同したおりにも。ルイ十一世は、アラス入城のさい、涙を流したのをひとにみられている。まだ王太子のころ、ブルゴーニュの宮廷に滞在中のかれの、しばしばむせび泣く姿を、シャトランは描述している。

当然、そこには誇張もあった。いまの新聞記事にも、「まなこをぬらさぬ人とていなかった」といったたぐいの文章が、やたらにみられるではないか。一四三五年、アラスの和平会談でのこと、このことを記したジャン・ジェルマンの記述では、使者の口上に心うたれ、情の高ぶった人びとは、ぴったりと床にうち伏し、言葉もなくため息をつき、むせび泣き、うめき声をあげるのみであったとされてしまっている。

実際には、それほどのことでもなかったにちがいない。だが、このシャロンの司教は、こう書いたほうがよいと考えたのである。誇張のうちにこそ、真実の背景がうかがえる。つまりは、十八世紀の感傷人《センティメンタリスト》の流す涙と同断であろう。落涙は、ひとの心を高める。涙は美しい。それに、いまの人たちにせよ、だれが知らないといえようか、入城式をまのあたりにして、われしらずおぼえるはげしい感動を。身はふるえ、目は涙にかすむ。たとえ華麗というにふさわしい君侯の姿に感動するのではないとはいえ。当時、このようなじかに胸にせまる感動は、壮麗さ、壮大さということに対する、なかば宗教情緒がかった畏《い》敬《けい》の念に満たされ、純な涙となってあふれでたのであった。

涙っぽさという点については、十五世紀と現在とのあいだに、敏感さの程度の差を認めないという人も、ほかの点についてはどうだろう。怒りっぽさという点についての、ちょっとした事例をあげてみよう。わたしたちは、実際、チェスほど平和で静かな遊びは知らない。さて、ラ・マルシュはいっている。しばしばチェスの最中に争いがおこった、「この上なく賢い人も忍耐を忘れた」と。チェスに発する君侯の争いは、武勲詩にみられると同様、いぜん、十五世紀に流行した物語の主題であった。

日常の生活には、燃えさかる情熱と子供っぽい幻想《ファンタジー》とをいれる余地が、つねにじゅうぶんに残されていた。年代記の報告があてにならぬといい、証書類を好み、できるだけこれに拠《よ》ろうとする、近ごろの科学としての中世史学は、まさにそのような好みゆえに、ときとすると危険なあやまちに陥ることがある。文書は、わたしたちをその時代から分かつ生活の調子のちがいについては、ほとんどなにも教えてはくれない。中世の生活にみなぎっていたはげしい情感の動き《パトス》を、わたしたちに忘れさせてしまう。

中世の生活をいろどった多彩な情熱のうち、文書は、ふつう、ただふたつについて語るのみである、物欲と争い好きと。この時代の裁判記録をみるとき、貪欲《どんよく》、闘争欲、復讐《ふくしゅう》欲の発揮されている、そのほとんど理解しがたいまでのはげしさ、固執ぶりには、おどろかぬものとてなかろう。そのような、一見不可解な徴候は、これを、生活のあらゆる局面に生命を吹きこんでいた情熱のはげしさ一般との関連においてみるとき、はじめてわたしたちの理解し、了解するところとなるのだ。だから、年代記の筆者は、たしかに現実の把《は》握《あく》においては皮相であり、まちがいが多いのだが、しかもなお、その時代をよくみるためには欠かすことのできない存在として残るのである。

生活は、まだ多くの点でお伽噺《とぎばなし》の色合いをみせていた。宮廷の記録官といえば、これは教養ゆたかな名士である。そのかれらでさえ、つねひごろ身近に接する君侯の、つとに知られた人柄を描写するにあたり、いささか古風な、神がかったイメージしかもちえなかったのである。してみれば、いったい、王者たるものの魔力の輝きは、素朴《そぼく》な民衆の想像力に、どれほど強くはたらきかけたことだったろうか。

お伽噺ふうの一例をあげよう。シャトランのものがたる話である。まだ若く、シャロレー伯と呼ばれていた、のちのシャルル突進侯《ル・テメレール》は、スロイスを発《た》ちホルクムに着いたとき、[6]かれの年金と知行とがすべて父侯によって没収されてしまったと知らされた。そこでかれは、家臣を全員、料理番の少年にいたるまで召集し、心うごかされる口調でこのたびの不運のことを伝え、佞言《ねいげん》に惑った父侯へのなお捨てがたい敬愛の情、家臣の安寧への配慮、かれらへの愛情を、縷々《るる》、語ったのである。

財力あるものは、と伯は乞《こ》いねがった、ともに幸運のめぐりくる日を待て。貧しいものは自由に去れ。そして、伯に幸運がふたたびめぐりきたったときくときは、「そのときは帰れ。おまえたちは以前の席をみいだし、わたしの歓迎をうける。おまえたちがわたしのためにしのんだ忍耐はむくわれよう」。「すると、声があがり、泣き声がきこえ、いっせいの叫びとなって爆発した。われら全員、殿、殿と生き、ともに死にたい」

深く心うごかされたシャルルは、かれらの忠誠をうけいれた。「よし、それならとどまれ、苦難をしのべ。おまえたちが欠乏に苦しむまえに、まずわたしが苦痛に耐えよう」。するると貴族たちが進みでて、私財を提供した。「あるものはいった、わたしは千ほど、他のものは、わたしは万ほど、また他のものは、これこれ、これだけあります、殿にさしあげます、殿の運命にそなえましょう」。かくて、すべてはそれまでどおりということになった。台所のめんどり一羽、減るようなこともなかったのである。

この情景の描出は、むろんシャトラン流のやりかたである。いったい、かれの物語が、実際の出来事をどのていど様式化したものなのか、それはわからない。だが肝心なのは、かれが、君侯というものを、民謡のたぐいに出てくる単純な姿としてとらえているということである。かれがこの事件の主調とみたのは、叙事詩ふうのきまじめさのうちに発揮された君臣相互の信頼と忠誠の情の、そのもともとのかたちでの発露であった。

統治府の機構は、実際には、すでに複雑なものになっていたのだが、民衆の心に映る政治のしくみは、あるきまった単純なかたちをとっていた。人びとのいだいていた政治のアイデアは、民謡、騎士物語のそれだった。人びとは、いわば、その時代の王たちを、ある限られた数の、いくつかの典型に還元してしまったのである、それぞれを多少なりとも歌謡ないし冒険物語の題材に対応させて。けだかく正しい君侯、腹黒の重臣にあざむかれた君侯、家名の穢《けが》れをそそいだ君侯、逆境にあって家臣の忠誠にささえられる君侯、といったぐあいである。

後期中世の市民たちは、重税をかけられ、しかも、その用途については発言を封じられていたので、かれらの出した金が浪費されているのではないか、国の利益になるように使われていないのではないかと、たえず不信の念をいだいていた。この国政への不信は、まことに単純なかたちで表明されている。王は貪欲でずるがしこい補佐官どもにとりまかれているとか、国がよく治まらないのは宮廷がぜいたくをし、浪費しているからだとか。このように、民衆のみるところ、政治上の問題は、物語の領域に還元されるのである。

フィリップ善良侯は、民衆というものは、どういう言葉を理解するものか、よく知っていた。一四五六年、ハーグに催した祝祭にさいして、かれは、三万銀マルク相当の華美な食器類を、広間に続く小部屋に展示させた。かれにはユトレヒト司教領を手にいれるための資金が不足しているだろうと考えているにちがいないホラント、フリーセンの人びとに強烈な印象を与えるためである。だから、この部屋への出入りは自由であった。そのうえ、リールから運ばれた、二十万枚の獅子《しし》紋金貨のつめられた金櫃《かなびつ》が、ふたつおかれていた。もちあがるかどうかためしてみるのは勝手だったが、しかし、やってみてもむだであった。とうていもちあがらなかったのである。統治府の支払い能力が、祭りの楽しい雰囲気《ふんいき》のなかで証明され、民衆を教育するということだったのではなかろうか？[*7]

君侯の生活と行動は、なお多くの場合、幻想の趣をみせ、千夜一夜物語のカリフをわたしたちに想い起こさせる。計算ずくの政治行動のただなかに、向うみずな性急さが、ときおりはいりこみ、自分勝手な気まぐれが、生命、事業をともに危険におとしいれる。フロワサールによれば、エドワード三世は、問題にするまでもないような、ささいな海賊行為に報復しようと、スペインの商船をねらい、ために、かれじしんと、王太子、それどころか国家の立場そのものをも危険に賭《か》けた。

フィリップ善良侯は、配下の弓射手に、リールの富裕な酒造りの娘をめとらせようと思案した。ところが、その父親がこれを承知せず、王家裁判所がのりだしてくるに及んで、怒りくるった侯は、そのときかれは重要な国事のためホラントにいたのだが、突如その仕事をほうりだし、あくまで我意を通そうと、時まさに復活祭まえの聖週間だというのに、ロッテルダムからスロイスまでの危険きわまる航海を敢行した。これはシャトランが書いている。

またあるとき、侯は息子《むすこ》と争い、怒りに分別を失って、まるでエスケープした学生のように、だれにも告げず馬を駆《か》ってブリュッセルを出、その夜、森のなかに迷いこんでしまった。かれの居場所はやがて知られ、かれを日常の生活に連れもどすという難役が騎士フィリップ・ポに課せられた。この世慣れた廷臣は、侯をみつけだすと、実にたくみにもこういったと、シャトランは報じている、「ごきげんよう、殿、殿、これはいかなることで？いまの世のアーサー王、はたまたランスロット殿のおふるまいで？」

これもまた、まったくカリフを想わせる話なのだが、フィリップ侯は、医者に頭を剃《そ》るようにといわれて、貴族全員がかれにならうよう命じ、ピーテル・ファン・ハーフェンバッフに、頭を剃っていない貴族をみつけた場合には、その髪を切り落としてよいという権限を与えたという。また、若年のフランス王シャルル六世は、仮装して、一頭の馬に友だちと相乗りし、自分の花嫁バイエルンのイザベラの入城をみに出かけ、人ごみのなかで下《した》っ端《ぱ》の役人になぐられたという。*8 マルタン・ル・フランは非難している、君侯たちは道化や楽師を補佐官や長官に出世させる、ブルゴーニュの「道化のいたずら小僧《コキネ》」の場合がそうだったように、と。

国政は、官僚制と文書類の枠内《わくない》にすっかりとじこめられてしまってはいなかった。君侯は、いつでもその拘束から脱し、どこからでも自由に政策の指針を求めることができた。だから、しばしば、十五世紀の君侯たちは、幻をみる苦行者、神に酔う民衆説教師たちに、国事への助言を求めている。シャルトルーズ派のドニやヴァンサン・フェリエが政治の助言者として出てきているし、また、フランスのブルフマンともいうべき、そうぞうしい説教師オリヴィエ・マイヤールは、宮廷間の内密の交渉にまで参画している。このように、高度な国政のうちにも、霊の緊張が生きいきとはたらいていたのである。

十四世紀の末ないし十五世紀はじめのころ、人びとは、君侯たちの行動と冒険とを高い舞台の上にみて、かつて知らぬほどの深い想念にとらわれたにちがいない。威容と栄誉とからのあまりにもあざやかな失墜ぶりにひとの心を騒がせる、なんとはげしい悲劇のかずかずが、血みどろのロマンティックな雰囲気のうちに演じられたことか。

一三九九年九月、ウェストミンスターにひらかれたイギリス議会は、ランカスター家の従兄弟《いとこ》に敗れて捕われの身となっていたリチャード二世が王冠を奪われたときかされた。ちょうどその九月には、ドイツの選帝侯たちがマインツに集まり、国王、ルクセンブルク家のウェンツェルを廃位させようと策していた。ウェンツェルは、イギリスの義弟リチャード二世に似て、[*9]心定まらず、支配する力なく、移り気だったが、ただリチャードほどその最期は悲劇的ではなく、そののち長くボヘミア王にとどまった。だがリチャードは、退位後、獄中で謎《なぞ》の死をとげた。その死は、七十年まえの、かれの曽祖父《そうそふ》エドワード二世の死を想い起こさせる。王冠は、危険に満ちた悲しいもちものだったのではなかろうか。

キリスト教世界の第三の大国フランスでは、[*10]心を病んだ人物が王座についていた。シャルル六世である。やがて、はげしい党派争いに国土は分断された。一四〇七年、オルレアン、ブルゴーニュ両家の張りあいは、公然たる不和となって表面化した。王弟オルレアン家のルイが、その同年の従兄弟ブルゴーニュ侯ジャン無怖侯《サン・プール》の雇った刺客の手に倒れたのである。十二年後、今度は復讐。一四一九年、ジャン無怖侯は、モントローの橋の上での会合の場で、だまし討ちにあった。

このふたりの君侯の死は、復讐と闘争との終りのないくりかえしを結果し、一世紀にもわたって、フランスの歴史に陰鬱《いんうつ》な憎しみの基調を与えたのだ。[*11]民衆の心は、フランスを襲う不幸のすべてを、この大いなるドラマティックなモティーフの光に照らしてみたのである。すべては個人対個人の情熱の争いに由来する。それ以外の原因は考えられなかったのである。

加えて、じりじりとよせるトルコの圧迫があった。トルコは、すこしまえの一三九六年、ニコポリスで、当時まだヌヴェール伯であったブルゴーニュ家のジャンその人の指揮下に向うみずにもくりだした、はなやかなフランス騎士軍を粉砕していたのである。*12

そして、さらに、すでに四半世紀も続いている教会分裂が、キリスト教界を二分していた。ともに法王を名のるふたりの人物が、それぞれ西方世界の各国、各地方に、狂熱の確信に満ちた支持層をもっていた。一四〇九年、ピサの公会議は、教会統一の試みに失敗して面目を失い、今度は、三人の人物が、法王権をめぐって争うことになった。そのうちのひとり、ベネディクトゥス十三世としてアヴィニョンに立った頑迷《がんめい》なアラゴン人、ペドロ・デ・ルナは、フランスでは、ふつう「月の法王《ル・パープ・ド・ラ・リュヌ》」と呼ばれていた。この「月の法王」という言葉は、なにか、庶民の心を錯乱させるひびきをもっていたのではなかったろうか。

この世紀のあいだじゅう、王位を追われた王たちが、その多くは生きるに糧《かて》なく、そのくせ、いだく計画はおおぎょうに、かれらの故地、驚異の東方の栄華のあとをなおとどめて、君侯の宮廷を渡り歩いていた。アルメニアから、キプロスから、すこしのちにはコンスタンティノープルからさえも。だれにもになじみぶかい、あの、王杖《おうじょう》をもち王冠をつけた王たちが転落する運命女神の車輪の図の、これは、そのひとつひとつが生きた実例であった。

同じ落冠の王ではあっても、ルネ・ダンジューの場合は、だいぶはなしがちがう。かれは豊富に領地をもち、とりわけアンジュー、プロヴァンスにあるのはよい土地であった。

だが、このフランス王家一族のアンジュー家当主[*13]は、君侯の運命の有為転変ぶりを、その一身に具現したかの観がある。かれは、いつも最高のチャンスをのがし、ハンガリー、シチリア、イエルサレムの王冠をねらったものの、得たものは、敗北と困難な逃走、長い捕囚の生活だったのだ。牧歌と写本飾り絵を楽しんだこの無冠の詩人王は、真底、軽薄な人だったのだろう、つらい経験もかれの生きかたをぜんぜん変えさせなかったところをみると。

かれの子供たちは、みんな死んでしまった。ただひとり残った娘は、かれの場合にもまして陰鬱な運命に耐えねばならなかった。知恵と野心と情熱の女、マルグリット・ダンジューは、十六歳にして、イギリス王、愚かもののヘンリー六世に嫁《か》した。イギリスの宮廷は憎しみの地獄であった。王の近親に対する猜疑《さいぎ》、側近の権勢家に対する告発、保身欲と党派心からの公然非公然の殺人。政治慣行のなかに、これほどまでに暗い影が織りこまれたのは、当時のイギリスをおいてほかにない。

長いあいだ、マルグリットは、しじゅう追跡されているような不安な雰囲気に生きていた。そして、ついに、かの女の夫の家系、ランカスター家と、数多く騒がしい従兄弟や甥《おい》たちの家系、ヨーク家とのあいだの肉親相喰《あいは》む争いが、血なまぐさく公然たる戦いの段階にはいった。マルグリットは、王妃の冠と財産とを失った。ばら戦争の変転が、かの女をひきずりまわした。おそろしい危険、ぎりぎりの欠乏に、かの女は耐えた。

やっと、ブルゴーニュの宮廷に身の落ちつき場所をみいだしたかの女は、宮廷年代記家のシャトランに、その身の不運と流浪の旅の心うたれる物語を、口《こ》ずから語っている。いかに、かの女とその子供たちとは、追いはぎに憐れみを乞わねばならなかったことか。いかに、また、あるときは、ミサの席上、布施の小銭を貸してくれとスコットランド人の弓射手[*14]にたのまなければならなかったことか。「そのものは、しぶしぶと、いかにも惜しそうに、財布《さいふ》からスコットランドのグロート銀貨[*15]を一枚とりだして、かの女に貸してくれたのであった」と、シャトランはかの女の話を書きとめている。ひとのいいこの修史官は、かくも大いなる嘆きに心うたれ、かの女のなぐさめにもと、「移り気と裏切りの本性の上に立つ運命についてのちょっとした論考」を草し、『ボカスの神殿』と題してかの女に献呈した。かれは、このさんざん苦労した王女を元気づけるには、当時の確実な処方箋《しょほうせん》に従って、君侯の不幸のかずかずを開陳してみせるのがいちばんいいと考えたのである。だが、なお最悪の事態がかの女を待ちうけているとは、ふたりとも知らなかった。

一四七一年、チュークスベリーの戦いでランカスター家側はとどめをさされ、かの女のひとり息子は、戦いに倒れたか、戦いののちに殺されたかしてしまい、かの女の夫はひそかにかたづけられ、かの女じしんは、五年のあいだロンドン塔につながれたあげく、エドワード四世からフランス王ルイ十一世に売りわたされた。かの女は、自由にしてもらったお礼として、父ルネ王の遺領をゆずらなければならなかったのである。

まっとうの王子、王女でさえも、このような運命にもてあそばれることもあるということなのだから、浮浪者どもが関心と同情をひこうとものがたる、口から出まかせの落冠の話、追放の話を、パリの一市民が信用したのは、これはむりもないことである。一四二七年、パリに一団のロマ人[*16]があらわれた。悔悛者《かいしゅんしゃ》をよそおい、「侯ひとり、伯ひとり、それに従者十名、みんな馬にのって」。なお一二〇名余りが市外にとどまっている、ということだった。かれらは、エジプトから来たという。キリストの信仰にそむいたがゆえに、悔悛として、七年のあいだ、ベッドにやすむことなく流浪することを法王に命ぜられているという。もとは一、二〇〇人ほどいた。だが、王と王妃をはじめ、おおぜい途中で死んでしまった。ただひとつの許しとして、法王は、各司教、修道院長に対し、かれらにトゥール貨[*17]十リーヴルを与えるよう命じたそうな。パリの人たちは、この奇異な一団をみようと、ぞくぞくとつめかけた。そして、女に手相をみてもらったのだが、女は「魔法やらなにやらの手を使って」、その連中の財布の中身を自分の財布のなかにうつしかえてしまったという。

君侯の生活には、冒険と情熱の雰囲気がみなぎっていた。民衆の想像力が、そのような色合いに君侯の生活をそめあげてしまった、というだけのことではないのだ。近代人は、ふつう、中世の心情の、節度を知らぬ奔放さと激しやすさを、じゅうぶん理解してはいない。ただ文書史料のみにたよるならば、たしかにそれは正しく考究されるかぎり、歴史認識にとってのもっとも信頼のおける資料ではあろうが、しかし、ただそれだけにたよるならば、そこに描かれる中世のこの時期の歴史像は、各省長官や大使の活躍する十八世紀の政界についての叙述からうけるイメージと、その本質においてなんら変わらないものになってしまう。これには、重要な一要素が欠けている。民衆に、そして君侯たちに生命を吹きこんだはげしい情熱の鮮明ないろどりが欠けている。もちろん、情熱という要素は、今日なお政治に不在ではない。だが、革命とか内乱とかの場合はいざ知らず、つねにブレーキをかけられ、障害物に行手をふさがれている。社会生活のいりくんだメカニズムを通じ、さまざまなやりかたで、ちゃんときまった水路に、情熱の奔流は分流せしめられている。十五世紀においては、そうではなかった。情熱の衝動は、じかに、政治行動にあらわれ、利害も打算も無視されることがしばしばだったのだ。

権勢欲と重なるとき、この衝動は、いっそうのはげしさを加える。シャトランは、荘重な言葉づかいのうちにも簡潔に、このことを述べている。なんのふしぎもない、とかれはいう、君侯がいつもだれかと敵同士でいるのは。「なぜならば、君侯は男であり、その仕事はけだかく、危険なものだ。その本性は、さまざまな情熱、憎しみやねたみに従う。支配する栄光ゆえに、かれらの心こそ、これらの情熱のまことの住処《すみか》なのだ」。まさにこれこそ、ブルクハルトのいう「支配の情熱《パトス》」と同じものではなかろうか。

従来、ブルゴーニュ侯家の歴史を書こうとしたものは、好むと好まざるとにかかわらず、復讐というモティーフの基調音を、その文章に、たえず高らかにひびかせてきたのであった。それは、棺台のごとく黒いモティーフであり、会議での、戦場での行動のひとつひとつに、誇りを傷つけられ、暗い復讐の渇きにあえぐ人びとの心の苦味が感じとれるのだ。たしかに、十五世紀の歴史を書くに、その時代の人びとが眺めていたと同じ、あまりにも単純な時代の眺めにたちかえろうとするのは、いささかばかげている。長年にわたるフランスとハプスブルク家との抗争を生ぜしめた権力対立のしくみすべてを、ヴァロワ家の二本の分枝、オルレアン家とブルゴーニュ家間のヴェンデッタ[*18]から説明しようとしても、それは通らない。

だが、これだけは忘れてはならない。たいていは、政治上、経済上の一連の諸原因をさぐるに手一杯で忘れられがちのことなのだが、しかし、つねに意識のうちにとどめておかねばならない。傍観者であれ、大きな係争事件の当事者であれ、この時代の人びとにとっては、ヴェンデッタこそが、君侯と国家の行動と冒険を左右する、はっきりした契機であったのだ。

この時代の人びとにとって、フィリップ善良侯は、なにものであるよりもまず、復讐者、「ジャン侯御人に加えられた暴行の恥辱をそそぐべく、十六年間戦い続けた」復讐者であった。ラ・マルシュのみるところ、フィリップは、これを神聖な仕事としてひきうけている。「罪をも死をも怖《おそ》れぬほどの怒りをもって、かれは、神のゆるしたもうかぎりまで、死者の復讐へ赴こうとした。全身全霊をあげて、財産と領土すべてを、冒険と運命の配慮のもとにおき、そうしないよりもそうするほうが、より有益であり、神の御心にかなう仕事だと考えて」

一四一九年、殺害されたジャン侯の葬儀にさいして説教した、あるドメニコ会修道士は、復讐するなとのキリスト教徒の義務をあえて説いたというので、さんざん悪口をいわれた。ラ・マルシュの説くには、名誉と、そしてまた復讐の義務が、侯国のすべての人びとの希望する政治のモティーフであった。かれは述べている、国じゅうのあらゆる階層の人が、かれとともに復讐の叫びをあげた、と。

一四三五年、フランスとブルゴーニュに和平をもたらすかにみえたアラスの和平協定書は、モントローの殺害に関する賠償責任の規定からはじまっている。当初ジャン侯の葬られたモントローの教会に礼拝堂を建て、永遠に連日、鎮魂のミサがあげられるべきこと、同じくその町にシャルトルーズ派修道院が、事件のおこった橋の上には十字架が建てられるべきこと、歴代のブルゴーニュ侯が葬られているディジョンのシャルトルーズ派修道院付属教会堂でミサがあげられるべきこと。

これらは、官房長ロランが故ジャン侯のために要求した公の償い、フランス側にとっての不面目の、そのほんの一部分にすぎない。ブルゴーニュ側は、教会参事会付きの教会堂を、モントローの町にだけではなく、ローマにも、ガン、ディジョン、パリ、サンティアゴ・デ・コンポステラ、そしてイエルサレムにも建てろと要求していたのである、しかも、それぞれに、ことの次第をものがたる、石に刻んだ碑文をそえるようにと。

復讐欲は、さまざまなよそおいをこらして、心のなかに第一席を占めていたにちがいない。この、憎しみと復讐という単純な、プリミティヴなモティーフこそ、民衆が君侯の政治についていちばんよく理解できることがらではなかったろうか？　君侯をしたう民衆の気持は、子供心の衝動に似ていた。それは、誠実と仲間意識のじかに心に伝わる感情であり、訴人に宣誓補助人を、主君に従者を結びつける強烈な意識、私闘、戦いとなると、いつもは忘れている情熱のすべてに火をつけ燃えあがらせる、古く強烈な意識の存続を示すものであった。

それは党派の感情であり、国家意識ではない。後期中世は、大きな党派争いの時代であった。イタリアでは、すでに十三世紀に、諸党派が固まっている。フランスとネーデルラントでは、十四世紀に、いたるところ頭をもたげてくる。党派対立の様相を、近ごろの歴史研究のやりかたで、政治、経済上の諸原因から解明しようとしても、どうもうまくいかない。この時代の歴史を調べようとしているものならだれでも、一度はこの壁にぶつかったことがあるはずだ。

よく経済利害の対立が党派対立の基礎とされるが、それは、通例、図式にすぎず、資料にその根拠をよみとることは、どうしてもできないのである。だれにしたところで、党派形成に経済要因のはたらくことを、まっこうから否定しようとは、よもやおもうまい。だが、いままでに提出された解答に満足できず、こう問いかけようとする傾向が、現在、たしかにみられるのである、すなわち、後期中世の党派争いの解明にあたっては、さしあたり、政治学、経済学の視点よりも、社会学の視点に立つほうが、よりゆたかな成果を期待できるのではないだろうか、と。

党派の形成について、資料が実際に示しているのは、ほぼこんなぐあいである。純-封建制の時期には、いたるところ、局地戦に限定された私闘がみられた。そこにみられる経済要因といえば、一方が他方の財産をねたんでいる、ということでしかない。だが、ねたみの対象は財産だけではない。栄誉もまた、たしかにそれにおとらぬほど、はげしいねたみの対象となったのだ。一族のほまれ、復讐欲、従者の側からは情熱あふれる誠実、こういったことが、この世界では、まず第一に心を動かし、行為を動機づける。

国家権力が強まりひろがるにつれて、家族間の私闘は、いわば極性を与えられて、特定の領主権力に結びつき、グループを作り、かくて、党派が形成される。それらの党派じたい、自分の党派がよその党派とはちがうのだということの根拠を、連帯意識と共同の名誉以外のものには求めていない。わたしたちならば、経済上の対立ということを想定して、さらに深く、その根拠をさぐることができるというのか？

当時、眼力すぐれたトマ・バザンも、釣針《つりばり》党と鱈《たら》党間の憎みあい*19をうまく説明する原因はみつからないといっているが、だからといって、かれをばかにして肩をすくめたり、かれよりもの知りになろうなどと考えてはなるまい。実際、なぜエフモント家が鱈党で、ワッセナール家が釣針党だったのか、満足のゆく説明はぜんぜん出されていないのだ。両家を分ける経済面での対照をいってみたところではじまらない。そのことじたい、あい対立するふたつの党派それぞれの構成メンバーとしての、その領袖《りょうしゅう》たる君侯に対する位置の所産だったのだから。[†1]

君侯への誠実は、どんなにはげしい感情の動きとして作用していたことか、中世史のどのページもそれを語っている。ある詩人の奇蹟《きせき》劇『ナイメーヘンのマリーケン』にこんな話がある。アルノルトとアドルフ・ファン・ヘルレの闘争のことで、近所の女たちと大げんかしたマリーケンの悪性の叔母《おば》は、腹だちまぎれに姪《めい》を家から追いだしてしまった。その後、老侯が捕囚の身から自由になったとき、くやしさのあまり、われとわが命をちぢめてしまった、と。[*20] この話の作者のねらいは、「党派心」の危険性に警告を発することにあった。だから、党派心からの自殺というような極端な例を選んだのだ。疑いもなく誇張されている。だが、誇張されていればこそ、かえって、いかにこの詩人が、党派意識のうちにはげしい情熱を感じとっていたかがよくわかるのである。

心暖まる話もある。あるとき、真夜中だというのに、アブヴィルの町の助役たちは、鐘を打ち鳴らさせた。シャロレー伯シャルルから使いがあって、父侯の病の平癒《へいゆ》のために祈るよう要請してきたからである。おどろいた町の人たちは、教会へ流れこむ、何百本というろうそくがともされる、地に膝《ひざ》をつき、あるいは身を投げだして、涙のうちに祈る、そのあいだずっと鐘は鳴りやまなかった、とシャトランは報じている。

一四二九年、まだイギリス－ブルゴーニュ側にかたむいていたパリの民衆は、つい先ごろ、説教でかれらを深く感動させたリシャール師が、実は町々をひそかに説いて味方につけようとしていたアルマニャックの一味だったと知った。そこで、かれらは、神と聖者たちに誓って、かれを呪《のろ》い、かれにもらったイエスの名入りの錫《すず》のメダルを捨て、かわりにブルゴーニュ派の標識である聖アンドレの十字架を身につけ、リシャールが非難したばくちまでもまたやりだしたという。パリの一市民にいわせれば、「かれをものともせず」

アヴィニョンとローマ間の教会分裂は、ともかくこれは教義上の問題ではなかったことでもあるし、すくなくとも、この両極点から遠く離れ、両法王の名前しか知られず、分裂さわぎに直接まきこまれなかった地方では、さすがに信仰の激情も、これがためにかきたてられることはなかったろうとだれでも考えるにちがいない。ところが、そうではないのだ。遠く離れた地方でも、教会分裂は、党派争いのはげしい争点となり、実に、信心派と不信心派とに分かれるまでの鋭い対立に発展したのである。

ブリュージュの町が、ローマ法王側からアヴィニョン法王支持にまわったとき、おおぜいの人が家を捨て街を出て、職業や聖職禄《せいしょくろく》から離れたが、それというのも、かれらは、ユトレヒトとかリエージュ、そのほか、ローマのウルバヌス法王を奉じているところで、同じ党派のものと生活しようと考えたからであったという。これはブリュージュの近くのディクスムーデの住人ヤンが伝えている。

一三八二年、ローゼベクの戦い[*21]をまえにして、フランス王軍司令部は困惑していた。ただ聖戦の場合にのみ用いられることになっている神聖な王旗、緋の旗《オリフラム》を、フランドルの叛《はん》徒《と》どもの前にひるがえすべきか否か。決定はくだった、ひるがえすべし、フランドル人はウルバヌス法王派だ、つまり不信心者どもだ。これはフロワサールが書いている。

フランス政府のエージェントで著述家のピエール・サルモンがユトレヒトにやってきたときのこと、かれのために復活祭のミサをあげてくれる司祭はひとりもいなかった。「なぜかというに、かれらのいうには、わたしが離教者で、えせ法王ベネディクトゥスを奉じていたからだそうな」。やむなく、かれはある礼拝堂に出かけ、まるで司祭を前にしているかのようにして、ひとり告白し、シャルトルーズ派の修道院でミサをきいたという。

党派感情、主君への誠実の熱っぽさは、さらに、いろいろな党派のしるし、同色服装とか、徽章、標語、合言葉のたぐいのかもしだす強い暗示作用によって、いっそう高められた。それら党派のしるしは、次々と多彩な変化をみせたが、その変化のうちには、多くの場合、死とか殺人、まれには明るい事件がはらまれていたのである。一三八〇年、パリに入城する幼い王シャルル六世をみようと集まった二千人余りの人びとは、みな同じように半分緑、半分白の衣服をつけていたという。

一四一一年から二三年までのあいだに、パリじゅうの人の身につけるものが、いっせいに変わったことが三度まであったという、聖アンドレ十字架をつけた紫の頭巾《ずきん》、次いで白の頭巾、ふたたび紫のそれと。聖職のものも、女も子供も、これをかぶった。一四一一年、パリではブルゴーニュ派の恐怖政治が吹き荒れていた。その間、毎日曜日、アルマニャック派の人びとは、鐘の鳴りひびく教会で破門されたという。人びとは、聖画像を聖アンドレ十字架で飾り、それどころか、若干の司祭たちは、ミサや洗礼のさい、主がはりつけにされたさまを写した正しい十字の切りかたをあえて無視し、斜め十文字に十字を切った[22]と当時の人は主張している[23]。

党派に与《くみ》し、主君に従い、あるいは自分のことに専念するさいに、この時代の人びとの示した盲目の情熱は、ひとつには、岩のごとくがっちりと、石のごとく堅い中世人特有の権利意識のあらわれであり、また、いかなる行為もついには応報を呼ぶというゆるぎない信念のあらわれであった。

正義感は、四のうち三までは、まだ異教ふうの感情であった。復讐欲だったのである。たしかに教会は、心のやさしさ、平和、ゆるしを強調して、この権利行使の風潮をやわらげるようにつとめてはいた。だが、その努力も、権利意識そのものを変質させることはできなかった。それどころか逆に、教会の教えは、行為の応報を求める気持に、罪に対する憎しみを結びつける結果となり、権利意識を助長してしまったのである。

いまや、罪とは、はげしい気性のかれらのみるところ、うんざりするほどその事例はみられるのだが、まさに、おのれの敵のすること、そのことであった。正義感は、しだいに、目には目を、歯には歯をという野蛮な考えかたと、罪への畏《おそ》れとの両極間のはげしい心の緊張感へと化しつつあった。それにつれて、ますます、きびしく罰するという国家の役割が、どうしても必要と考えられるようになった。不安定な気分、不安なおそれが、危機にさいして国家権力に恐怖政治を要請するという事態が、後期中世にあっては慢性化していた、ということもあった。

かくて、過誤はつぐなわれうるという考えは、しだいに後退し、昔日のなごみのなごりの、いわば牧歌となり、それにつれてますます強まったのは、過誤とはいまや社会に対するおびやかしであり、神の尊厳に対する挑戦《ちょうせん》である、との想念であった。だから、中世末期は、きびしい正義と司法の残酷さとに酔い痴《し》れた血の時代である。悪事をはたらいたものにもなんらかの権利があったかどうか、などということには、一片の疑念だに払われなかった。君侯じしんによる直截《ちょくせつ》な裁判行為は、深い満足感をもたらした。想い出したように、ときおり当局は、きびしい正義のキャンペーンを展開した。ときには泥棒《どろぼう》や不穏な輩《やから》に対し、ときには魔女や魔術師めあてに、あるいは男色をねらって。

後期中世の司法の残酷さがわたしたちをおどろかすのは、その病的倒錯によってではない。その残酷さのうちに民衆のいだく、けだものじみた、いささか遅鈍な喜び、その残酷さをつつむ陽気なお祭り騒ぎによってである。モンスの町の人びとは、ある盗賊の首領を、あまりにも高すぎる値段だというのに、あえて買いとったが、それというのも、その男を八裂きにして楽しもうとしてのことであった。「民衆は、死んだ聖者の屍《かばね》がたとえよみがえったとしてもこうは喜ばないだろうと思われるほど、喜び楽しんだ」と、これはモリネの証言である。

一四八八年、マキシミリアンがブリュージュで捕虜になっていたときのこと、この捕われの王[*24]の居室からよくみとおせる広場に、足場を高く組んだ拷問台が設けられ、裏切りの疑いをかけられた市参事会員たちが、なんども拷問にかけられた。民衆はなかなか満足せず、早く処刑してくれとの参事会員たちの懇願にもかかわらず、さらにかれらの苦しみをみて楽しもうと、処刑してしまうことをゆるさなかったという。これもモリネの証言である。

信仰と復讐《ふくしゅう》欲との混淆《こんこう》は、あまりにも極端にはしって、およそキリスト教にはなじまぬ事態までみられるにいたった。フランスとイギリスにひろまった、死刑を宣告されたものには、臨終のまえの聖餐礼《せいさんれい》はもとより、懺悔《ざんげ》をまでも拒む慣習が、それをよく示している。そのものの魂が救われることを望まず、地獄の劫罰《ごうばつ》を確実に保証することによって、そのものの死の苦痛をいやがうえにも高めようと望んだのだ。一三一一年、法王クレメンス五世は、せめて懺悔の秘蹟《ひせき》だけは与えるようにと命じたが、むだであった。

その後、理想家肌《はだ》の政治家フィリップ・ド・メジエールが、まずフランス王シャルル五世、次いでシャルル六世の代に、この慣習を改めるよう強く説いた。だが、時の官房長ピエール・ドルジュモンは、メジエールにいわせれば、その向きを変えさせるには、ひきうすの石を相手にするよりも骨の折れる「堅い脳みそ頭」の持主であって、あくまでこれに反対し、賢く温和なシャルル五世もまた、その在世中にこの慣習を改めるつもりのないことを、はっきりと表明した。

ジャン・ジェルソンが、悪弊批判の考察五篇を書いて、メジエールに声をあわせるにいたって、やっと、死刑囚にも懺悔をゆるすという一三九七年二月十二日付けの王令が出されたのである。このことの決定のために尽力したピエール・ド・クラオンは、パリの刑場に石の十字架を建て、フランチェスコ会の修道士が悔い改めた罪人たちの処刑に立ち会う場所とした。

だが、もちろん、この古くからの慣習は、なお根づよい生命力をもち続けていた。だから、一五〇〇年をすこしまわって十六世紀にはいったころになっても、なお、たとえばパリの司教エチエンヌ・ポンシエは、クレメンス五世の教勅を再確認しなければならなかったのである。

一四二七年、ある強欲な従騎士がパリで絞首された。パリの一市民は、このことを、こんなふうに報じている。いざ処刑というとき、ある高官、摂政《せっしょう》に仕える財務官がやってきて、このあわれな男にはげしい怒りをぶつけた。かれは懺悔をしたいとの罪人の願いがゆるされるのを妨げ、うしろにくっついて、ののしりながらはしごをのぼり、杖《つえ》で打ち、さらには、魂の救いのことを考えるようにと犠牲者に勧めたというので、絞首吏にさえもなぐりかかった。絞首吏は、おそれをなして、いささかあわてた。綱が切れ、あわれな罪人は墜落し脚《あし》を折り、肋骨《ろっこつ》を数本くだいてしまった。折れた脚をひきずって、かれはまた、はしごをのぼらされた。

裁判ということを考えるとき、なにかわたしたちは、臆病《おくびょう》になり、動揺する。そういった感覚は、いっさい、中世人には欠けている。責任能力の考慮、裁判人の誤判の可能性、個人の過誤には社会もまた責任があるという考えかた、かれに苦痛を与えるかわりに矯《きょう》正《せい》することができないものだろうかという疑問、いっさい問題にはなっていない。いや、むしろこういうべきだろう。そういった感覚が欠如していたわけではなかった。はっきりそうと口には出されないままに、憐《あわ》れみとゆるしのはげしい情動と一致して、じかに、なまのかたちで表現されていたのである。罪状のいかんを問わず、罪人を憐れみ、罪人をゆるしたいという感情の爆発、これが、しばしば、刑の執行をみて楽しみたいという残忍な欲望を、すっかり吹きとばしてしまうのであった。

わたしたちならばさんざん迷い、ためらったあげく、なかば罪を犯すような気持で、できるだけ軽い刑を科しておこうとするようなケースについても、中世の裁判は、ふたつの極端しか知らない。最大級に残酷な刑罰か、それとも赦免かのどちらかなのだ。赦免を与えるとなると、今日とはちがい、罪人がなにか特別の理由でその恩恵をうけるにふさわしいかどうか、などということは問題にされない。どんなに罪状明白であろうとも、ともかく、つねに、文句なしの無罪放免となる。

実際には、赦免のきっかけを作るのは、かならずしも、いつも純な慈悲心であったわけではない。いかに罪人の身内の有力者が動いて赦免状を獲得したかを伝える当時の人びとの、いかにも当然といった口ぶりには、まったくおどろかされるのだ。だが、赦免状の多くは、身分の高い違法者にではなく、有力な仲介者をもたぬ貧しい人びとにあてられているのである。

残忍さと慈悲ぶかさの鋭い対照は、司法の分野ばかりではなく、生活の諸相にはっきりみてとれる。一方には、貧しいもの、身体障害のあるものに対するおそろしいまでの残忍さ。他方には、心うたれるやさしさ。今日、なお、ロシアの文学がわたしたちに教えてくれている、病人、貧乏人、心を病んでいる人に対する、あの心の奥底からの連帯の感情。

処刑を見物して楽しむということは、ともかくもこれには権利感情を満足させるという大義名分があったのだから、まあ、すこしは認めてやってもよい。だが、信じがたいほど素朴《そぼく》な残酷さ、品の悪さ、残忍な悪ふざけ、あわれな人びとの不幸をみて喜ぶというなさけない根性、ここには、満たされた権利感情というような高尚な要素は、ほんのひとかけらもない。年代記家ピエール・ド・フェナンは、ある略奪をこととする一味の最期を語って、こう結んでいる、「人びとのあいだから哄笑《こうしょう》がおこった。この連中は、みんな賤《いや》しい身分のものたちであったからである」

一四二五年、パリでのこと、武装した四人の盲人が一匹の子豚を賭けて闘うという「催事（エバットマン）」がもたれた。その前日、かれらは、武具をつけて市中を行進した。風笛吹きと子豚の描かれた大きな旗をもつ男に先導されて。[*25]

ヴェラスケスは、侏儒《しゅじゅ》の娘たちの深くもの悲しい顔をかき残してくれた。当時まだ、スペインの宮廷では、侏儒の女たちが道化役として珍重されていたのである。十五世紀、かの女たちは、各地の君侯の宮廷からひっぱりだこにされた遊びの道具だった。宮廷の大祝宴の趣向をこらした「余興《アントルメ》」に、かの女たちは芸を披露《ひろう》し、障害のある姿をさらした。ブルゴーニュ侯フィリップの金髪の侏儒、黄金夫人《マダーム・ドール》は、広く知られていた。かの女は、アクロバットのハンスと格闘させられている。

一四六八年、シャルル突進侯とマーガレット・オブ・ヨークとの結婚の祝宴には、「マドモワゼル・ド・ブルゴーニュの侏儒」たるマダーム・ド・ボーグランが、羊飼い女の服装で、馬よりも大きい黄金のライオンにのってあらわれた。このライオンは、口をあけたりとじたりすることができ、しかも歓迎の歌までうたったという。羊飼い女は、若い侯妃への贈りものとして、テーブルの上におかれた。これはラ・マルシュが伝えている。このような娘たちの運命についての嘆きの声を、わたしたちは耳にしない。会計簿の記録が、かの女たちのことをわずかに伝えてはいる。どんなふうに、某侯妃は、侏儒の娘を両親の家から連れてこさせたか、その父母が娘を連れてやってきたか、その後、どんなにかしばしば、かれらは、娘に会いにやってきて、そのたびに心づけをいただいたか。会計簿は記している、「その娘に会いにきた道化女ブロンの父に、なにがし」。その父親は、娘の宮仕えに得意になり、喜んで家路についたのだろうか。同じ年、ブロワのさる錠前師は、鉄の首環《くびわ》をふたつ納めている。ひとつは「道化女ブロンをつなぐため、他は侯妃の牝猿《めすざる》の首にはめるため」

心を病んでいるものがどんな取扱いをうけたかは、シャルル六世についての報告から推し測ることができる。なにしろ王であるのだから、ふつうとはちがって、ずっとていねいに世話されていたではあろうが。王に着替えをさせるためには、悪魔がかれを迎えにきたかのように、黒ずくめの十二人の男がかれをおどすというやりかたよりもよい方法を、お付きのものたちは知らなかったというのである。

この時代の無情さのうちには、しかし、どことなく「無邪気な」ところがあって、つい、わたしたちは、非難の言葉をかみころしてしまうのだ。

パリにペストが荒れ狂っている最中だというのに、ブルゴーニュ、オルレアン両侯は、気散じのため、愛の宮廷《クール・ダムール》を催そうと呼びかけたという。一四一八年、アルマニャック派に対するおそろしい殺戮《さつりく》が中休みしたときのこと、パリの民衆は、聖ユスタシュ教会に集まって、聖アンドレ会を結成した。パリの一市民の報告によれば、司祭も平信徒も、みんな、紅ばらの花笠《はながさ》をつけていた。教会は花で埋まり、「まるでばら水で洗われたかのように」その香《かお》りで満たされたという。

地獄の疫病にも似て、一四六一年のアラスに荒れ狂った魔女さわぎがやっと静まり、これまで行なわれた魔女審問はすべて無効と宣せられたとき、市民たちは、この正義の勝利を祝って「教訓仕立ての茶番狂言《フォリー・モラリゼ》」を演ずる競争を催した。一等の賞品は銀の百合花《ゆりばな》、四等はひとつがいの去勢鶏。拷問の犠牲者たちは、すでに死んで久しかった。

生活は、はげしく多彩であった。生活は、血の匂《にお》いとばらの香りをともにおびていた。地獄の恐怖と子供っぽいたわむれとのあいだ、残忍な無情さと涙もろい心のやさしさとのあいだを、まるで子供の頭をもった巨人のように、民衆はゆれうごいていた。この世のさまざまな楽しみの完全な放棄と、富、歓楽へのあくなき執着とのあいだ、陰険な憎しみと笑いを絶やさぬ気のよさとのあいだを、民衆はゆれうごいていた。極端から極端へとゆれうごいて生きていた。

その生活の明るい部分をいまに伝える報告は、きわめてすくない。まるで、十五世紀の魂の喜ばしいやさしさ、静けさは、絵画芸術のなかに沈み、高貴な音楽の透明な純粋性のなかに結晶したかのようなのだ。そしてまた、この世代の笑いは、民謡、笑劇《ファルス》に伝わり、野放図な血気、こだわらぬ喜びもまたそこに生きている。これだけでもじゅうぶんではないか、過ぎ去ったいくつかの時代の消え去った美への郷愁に、さらに加えて、ファン・アイク兄弟の世紀に日だまりの明るさを求めたいと願う心は、じゅうぶん満ち足りる。

だがしかし、真にこの時代を深くさぐろうとする人は、つねに、この明るい側面をとらえることに困難をおぼえる。なぜならば、芸術の領域をのぞけば、すべてこれ、暗黒の世界なのだから。脅迫じみた説教の警告、高級文学の疲れたようなため息、年代記、文書史料の単調な報告、いたるところでさまざまな罪が叫び、みじめさがうめいている。

血液過多の赤ら顔をして、あつかましくもずうずうしく、傲慢《ごうまん》、憤怒《ふんぬ》、貪欲《どんよく》の大罪は、十五世紀の人間たちのあいだを歩きまわっていたのだが、宗教改革以後の時代には、もはやその威勢の影もない。ブルゴーニュ侯家の大傲慢を想ってもみるがいい。この一族の歴史は、そのまま高慢の英雄叙事詩ではなかったか？

初代フィリップのぐんぐんのびる幸運のきっかけとなった騎士道はなやかな武勲。ジャン無怖侯の苦い嫉妬《しっと》と、かれの死の残した黒い復讐欲。もうひとりのマニフィコ[*26]、フィリップ善良侯の長い盛りの夏の季節。そして高く望んだシャルル突進侯は、病にも似た強情さに溺《おぼ》れ、ついに滅びる。西ヨーロッパに比肩するところをみない、生命力に満ちあふれたその支配地は、すなわち、その地の産するぶどう酒のように活力に満ちたブルゴーニュ、

「怒りっぽいピカルディー」、強欲な、金持のフランドル。絵画芸術、彫刻、音楽の花咲いたところ、きびしい復讐の正義が支配し、貴族、市民を問わず、暴力行使の野蛮さが放任されていたところ、それがブルゴーニュ侯国であった。

この時代、貪欲ほどの悪はない、と考えられていた。傲慢と貪欲とは、これを対照させて、古い時代の罪と新しい時代の罪とみることができる。傲慢は、所有ないし富がほとんど動産のかたちをとっていない時期の封建制階層社会の罪である。この時期の権力意識は、なによりもまず富にしっかり結びついているという態《てい》のものではなかった。なにか人間そのものに根ざしているものであった。

権力は、それと認められようと、数知れぬ従者たち、高価な飾りつけ、力あるもののどうどうたる立居振舞《たちいふるまい》を誇示することにより、自己を明示しようとする。封建制階層社会の思考は、他のだれをもしのいでいるという権力の意識に、たえず、生きた形態の餌《えさ》を与えてきた。ひざまずいての臣従礼、ものものしい授封の象徴物、荘重な儀式、これら現実の形態が、卓越性を明示し、これをもって、なにか本質にかかわるもの、適法のものと感じさせたのである。

傲慢は象徴罪であり、対神罪である。その根は、人生観、世界観そのものの土壌《どじょう》に深く根づいている。傲慢《スペルビア》は、すべての悪の起源であり、魔王《ルーシファ》の傲慢こそ破滅のはじまりであり、原因である。そうアウグスティヌスは観じ、のちの世代もそう理解した。傲慢が罪のすべての源泉であり、罪のすべては、その根であり幹である傲慢から芽を出し、成長する。そう、ユーグ・ド・サン・ヴィクトール*27もいっている。だが、この考えをはっきりと述べた言葉、「すべての破滅は傲慢に起源を有した」†2に並べて、こうもまた、聖書は述べている、「すべての悪の根は財欲《クピディタス》である」†3。これに従えば、貪欲《アヴァリティア》もまた、悪のすべての根源とみることができる。なぜならば、財欲は、それそのものとしては大罪のうちにかぞえいれられてはいないのだが、しかし、ここでは貪欲と解してよいのであり、そうよみとることは、すでに中世の学者によっても支持されているのである。

　十三世紀以降、世界を破滅させるのは奔放な貪欲だとの確信が、たしかに広くひろまって、傲慢に対する評価を下落させ、第一の決定的な罪とみられていた傲慢を、その座からひきずりおろしたとみてよいであろう。それまで神学において優位を保ってきた傲慢は、時代の禍《わざわい》はすべてこれ、ますますはびこる貪欲のせいだとの、ますます高まるシュプレヒコールの前に失脚したのである。ダンテは呪《のろ》わなかったであろうか、「無分別な貪欲」と。

　貪欲は、傲慢の属性である象徴性、対神性を欠いている。それは自然の物質に根ざす罪、真に地上の情熱なのだ。貨幣流通が権力増大のための諸条件を書きかえ、権力を解きはなった時代の罪なのだ。ひとの価値評価は、ちょっとした算術の計算問題となった。富をかき集めたいという、がむしゃらな欲望を満足させる機会は、大きくひらかれていた。そして富は、近代の信用経済でいう資本、幻のごとく触知しがたい財貨ではなかった。もし資本ということをいうならば、そのイメージは、いぜん、黄金そのものであった。

財貨の使いかたも、オートマティックに、機械的に投資を続けていくというようなことではなかった。極端にけちけちするか、むだづかいするか、そのどちらかでなければ満足しなかったのである。むだづかいにおいて、貪欲と古い傲慢とが結婚する。傲慢は、なおたくましく生きていた。封建制階層社会の思考は、その盛りの花をひとつだに散らせてはいなかった。盛観な儀式、美服につつまれた儀礼への渇望は、いまなお緋色《ひいろ》にいろどられていた。

まさに、このプリミティヴな傲慢との結合こそ、末期中世の貪欲に、その直接性、激情、過度の特性を与えたのである。のちの時代の貪欲には、これらの特性の影もない。プロテスタンティズムとルネサンスとは、貪欲に倫理内容を与えた。貪欲は、ここに、繁栄を生みだすに必要なものとして合法化されたのである。この世の財産を捨てることはほむべきこと、このゆるぎなき確信が退潮するにつれて、貪欲に押された罪の烙印《らくいん》は薄れていった。後期中世の精神は、罪の貪欲に対するに寛仁《かんじん》と清貧という解きがたい対立を、そのまま対立としてうけいれることが、なお、できたのである。

この時代の文学、年代記、諺《ことわざ》のたぐいから宗教関係の小冊子にいたるまで、いたるところでひびいているのは、金持に対するはげしい憎しみの声、大物たちの貪欲を嘆く声である。ときとすると、なにか、漠《ばく》とした階級闘争の意識があって、それが、憤りという道徳感情のかたちであらわれたのか、とも思わせる。物語史料と同じく、文書史料もまた、このことについての人びとの感情をわたしたちに伝え、この時代の生活の調子を知らせてくれる。というのは、訴訟記録のいたるところに、破廉恥きわまる貪欲が、ぎらぎら輝いているのであるから。

一四三六年のこと、お参りの人数の多いことでは一、二を争うパリのある教会で、二十二日間ものあいだ、礼拝の停止されたことがあったらしい。ふたりの乞食《こじき》が、つかみあいのけんかのあげく、ちょっとしたひっかき傷の血で教会を汚したというので、司教は、かれらがいくばくかの小銭を支払わぬかぎり、教会をその汚れから浄《きよ》める儀式を行なわないと宣言し、このあわれなやつらは、その小銭をもっていなかった、という次第。この司教、ジャック・デュ・シャトリエは、「尊大で強欲な、その身分に似つかわず俗な人物」として、当時、よく知られていたのである。

ところが、一四四一年のこと、かれの後任者、ドニ・ド・ムーランの代に、これにいっそう輪をかけた事件がおきた。今度は、四か月ものあいだ、その教会の付属墓地、パリにその名も高く、需要度もいちばん高かったイノッサン墓地では、だれひとりとして葬られず、葬列もまた催されなかったのである。その原因はかれがこれに関係する権利金の増額を要求したことにあった。パリの一市民によれば、この司教の評判はこうである、「金か、そうでなければ値段の張る品物をもらわないかぎり、だれに対しても情け知らずだった。ほんとの話、かれは裁判に五十回も関係したという。裁判にでもかけなければかれに支払わせることなどできなかったからだ[*28]」

　この時代の「成金《なりきん》ども」の、たとえばオルジュモン一族の、低劣な物惜しみと訴訟狂いの歴史をたどってみるがよい。そうすれば、たえず金持にぶっつけられていた民衆のはげしい憎しみ、説教師や詩人の怒りがどんなであったかがよくわかる。

　民衆の目には、かれらの運命とこの時代の出来事とが、失政と搾取、戦争と略奪、物価の上昇、欠乏そして疫病と、終りなく続く禍の連続《シークエンス》と映じたのである。かならず慢性症状を呈する戦争、ありとあらゆる種類の危険分子による都市や村でのたえまのない騒動、苛酷《かこく》で信のおけない司法当局の不断の脅迫、そしてなによりもまず、地獄の責苦、悪魔、魔女の恐怖という重圧——ここに漠とした不安の感情がかもしだされ、生活の背景をくろぐろとぬりつぶしたのである。

　身分の低い人や貧しい人の生活だけが不安定で、危機にさらされていたわけではなかった。貴族、大官の生活にあっても、運命のはげしい変転、絶えざる危険は、いわば常道だったのである。ピカルディー生まれのマチュー・デスクーシーは、歴史著述家であった、十五世紀に山ほどあらわれたこの種の著述家をそう呼ぶとしてのことだが。かれの年代記は、単調で正確、かたよらず、あたりまえの騎士道理想礼讃《らいさん》、これまた例のごとき教訓にあふれ、もてるもののすべてをたんねんな歴史記述の作業にささげた尊敬すべき著者を、わたしたちに想像させるのである。

だが、この歴史記述の刊行者が、史料のうちにさぐり照明をあてた、その著者の生涯《しょうがい》は、まあ、なんという生涯であったことか！

マチュー・デスクーシーの官歴は、一四四〇年から五〇年にかけて、ペロンヌの、まず町の議員、次いで助役、筆頭助役を歴任したときにはじまった。当初から、かれは、この町の法律家ジャン・フロマンの一族と一種のヴェンデッタ状態にあるものとして知られていた。訴訟の応酬が展開された。あるときは、法律家がエスクーシーを、偽造、殺人、また「不法、加害企図」の咎《とが》で追いつめた。今度は筆頭助役の番。かの女に魔女の疑いをかけたのである。魔女審問を利用して、敵の寡婦《かふ》をわなにかけようとした。かの女に魔女の疑いをかけたのである。だが、かの女が頭をはたらかせて、王家裁判所からの命令書を手にいれたので、エスクーシーは審問を司法の手にゆだねざるをえなくなり、この問題は、ついに王家裁判所の審理するところとなった。かくて、エスクーシーは、最初の牢獄《ろうごく》生活を送ることになる。

その後なお六回、罪人として拘禁されたかれの姿がみられる。さらに一度は、戦争捕虜として。いずれも重大な刑事事件であったし、一度ならず重い鉄鎖につながれたのである。フロマン、エスクーシー両家の告発合戦は、ついに暴力闘争にとってかわられ、フロマンの息子《むすこ》がエスクーシーを傷つけるという事件までがおこった。両家とも、たがいに相手側を殺そうと無頼漢を雇う。

このながながしいヴェンデッタが、ようやくわたしたちの視界から去っていったかと思うと、もう次の騒ぎがもちあがっている。今度は、ある修道士が、エスクーシーに傷を負わせた。またまた、告発の応酬。やがて一四六一年、エスクーシーはネールに移り住んだ、おそらく、なにごとか悪事の疑いをかけられてのことである。こういった騒ぎも、いっこう、かれの立身出世の妨げにはならなかった。リブモンの裁判人、次いで筆頭助役、サン・カンタンの「王の法律代理人」を歴任し、ついには貴族に列せられた。

またまた傷害、禁固、罰金刑とくりかえしたのち、かれは軍務につき、一四六五年、モン・ル・エリーで、王に従い、シャルル突進侯と戦い捕虜になっている。続く戦闘に、身体を損傷して帰還している。続いて結婚。だが、これは、静かな生活にはいることを意味しはしなかった。

次にみるのは、印章偽造の罪で、「盗賊か人殺しかのように」パリに護送されるかれの姿である。コンピエーニュのさる町役人の行動を詮議《せんぎ》しようと図ってひきおこした、新たなヴェンデッタの結果である。パリで拷問にかけられ、自白させられ、上訴を禁じられ、断罪され、一度は復権したが、ふたたび罪とされ——ここで、この憎しみと迫害の生涯の足跡は、記録から消え去っている。

このような動乱の生涯は、この時代の史料に記録されている人びとの運命の変転をたどってみるとき、いたるところで浮かびあがってくる。試みに、ヴィヨンが、その『遺言詩集』のなかで名をあげている、名をあげないまでも追想している人びとのすべてについて、ヴィヨン研究家ピエール・シャンピオンの集めた記録を、ひとつひとつよんでみるがいい。[*29] あるいは、『パリ一市民の日記』に、その刊行者アレクサンドル・テュテイの付した注記をよんでみるがいい。いたるところ、これ、訴訟、犯罪、紛争、とどまるところを知らぬ迫害の連続といった観がある。しかも、これは、裁判、教会関係、その他の記録から、まったく任意に拾いだされた人びとの生涯の記録にすぎないのだ。

犯罪記録の集大成みたいなジャック・デュ・クレルクのものをはじめとする、いくつかの年代記、あるいはメッスの市民フィリップ・ド・ヴィニュールの日記などは、暗い時代というイメージを、あまりにも強調しすぎているのかもしれない。赦免状などにしてみても、これは、日常生活の様子を生きいきと正確にみせてくれはするのだが、しかし、ともすれば犯罪事件にばかり気をとられ、あまりにもいちずに、生活の暗黒面にのみ照明をあてすぎているきらいがあるといえるかもしれぬ。だが、どんな種類の資料にあたってみても、やはり、証拠はすべて、この暗黒のイメージを確認するのである。

悪《あ》しき世であった。憎しみと暴力の火は高く燃え、不正は強く、悪魔の黒い翼が暗い地上をおおっていた。遠からぬ日に、この世の終りが人類を待ちかまえていた。だが、人類は行ないを改めなかった。教会は戦った。説教師、詩人は訴え、警告した。だが、むだであった。

〔1〕わたしのこのような考えかたは、たしかに、いわゆる経済的歴史観なるものに対する抗議ではあれ、いささかも歴史における経済的ファクターを無視しようとするものではないのであって、このことは、ジャン・ジョレスもまた、その著『社会主義的フランス革命史』第四巻に、はっきりと言明しているところである。「だが、歴史には、階級闘争だけではない、党派の争いも、また、みられるのである。つまり、経済的な親和関係、対立関係の外に、情熱ずくのグループ活動、誇りとか君臨とかいうことにもとづく利害関係が形成され、歴史の表面に浮かびあがろうとたがいにきそいあい、それが、歴史上の大きな変動の決定的要因になることもある」

〔2〕「トビア書」四の一三。[*30]

〔3〕「チモテオ前書」六の一〇。

（1）「イザヤ書」三〇の二〇。

（2）これはジャン・ド・ロワの伝えるところだが、ただジャンはルイ王が「韻文の理由書」を書いたとは書いていない。ホイジンガは「ルイ王の書簡集」なる資料もあげているので、それを見てそう推量したということらしい。一四七七年一月、シャルル突進侯の死後、ルイ十一世は、ただちにフランドルに食指を動かし、三月アラスを、四月エダンをおとしいれた。このとき、シャルルの遺児マリー・ド・ブルゴーニュのあとを追ってフランドルに赴こうとしたアラスの市民一八名がエダンの広場で処刑された。ウダール・ド・ビュッシーは、そのひとり、アルトワ伯領の法律家であった。

(3) その事実はない。ホイジンガも推量法で書いている。

(4) 修道女としたが、実はこれは俗人。ベギーヌ会は、十二世紀末、ランベール・ベグが創設したと伝えられ、ベルギーを中心にひろまった女性の共同生活団体。服従の誓願だけにしばられる。これの着用した頭巾が一般化し、「ベガン」と呼ばれた。

(5) 一四三八年からポルトガル王に補された幼少のアルフォンソ五世のいとこにあたる。父親のコインブラ侯ペドロが兄王の死後政争に敗れて一四四九年に死んだのを継いだコインブラ侯だが、亡命して叔母のブルゴーニュ侯妃イザベルを頼ってブルゴーニュ家に身を寄せていた。

(6) ホルクムはライン川の支流ワールとマースの合流点に位置する。ロッテルダム東方四〇キロ。往時、ライン‐マースデルタは水系がいまとはかなりちがう。なおホルクムは当時 Gorkum と書いたが、いまは Gorinchem と書いて、やはり「ホルクム」と発音する。スロイスはフランドルのブルッヘ（ブリュージュ）の外港。いまはオランダ領だ。

(7) これもシャトランの伝えだが、「獅子紋金貨」は「リオンドール」あるいはただ「リオン」と呼ばれた金貨で、一四三五年、リールで製造発行された。品位二三金、重量四グラム二五。それが二〇万枚で総重量八五〇キログラム。試技の遊びとしては重すぎる。どうも話がおかしい。シャトランはたしかにそう書いている。「リオン」と一緒に同じ系列の「リオンソー」という、こちらは「リオン」の三分の二ほどの重量の金貨、一年半後に「ティエルス」という、さらに軽量のも発行された。これだと五六〇キロ、二八〇キロとしだいに納得のいく数字に近づく。「ティエルス」ならば力自慢が腕を見せるチャンスもあったろうではないか。

(8)「まったくカリフを想わせる話」はオリヴィエ・ド・ラ・マルシュ、次のはジャン・ジュヴェナル・デジュルサンの伝えだが、「バイエルンのイザベラ」はドイツ語読みで、フランスに来てからは「イザボー・ド・バヴィエール」と呼ばれた。「イザボー」は男名のようだが、「イザベル」のもうひとつの発音のかたちである。

(9)ウェンツェルの腹ちがいの妹アンナは、一三八二年、リチャード二世に嫁している。なお、ウェンツェルは、ドイツ王（一三七六〜一四〇〇）ではあったが、神聖ローマ帝国皇帝にはなっていない。

(10)どうもこの「第三の」というのがわからない。ビザンティン、ドイツにつづいてという意味か？

(11)これはすこし言い過ぎである。オルレアン家とブルゴーニュ家の不仲は、オルレアン家の当主シャルルが、一四四〇年に、それまでロンドン塔で虜囚の暮らしを送っていたのを、身代金を支払って釈放されて帰ってきた時点で解消した。なにしろブルゴーニュ家の女主人イザベル・ド・ポルトゥガルが諸侯に帽子を回して身代金を調達してやったというのだ。

(12)これも言い過ぎである。「ニコポリス十字軍」を率いたのはハンガリー王ジギスムントだった。

(13)ルネ・ダンジューの曽祖父がフランス王ジャンにあたる。

(14)「しぶしぶと、いかにも惜しそうに」は直訳すれば「ほんの少しだけ、それもいかにも惜しそうに」。

(15)「グロート銀貨」はシャトランの原文では「ウン・グロ・デコッス」で、「グロ」だが、ローマ貨幣のデナリウスの流れを汲んでフランス語でドゥネ（近代の発音でドゥニエ）と呼ぶ基準単位を英語でペニーと呼ぶ。複数がペンス。ドイツ語の「プフェニヒ」と同じらしい。ドゥネもペニーもコインが発行されたが、それの倍数貨が何種類か作られて、イギリスの場合はエドワード三世が発行した「グロート」が使いやすい銀貨だということで普及して、これは四ペンス銀貨である。フランスの「グロ銀貨」に対応する。スコットランド王デイヴィット二世が一三五〇年代にこれを模して発行した銀貨があって、それがこれだということらしいが、よくわからない。

(16)「ロマ人」は西ヨーロッパの方で「ジプシー」とも呼ばれた民族である。「ジプシー」はエジプト人を意味する「エジプシャン」がなまった呼び名と理解されている。

(17) カペー家のフランス王フィリップ二世が十三世紀はじめにアンジュー＝プランタジネット王家から大陸側領土をぜんぶ奪い取ったとき、フィリップはトゥールを拠点に展開していたアンジュー王国の貨幣システムをフランス王国に取り込んだ。それがトゥール貨のシステムである。他方パリを中心に形成されていた貨幣システムをパリ貨と呼ぶ。両システムとも貨幣はローマ人のデナリウス、ソリドゥス、リブラを借りてドゥネ、スー、リーヴルだが、これにトゥール貨とパリ貨の二種類がある。額面価格の強さの比は四対五とされた。トゥール貨五ドゥネがパリ貨四ドゥネにあたる。パリ貨の方がえらい。

(18) イタリア語。コルシカ島をはじめ、サルジニア、シチリア、バルカン半島にみられた俗習。殺害、傷害の復讐が、加害者の一族全体に及ぶこと。転じて、二血族間の宿怨、復讐関係をさす。

(19) 一三四五年、ホラント伯ウィレム四世が子なくして死んだのち、ウィレムの姉であり、ドイツ王ルードウィヒ四世（デア・バイエルン）に嫁したマルハレータを支持する一派と、マルハレータの子ウィレムをたてる一派とが対立した。前者を「釣針党」、後者を「鱈党」と呼ぶ。一三五四年、いちおうの決着はつき、ウィレム五世の権利が認められた。だが、この両派の対立は、この後、ブルゴーニュ家の支配（一四二八年以降）、ハプスブルク家の支配（一四八二年以降）と、動揺するホラント伯領にあって、根づよい政治のモメントとして残るのである。

(20) 一四二三年レイナールト四世、子なくして死し、曽孫アルノルト・ファン・エフモントが都市勢力に支持されてヘルレ侯領を継承。ドイツ王ジギスムント、これに干渉、対立侯をたてる。アルノルトは、よく支配を守ったが、これにブルゴーニュ侯が介入、情勢は混乱。やがて、一四六五年、アルノルトは、親ブルゴーニュの立場に立つその息アドルフに捕えられた。アドルフはその直後、シャルル突進侯に叛旗をひるがえし、シャルルは、一四七一年、アドルフを捕え、アルノルトを解放し、その手から侯領を奪った。一四七三年から七七年までのあいだ、ヘルレ侯領に、ブルゴーニュの支配が及ぶことになる。「アルノルトとアドルフ・ファン・ヘルレの闘争のこと」とは、このアルノルト父子の争いのことをさしている。なお、『ナイメーヘンのマリーケン』は一五〇〇年ごろの「修辞家集団」と関係のあった詩人の作とみられる。

(21) フランドル伯ルイ二世に対するガンの反乱（フィリップ・ファン・アルテフェルデを指導者とする）を、フランス王軍が鎮圧した戦い（十一月二十七日）。

(22) 「斜め十文字に十字を切る」とは、ブルゴーニュの守護聖者たる聖アンドレの殉教の十字架のかたちを写して十字を切ることを意味する。

(23) 以上の服装や徽章に関する証言をホイジンガはサンドニの修道士、ジュヴェナル・デジュルサン、パリの一市民から拾っている。

(24) ハプスブルク家のマキシミリアンは、一四七七年、シャルル突進侯の相続女マリーと結婚、ネーデルラントのブルゴーニュ家の遺領に対する権利を得、一四八二年マリーの死後は、その間に生まれたフィリップの後見として、この権利を維持しようとした。だが、ガンをはじめネーデルラント諸都市は、ハプスブルクの統制を喜ばず、マキシミリアンは、フランスと戦いながら、この地への勢力扶植に腐心していた。そんなとき、一四八八年一月、ブリュージュにはいったかれは、五月まで、ここに監禁される身となったのである。なお、マキシミリアンは、一四八六年、ドイツ王に選挙され、一四九三年、神聖ローマ帝国皇帝の肩書きをとっている。だから、このときのかれは、まだ、「捕われの王」である。

(25) これはパリの一市民が伝えているが、盲人は「クィンズヴィン（三百人）」という団体のメンバーだった。「クィンズヴィン」はパリの西の門、サントノレ門の脇に広壮な館を構えた当代の特権団体で、この「催事」は「クィンズヴィン」を有力な構成員とするそこの街区の催事だった。ホイジンガはここでは読みたいように読んでいると批判されてもしかたのないところである。「クィンズヴィン」など、当時パリ市内の諸団体についての研究はホイジンガの時代にも、パリの国立図書館や文書館のアルシヴィスト（古文書専門家）によって調べが行き届いていて、あるていど全体像をつかむことはできたはずである。

(26) フィレンツェのメディチ家の十五世紀後半の当主ロレンツォは、通称を「ロレンツォ・イル・マニフィコ」という。これは、しかし、ロレンツォに限らず、一般にメディチ家当主の称号であった。ここでの意味あいは、「ブルゴーニュ家の大旦那」といったところか。

(27)十二世紀神秘主義の創始者。一〇九六年、ザクセンに生まれ、パリのサン・ヴィクトール修道院で修学し、一一二五年以降、講義した。一一四一年没。

(28)前節のエピソードとともにこのエピソードは「パリ一市民の日記」が伝える話だが、ノートルダム聖堂のパリ司教と司祭教会のイノッサン教会とのあいだに生じた摩擦に関係する。前節は血で汚された教会堂をふたたび聖化する「復聖」、後節は死者の埋葬に関してパリ司教が応分の権利(金)を設定していたという事情を考えあわせなければ読めない。

(29)この本の訳注者堀越が現在「ヴィヨン遺言詩注釈」の仕事を続けている。堀越は偉大なる実証主義者シャンピオンの仕事に助けられながら、詩の読みにおいてシャンピオンを越えようと努力している。

(30)「トビア書」は第二正典の一。プロテスタント教会では、外典として、これを聖書から除外している。

Ⅱ　美しい生活を求める願い

いつの時代も美しい世界にあこがれる。混迷の生活に打ちのめされ、現在に深く絶望すればするほど、そのあこがれは深まる。中世末葉、生活の主調音は、きびしいメランコリーであった。ルネサンス、あるいは啓蒙主義の時代の歴史をつらぬいてひびいている、大胆な生の喜び、偉大な行為をなしとげる力への信頼という調べは、ここ、十五世紀のフランス＝ブルゴーニュ世界にあっては、ほとんどきかれなかった。

それでは、この時代の人びとの生活は、他の時代にくらべて、事実、より不幸だったのであろうか。おそらく、ひとはそう信じるにちがいない。この時代がのちに伝えた言葉をたどってみれば、歴史叙述、詩人の著作、説教あるいは教会関係の小冊子、いたるところ、文書類にさえも定着されているのは、ただもう、争い、憎しみ、悪意、貪欲《どんよく》、野蛮、悲惨の記憶ばかりである。つい疑いたくもなるというものだ、いったい、この時代の人は、残酷、傲慢《ごうまん》、放縦《ほうしょう》の快楽しか知らなかったのか、なごやかな喜び、静かな生活の幸福は、どこにもなかったのであろうか。

しかしいつの時代とて、たしかに、幸福の跡をすくなく、悲しみの跡を多く、のちに伝えている。書きつづられるのは、大いなる不幸の歴史なのだ。また、はなはだ説明にはこまるのだが、こう確信してもかまわないと思うのだ、人間にわりあてられている生の幸福、のびやかな喜び、甘い憩《いこ》いの総量は、時代によってそう差があるわけではない、と。それに、後期中世の幸福の輝きは、いまや、まったく消え失《う》せてしまっているというわけのものでもない。民謡に、音楽に、風景画の静かな地平に、肖像画のまじめくさった顔のなかに、なお、その輝きは余光を残している。

だからこうなのだ、十五世紀は、人生と世界とを声だかにほめたたえるということに慣れっこではなかった。いや、むしろこういおう、それは、よいお行儀とはみなされていなかったのである、と。心ある人は、日々の生活におこる事件をまじめに観察し、人生についての判断をくだして、ただ、苦悩と絶望とに言及するのを常としていた。時は終末に近づき、この世は破滅へと向かっている、そういっている。ルネサンスに蕾《つぼみ》をつけ、十八世紀に咲きみだれるオプティミズムは、十五世紀のフランス人の、いまだみしらぬ花であったのだ。

まずはじめに、自分の生きているこの時代への希望と満足とを表明したのはだれであったか。詩人ではなく、ましてや宗教思想家ではなかった。政治家でもなく、それは学者、人文主義者《ヒューマニスト》たちであった。古代の知恵をふたたび自分のものにしたという誇り、これが、人びとの口から、現在に対する喜びの声をひきだしたのであって、つまりはこれは、知性の勝利にすぎなかったのである。ウルリッヒ・フォン・フッテンの有名な歓喜の叫び、「おお、時代よ、おお、文芸よ、生きるは喜び」は、あまりにも広く解釈されすぎているようだ。ここで歓喜にむせんでいるのは熱狂した一文人にすぎず、全人類ではない。

十六世紀にはいれば、時代のすばらしさを喜ぶこの種の声は、その例を数多く引用することができる。だが、つねにはっきりいえることは、それらの声は、ほとんど例外なく、ふたたび自分たちのものとなった精神文化に対するものであり、なんら、まったき意味における人生の快楽についての、ディオニュソス祭ふうの表明ではなかった、ということである。

人文主義者とはいっても、その生活の雰囲気《ふんいき》には、いぜん、従来からの、世を捨て世俗を回避するという風潮が残っていたのである。そのことは、いくらか引用されすぎるきらいのある前述のフッテンの言葉などよりも、一五一七年ごろのエラスムスの手紙をよめばよくわかる。これよりおそい時期の手紙ではいけない。エラスムスからこんなに喜びに満ちた言葉をひきだしたオプティミズムは、それこそ、あっというまに、弱まってしまったのだから。

「実際、」と、エラスムスは、一五一七年初頭、ウォルフガンク・ファブリキウス・カピトに書き送っている、「わたしは、それほど人生に執着してはいません。五十の坂に足をかけて一年、思うに、もうじゅうぶんすぎるほど生きてきました。それに、だれしもが追い求めたいと思うほど特別な、すばらしくも喜ばしいことが、この人生にあるとも思えません、この世で自分じしんの力で信心を堅く守っている人びとにはもっと幸福な生活が約束されていると、キリスト教の信仰にすがって、真実、信じてきたものにとっては。ところが、近ごろ、すこしでもいい、若返りたいと思うようになりました。それというのも、理由はただひとつ、近い将来、なにか、黄金時代が訪れると思われてならないからなのです」

かれは、ここで、いかにヨーロッパ各地の君侯が、心をあわせて平和を希求しているかを述べている。平和、エラスムスにとって、これほどたいせつなことはないのだ。さらに、かれは、こう続ける、

「わたしを、たしかな希望へと追いやるものがあります。正しい道徳、キリスト教の信心だけではありません。純にして真正の文芸、汚れなき学問もまた、再生し、花ひらくでしょう」。むろん、君侯の保護が考えられねばならぬ。「かれらの敬虔《けいけん》な心に負うところ多くして、はじめて、わたしたちは、あたかもかかげられたしるしに応ずるかのごとく、いたるところ、すぐれた才能がめざめ、たがいに語らって、真正の文芸を建てなおすべく立ちあがるのをみるのです」

十六世紀のオプティミズムのたしかな表白、ルネサンスと人文主義《ヒューマニズム》とを枠《わく》づけた感受性

のあらわれがここにある。通常、ひとがルネサンスの基調とみなす、あの奔放な血気は、それを想《おも》わせる影もない。エラスムスの生の肯定は、内気で、いささかぎごちない。なによりもまず、きわめて知的である。とはいえ、ともかくも、これは新しい声である。十五世紀、イタリア以外の土地では、この程度の内気な声すらも、まったくきかれなかったのである。

一四〇〇年ごろのフランス王国とブルゴーニュ侯国の人びとは、なお、人生に対し、時代に対して中傷を積みかさねることを好んでいた。そして、実に注目すべきことには、もっとも、バイロン[*1]の詩風のことを考えてもすぐわかるように、これには他の時代に類例がなかったわけではないのだが、かれらは、世俗の生活に近づけば近づくほど、それだけメランコリックになる傾向をみせていたのである。この時代特有の深いメランコリーを強烈に表白したものたちはといえば、それはけっして、修道院、あるいは象牙《ぞうげ》の塔にこもり、完全に世俗を回避していた連中ではなかった。それは、ほかでもない、宮廷の年代記家、流行詩人たちであった。高い教養には弱く、理解する喜びをさらに深めようという気など、まったくなかったかれらこそ、つねに世界の老衰を嘆き、平和と正義とに絶望していた連中なのであった。

ユスタシュ・デシャンほどながながと、すべてよいものはこの世界から去ってしまった、との嘆きを歌った詩人は、ほかにあるまい。

苦痛、誘惑の時、
涙、嫉妬《しっと》、責苦の時代、
衰微、地獄落ちの時、
終末へと導く時代、
偽りに満ちてことをなす恐怖の時、
傲慢、嫉妬に満ちて偽りをいう時代、
栄誉なく、真実の裁《さば》きまたなき時代、
悲しみの時代、生命《いのち》はちぢまる。

この調子で、かれは、何ダースものバラッドを作った。いずれも、この陰気な主題の単調でたいくつな変奏にすぎぬ。だから、たしかに、高い身分のものたちのあいだには、強烈なメランコリーが支配していたにちがいない。だからこそ、貴族は、あきもせず、この三文詩人に、くりかえしくりかえし、このような物音をたてさせていたのである。

歓楽は失われ、
みな、ひとの心、とらわる、

悲哀と憂愁《メランコリー》とに。

デシャンより四分の三世紀後、ジャン・メシノーは、いぜん、まったく同じ調子で歌っている。

おお、みじめな、とても悲しい生よ、
戦争があり、死と飢えとがある、
寒さ、暑さ、昼と夜とがわれらを弱らせ、
のみ、だにのたぐいの虫どもが、
戦いをしかける。つまりは、悲惨が、
卑しいこの身を荒らす。生命は短い。

かれもまた、この世ではすべてがうまくいかないとの確信を、くりかえしくりかえし語っている。正義はどこにもみつからない。強者は弱者をしぼりとり、弱者はたがいにいじめあう。かれの言によれば、憂鬱症《ヒポコンデリー》はかれをあやうく自殺させるところだったとか。かれは、自分じしんをこう描いている、

わたし、貧しい著述家は、
心、悲しく、弱く、むなしく、
目にする人の喪の悲しみに、
不安な想いの手にとらえられ、
目には涙、かわく間もなし、
ただ、ただ、望むは死ぬことのみ。

上流の人びとの生活にみなぎっていた雰囲気を表白する声は、すべてこれ、魂を憂愁の黒い衣装によそおわせたいという感傷的《センティメンタル》な願望に、かれらがとらわれていたことを立証している。悲惨のほかはみなかった、もっと悪い事態を覚悟している、通り過ぎた人生の道をふたたび歩もうとは思わない、そのほとんどみんながみんな、こんなふうなことをいっているのだ。

「わたし、悲哀の男、闇《やみ》の食《しょく》、悲嘆の濃い霧のうちに生まれたもの」、こう、シャトランは自己紹介している。「ラ・マルシュ、多く悩みき」、シャルル突進侯《ル・テメレール》の宮廷詩人であり年代記家であったオリヴィエ・ド・ラ・マルシュは、これを自分の標語とした。かれは、人生の苦《にが》みを味わってきたというのだ。そのせいか、かれの肖像は、気むずかしそうな顔つきをみせている。この時代の肖像画の多くに、そのような顔つきがみられ、わたしたちの視線をひきつけるのである。

フィリップ善良侯《ル・ボン》の人生ほど、現世の匂《にお》いのぷんぷんする傲慢とこれみよがしの享楽の追求に満ちあふれ、しかもあれほどの成功をかち得た人生は、この時代、ほかにはみられなかった。だが、かれの栄光のうちにも、この時代特有の生の倦怠《けんたい》が隠れひそんでいたのである。モンストルレの報告によれば、誕生日を迎えたばかりの息子《むすこ》の死を知らされたとき、かれのいうには、「神の思召《おぼしめ》しあって、これほど若いうちにわたしも死んでいたなら、わたしは自分を幸福だと思いもしようものを」

この時代、メランコリーという言葉に、悲しみ、まじめな省察、空想、この三つの意味がふくまれていたということは、注目に値する。なにか、こう、精神のまじめな活動は、ことごとく、陰鬱《いんうつ》さにすべりこんでいかざるをえなかったかのようなのだ。ちょうどいま耳にしたニュースについて考えこんでいるフィリップ・ファン・アルテフェルデのことを、フロワサールは、こういっている、「かれはしばらく考えこんだ《メランコリエ》のち、フランス王の使者に返書をしたためようと決心した」。デシャンは、あまりにも醜く、とうてい画筆にはあらわせないようなしろものについて、こういっている、それを描けるほど「空想力のある《メランコリュー》」絵かきはおるまい、と。

生活に飽き、幻滅し、倦怠した人びとのペシミズムには、むろん宗教的要素もふくまれていた。だが、それはごくわずかである。たしかに、かれらの倦怠感には、近づきつつあこの世の終末への予感が、ちらちら顔をのぞかせてはいる。ふたたび盛んになった托鉢《たくはつ》修道会の民衆説教は、幻想の色合いをますます強め、鋭くおどしをかけ、この終末の予感を民衆の心にたたきこんでいた。暗い混迷の世相、慢性化した戦争による荒廃は、この思想を強調するにまことにふさわしかった。十四世紀末葉には、教会分裂以後、もはやだれも楽園にははいれないのだ、という俗信がひろまっていたらしい。宮廷生活の虚飾への嫌《けん》悪《お》は、この世を捨てようという気をいだかせるまでに、おのずから高まっていた。

だが、君侯に仕える廷臣たちのほとんどが口をそろえていうところをきいてみるかぎり、その失意の感情には、ほとんど宗教臭が感じられないのである。感じられるとしても、それはせいぜい、ありきたりの倦怠感にいささかの色合いをそえる程度にしかすぎないのだ。人生と世界の悪口をいいたいという気持、それは真の宗教意識から遠く離れていたのである。

世界は、とデシャンはいう、もうろくした老人のようだ。はじめ、かれは無垢《むく》であった。それから長いあいだ賢く、正しく、徳高く、勇気があった、

ところがいまは臆病《おくびょう》で、衰え弱まり、
年老い、意地きたなく、悪態つくには、
ばかな女とばかな男しかおれにはみえぬ……

終りが近づいている、ほんとうだ……
すべて悪くなる……

このようなペシミズム、それをただ倦怠感といってしまうのは正しくない。それは同時にまた、生への怖《おそ》れでもあった。生につきまとう、さけがたい憂いゆえの生に対するしりごみ、仏教の人生観の基礎にある精神の姿勢、つまり、日々の生活のトラブルをおそれ、これをさけようとし、心配、病気、老衰を忌みきらう気持なのである。この世を徹底してさけていたがゆえに、俗世の誘惑にけっして屈しなかった人びともまた、この生への怖れを、生活に倦《う》んだ人びと同様、心にいだいている。

デシャンの詩は、人生に対する、うじうじした悪口でいっぱいだ。子供をもたぬものはしあわせだ、子供なんて、しょせん、わめき声、悪臭、面倒、心労だ。着物も着せなければならぬ、靴《くつ》もはかせ、食べさせもしなければならない。いつ、どこかから落ちて、けがをしないとも限らない。病気になって死ぬこともある。大きくなればなったで、道をはずれて、牢屋《ろうや》いきということにもなりかねない。人生の重荷、悲しみでしかない。育てあげる苦労、費用がべつにむくわれるでもない。身体障害の子をもつにもまして不幸なことはない。詩人は、身体障害の子供に、愛情のこもった言葉ひとつ、かけようとはしていない。それどころか、聖書の言葉をかりていう、身体障害は心の悪である、と。

結婚していないものはしあわせだ、悪い妻なら生活は味気なく、よい妻なら失いはしまいかと心配ではないか。幸、不幸、そのどちらに対しても逃げ腰なのだ。老齢について、この詩人はどうみたか。目にとめるのは、ただ、よこしまなもの、嫌悪をそそるものだけであり、みじめな身心の衰え、こっけいさ、あじけなさである。ひとは早く老いる、女は三十、男は五十、そして六十で終りだ。

ダンテは、その『饗宴《きょうえん》』において、高貴な老人の尊厳を描写したが、その晴朗な理想化をあとに、なんとまあ遠くへきてしまったことだろう。

生の倦怠の場合と同様、生への怖れの想念も、たしかにあるていど敬虔な趣旨をふくんでいたといえるかもしれぬ、もっともデシャンの場合は論外だが。しかし、生への怖れの根本ムードはなにかといえば、それはやはり意気消沈の絶望ということなのであって、真の敬虔とはいえないのである。実際、聖なる生活をこそと勧める真摯《しんし》な話のうちにも、たびたびきこえてくるのは、むしろ現世否定の声であって、聖性への真の意志ではないのだ。

有徳のパリ大学学長、神学の大家ジャン・ジェルソンは、かれの妹たちへのいましめとして、処女性の卓越についての文章を書いたが、そのさい、かれは、結婚にともなう悲しみや災難をながながとあげて、論証のささえとしている。夫が大酒飲みかもしれぬ、放蕩《ほうとう》者《もの》、守銭奴かもしれない。夫が正直で善人でも、不作や家畜の死滅、船の難破やらで財産いっさいがなくなることもある。妊娠《にんしん》とは、なんと悲惨なことではないか、なんと多くの女が産褥《さんじょく》に死ぬことか。乳を与える母親に、やすらかな眠りなどということが望めようか、喜び楽しむことなどあろうか。たぶん、子供は身体に損傷を受けたり、不孝者になったりする。たぶん、夫はやがて死に、母親は心痛と貧乏のうちにとり残されるであろう。

子供っぽい大喜び、いちずな楽しみから、ふとわれにかえり、考えに沈むとき、この世の悲惨に対するはげしい失意がかれらの心を占める。その心のかまえが、日々の現実をみるかれらの目つきをきめ、かれらは、そのようにしか現実をみなかったのである。

いつの時代にもひとのあこがれ求める、もっと美しい世界は、どこにあるのか。

より美しい世界を求める願いは、いつの時代にも、遠い目標をめざして三つの道をみいだしてきた。第一の道は、世界の外に通じる俗世放棄の道である。美しい生活とは、ただに、彼岸にいたることを意味し、つまりは、俗世のことがらからの解放であるといえる。すべて世界への関心は、いたずらに時をむだにし、約束された救いを遅らせるだけである。すべて高い文明は、この道を歩んできた。キリスト教世界では、この志向が人びとの心に強く刻印され、個人の生活の内容を規定し、文化創造の原理となった。かくて、この世界では、第二の道に歩みいることが、ほとんど完全に阻止されたのである。

第二の道は、世界そのものの改良と完成をめざす道である。中世は、この志向をほとんど知らなかった。世界は、善であるともいえる、悪であるともいえる。つまりは、神の望みたもうがまま、すべて制度慣習は善なのだが、人間の罪が世界を悲惨なものにしている、というわけである。社会、国家の諸制度を改良し、改革しようというはっきりした志向は、この時代、いまだ知られず、思考および行動の起動ばねとなってはいなかった。定められた職業で義務を果たすこと、これがただひとつ、世界を益する道であり、その道の導くところは、けっきょくは、彼岸の世界であった。

実際、新しい社会制度が創設された場合でも、人びとは、原則として、それを古き善《よ》き法の復活、ないし、民衆保護を目的とする公権力を委任されたものによる悪弊の除去とみていたのである。新しい機構の創出をねらってなにごとかを制定するということは、ほとんどみられなかった。事実、聖王ルイ以後のフランス王権によって続けられてきた、そして、歴代のブルゴーニュ侯が自領において模倣した盛んな法律制定事業もまた、その例にもれない。

実は、この事業のうちにこそ、よく目的にかなった形態をめざして、国家組織が発展しつつあったのだとは、当時まったく、とはいわないまでも、ほとんど意識されていなかったのである。未来への志向は、人びとの視野にはいってはいなかった。時に応じて、一般の福祉のために、権力を行使し、仕事を遂行する、まずこのことが先決であり、そのために勅令を公布し、部局を定めるのであって、なにも将来をおもんぱかってのことではなかったのである。

世界をよりよく、より幸福にしようという堅い意志をもつものがいないという状況は、生への不安、未来への絶望という気分を、いやがうえにも強めたのである。世界のほうでも、また、なにもよいことを約束しはしなかった。よりよい世界を求めながらも、現世を捨てきれず、この世のすばらしさになお未練をつないでいたものは、ただ絶望へと陥るのほかはなかったのである。希望や喜びは、どこにもみいだされなかった。ほんのすこしのあいだ、もうしばらく、この世にとどまってみよう。だが、かれを待ちうけているのは、悲しみだけなのである。

ひとたび、積極的な世界改良への道が切りひらかれるとき、新しい時代がはじまり、生への不安は、勇気と希望とに席をゆずる。この意識がもたらされるのは、やっと十八世紀にはいってのことである。ルネサンスは、まだこの意識を知らず、そのおうせいな生の肯定は、さまざまな欲望充足のうちからひきだされていたにすぎない。まず、十八世紀が、人間と社会の完成の可能性という考えを、時代の基本ドグマにまで高めた。その考えの素朴《そぼく》さは、続く世紀の経済、社会の志向にはみられない。だがその意気、そのオプティミズムは、なお、失われなかった。

より美しい世界への第三の道は、夢みることである。これはもっとも安易な道だが、その目標は、つねに遠くにおかれている。この世の現実は、絶望的なまでに悲惨であり、現世放棄の道はけわしい。せめては、みかけの美しさで生活をいろどろう、明るい空想の夢の国に遊ぼう、理想の魅力によって現実を中和しよう。

ひとつの単純なテーマ、たったひとつの和音があればよい。それだけでひとの心をうっとりとさせるフーガをひびかせることができる。美しかった過ぎし日の幸福を想いしのぶだけでよい。英雄譚《えいゆうたん》、時代の徳、あるいはまた、自然に生き、自然に即した生活の喜ばしい太陽の輝きに一瞥《いちべつ》を投げかければ、それで足りる。英雄のテーマ、賢者のテーマ、羊飼いのテーマ、これらわずかな数のテーマの上に、古代以来、文芸文化は築かれてきた。中世、ルネサンス、十八世紀、十九世紀、いずれも古い歌に新しい変奏をつけ加えたにすぎなかったのである。

だが、美しい生活へのこの第三の道、きびしい現実から美しいみかけへの逃避、これはただに文芸文化の問題であろうか。たしかに、それにはとどまらない。他のふたつの道と同様、共同生活の形式と内容にかかわっているのである。文化がプリミティヴであればあるほど、この第三の志向が強くあらわれる。

以上、三つの精神の姿勢が、現実の生活にどのように作用したかは、それぞれの場合に相当なちがいがある。生きるための労働と理想とのあいだに、つねに変わらず密な接触がみられるのは、思考が世界の改良と完成とに向けられている場合である。そこでは、おうせいな力と勇気とが、物質労働そのもののなかに注入され、現実そのものが、エネルギーで満たされる。人びとは、それぞれ課せられた仕事に従事し、ともに、理想のよりよき世界への到達をめざして努力する。いってみれば、ここでもまた、人びとの心をつきうごかすモティーフは、幸福の夢である。

どんな文化も、ある程度までは、社会生活のかたちを作りなおして、あくまで現実の枠内で、夢の世界を実現しようと努力する。ものの考えかたを変えて、心に完全な世界を描き、これをなまの現実に対置せしめる、ということではない。この場合、現実そのものが夢の対象なのだ。現実を作り変えたい、純化し、よりよくしたいと人びとは願い、仕事を続ける。そのとき、世界は理想へ向かう途上にあるかのように思われるのだ。理想とする生活形態は、労働の日々からへだたること、そう遠くはない。現実と夢とのあいだに、ほとんど緊張は存しない。

できるだけたくさんの財貨の生産、その公平な分配への努力に満足する社会では、繁栄、自由、文化を理想として考える社会では、生活術というようなものは、ほとんど必要とはされない。人間をどこか高みへともちあげて、あるいは英雄、あるいは賢者、また優雅な宮廷人としてきわだたせようという欲求は、もはや、ここにはみられないのである。

これにくらべて、最初にあげた立場、つまり世界を捨てるという立場にあっては、現実生活への影響のしかたは、まったくちがう。永遠の救いへの郷愁は、地上の生活のあゆみ《コース》と形態に対し、ひとを無関心にさせる。地上の生活にこそ、徳が育ち、保たれるはずだというのに。生活の形態、社会のしくみは、そのままに捨ておかれ、むしろ、それに超越的な徳がそそぎこまれるべく努力が払われる。世界への嫌悪といっても、実際に現世の社会を否定したり、そこから顔をそむけたりすることは、消極的にすらみられず、むしろ、世のなかの役にたつ仕事、慈善の行為によって、現世を背後から照らすのである。

それでは、第三の姿勢、より美しい生活にあこがれて理想の夢を追い求めるという姿勢は、現実生活にどのようにはたらきかけるのであろうか。生活のかたちが、芸術のかたちに作り変えられるのである。けっして、いうところの芸術作品のなかに、美の夢が表現されるというだけのことではない。生活そのものを、美をもって高め、社会そのものを、遊びとかたちとで満たそうとするのである。

だから、ここでは、個人の生活術が最高度に要求される。生活を芸術の水準にまで高めようとするこの要求にこたえることのできるのは、ひとにぎりの選ばれたものたちのみであろう。英雄、賢者の生を模倣することは、だれでもにできることではない。英雄詩あるいは牧歌の絵具で生活をいろどるのは、高くつく楽しみである。それに、ふつう、あまりうまくはいかない。美の夢を、共同生活のかたちに実現させようとする努力には、だから、あたかも原罪にも似て、貴族主義の極印が押されている。

わたしたちは、ようやくにして、立つべき視点に近づいた。中世末期の文化は、まさしく、この視角のうちにとらえられるべき文化なのである。理想の形態に飾られた貴族主義の生活、生活を照らす騎士道ロマンティシズムの人工照明、円卓の騎士の物語のよそおいに姿を変えた世界。生の様式と現実とのあいだの緊張は、異常にはげしい。光はまがいで、ぎらぎらする。

美しい生活を求める願いは、ルネサンスに固有の徴表とみられている。この時代には、美への渇《かわ》きが芸術作品によっていやされ、実生活においても美が表現されて、その間に完全な調和があった、芸術は人生に仕え、人生は芸術に仕えていた、そのようなことはかつてなかったことである、そういわれている。だが、ここでもまた、中世とルネサンスとを分かつ境界線のひきかたが、あまりにもするどすぎるのだ。

生活そのものを美によそおわせようと願う熱っぽい気持、洗練された生活術、人生の理想のとことんまでの仕上げ、これは、いずれも、イタリアの十五世紀《クワトロチェント》にくらべて、もっと古くからみられたのである。フィレンツェ人の追求した生活美化のモティーフは、ほかならぬ中世のそれであった。メディチ家のロレンツォは、シャルル突進侯よろしく、古風な騎士道理想を、高貴な生活様式として奉じていた。シャルルの粗野なはで好みは、かれの趣味にあわないはずだのに、ある意味では、かれはシャルルを手本としていたのである。

イタリアは、生活の美の新たな地平を発見し、生活を新しい調子にあわせた。だが、ふつうルネサンスの特徴と考えられている、生活に対する心の姿勢、つまり、おおげさにいいたてたりはしないまでも、自分の生活を芸術のかたちにまで仕上げようとする努力、これは、けっして、ルネサンスによってはじめてもたらされたものではなかったのである。

生活の美についての考えかたには、ルネサンスと、それよりも新しい時代とのあいだにこそ、大きなへだたりがある。潮《うしお》の変わり目は、生活と芸術とが分離するときである。芸術は、もはや、生活の「なかで」、生活の喜びの高貴な一部分として楽しまれることがなくなる。生活の外で、心の修養ないし休養の時々に視線を向ける対象、なにか尊《たっと》びあがめるにふさわしいものと考えられるようになる。それとともに、神と世界とを分けていた古い二元論が、芸術と人生との分離という別のかたちで、ここに、ふたたびたちあらわれるのである。

人生の楽しみのまっただなかに、一本の線がひかれる。低級な楽しみ、高級な楽しみと、ふたつに分けられてしまうのである。中世人にとって、人生の楽しみは、すべてこれ罪であった。いまや、すべてがゆるされているとみなされる。だが、精神性が高いか低いかによって、価値のうえでの大きなちがいがある、と考えられるようにもなったのである。

生活の楽しみは、昔も今も変わらない。読書、音楽、美術、旅、自然観賞、スポーツ、ファッション、社会的虚栄。この最後のものは騎士団とか名誉職、諸種の会合とかに関係する楽しみである。そして五感の陶酔。高級、低級の境界線は、今日、だいたいのところ、自然観賞とスポーツとのあいだにひかれているようである。だが、境界は、けっして固定してはいない。遠からず、スポーツは、すくなくともそれが肢体《したい》の力と気力の芸術であるというかぎりにおいて、ふたたび、高級な楽しみと広くみなされるようになるにちがいない。

中世人にとっては、この境界線は、読書のあとにひかれるのがせいぜいであった。読書の楽しみといっても、それは、徳ないし知恵を求める努力であるということで、ようやくゆるされていたにすぎない。音楽、芸術は、ただ信仰に仕えることによってのみ、よしとせられ、それじたいに感じる楽しみは、罪とされたのである。

ルネサンスは、それじたい罪であるとして人生の喜びを排斥する考えかたをふりすて、しかも、それを高級、低級と分かつみかたを、なんらもちださなかった。ルネサンスは、生活を、自由きままに、まるごと楽しんだのである。ルネサンスとピューリタニズムの妥協の結果として、新たな区分づけが行なわれたのであるが、この妥協こそが、近代の心の姿勢を決定したのであった。これは、いわば、双務的協約であって、ここに、一方は美の救済を、他方は罪の有罪判決を約したのであった。

厳格なピューリタニズムにとって、この点はまったく中世人の場合と同じく、どんな分野での生活美化も、それが明確に信仰になじんだ形態をとらず、聖なる信仰の目的に直接かなうものとなりえないかぎり、すべてこれは、罪あるもの、俗世のこととして、断罪に値したのである。ところが、ようやくピューリタニズムの世界観がすたれていって、やがて、ふたたびルネサンスふうの、人生の快楽肯定が勝利を占めたのであった。しかも、古い時代にくらべて、はるかに大胆に。というのは、十八世紀以降、自然なるものそれじたいのなかに、倫理的善の要素をみようとする傾向が強まったのである。

今日、倫理意識の命ずるがまま、生活の楽しみに高級、低級の境界線をひこうとするものは、もはや芸術と感覚の楽しみを分けたり、自然観賞と肢体の鍛錬とを、高尚なものと自然なものとに分けたりはしない。ただ、ひたすら、利己的なもの、偽りのもの、むなしいものから、純粋なものを区別しようとするのである。

中世末期、潮《うしお》は新しい精神へと変わりつつあったが、人びとは、いぜん、神か俗世かの古い選択の前に立たされていた。地上の生活のすばらしさ、美しさをすべて捨てさるか、向うみずにもそれをうけいれて、魂の破滅の危険を冒すか。罪ぶかいと断じられていたがゆえに、俗世の美の魅惑は倍加されたのである。誘惑に屈するとなると、底知れぬ情熱をもって、人びとはこの楽しみを味わった。

だが、美なくしては生きられず、といって俗世に身を屈しようとは思わないものたちもいる。かれらは、美を高貴なものに高めなければならなかった。もともと、美術や文学は、かれらにとって、讃嘆《さんたん》の対象であった。かれらは、すべてこれを信仰に仕えるものとすることによって、聖化しえたのである。絵や写本飾り絵《ミニアチュール》の愛好者たちを魅了したのが、色や線に感じる喜びであったとしても、聖画題が、この芸術享受から、罪の烙印《らくいん》を消し去ってくれた、というわけなのである。

だが、肉体崇拝にも近い騎士の競技や宮廷のファッション、官職や名誉にまつわる傲慢、貪欲、愛の計り知れぬ魅力、これら罪の程度高く、信仰によって断罪され、追放された美を、いかにして高め、いかにして高貴なものとなしうるか。ここに、夢の国へと通じる大道が用意されていたのである。すなわち、答えは、理想の像を古き世に空想し、その美しいみせかけで、すべてをおおいつつむことによって。

英雄理想の土壌に、美しい生活を盛んに培養するということ、これが、十二世紀以降のフランス騎士文化をルネサンスに結びつける特性である。自然崇拝の念はまだ弱く、人びとは、かつてギリシア精神がその範を示したように、地上的なるものの裸身《はだかみ》の美しさに、あふれる確信をもって仕えるというところまでいってはいなかった。そうするには、あまりにも罪の意識が強すぎた。徳という衣装を身にまとって、はじめて、美は文化となりえたのである。

後期中世の貴族の生活は、フランスやブルゴーニュをみても、フィレンツェの場合でも、すべてこれ、夢を演じようとする努力であった。いつも同じ夢、むかしの英雄や賢者の夢、騎士と乙女の夢、素朴で楽しげな羊飼いの夢。フランスとブルゴーニュは、なお古風なスタイルで演じていた。フィレンツェは、同じこのテーマを、新しく、もっときれいに歌いあげている。

貴族、王侯の飾りたてられた生活は、表現の極限に達していた。生活のすべての形態は、いわば秘儀へと押しあげられ、はなやかな色彩に飾られ、徳の衣装をまとわされている。

人生の出来事、それに感じての心の動きは、心を高める、美しい形式に枠づけられている。

もちろん、わたしは知っている、これはなにも後期中世に限ったはなしではない。すでに、プリミティヴな文化の段階に、こういった傾向は盛んであった。中国趣味と名づけてもいい、ビザンチンふうともいえる。それに、なにも中世でもって終りを告げる、といったわけでもないのだ。証人、ルイ太陽王。

宮廷の生活環境という土地に、生活様式の美学は花ひらく。歴代のブルゴーニュ侯が、宮廷のものものしい儀式作法に、どんなにやかましかったかは、よく知られていることだ。戦いの名誉についで、とシャトランはいう、人びとがまず目をつけるのは宮廷のことである、これをよくととのえ、正しく管理することこそ、最高の必要事である、と。シャルル突進侯の式部長官オリヴィエ・ド・ラ・マルシュは、イギリス王エドワード四世の求めに応じて、ブルゴーニュ侯の宮廷生活についての一文を草したが、それは、王に儀式礼法のモデルを供するためであったという。それほどみごとに完成されたブルゴーニュ侯家の宮廷生活は、ハプスブルク家に継承されて、スペインとオーストリアにもちこまれた。だからつい最近まで、この両国が、完成された宮廷生活というものの最後の砦《とりで》となっていたのである。

ブルゴーニュの宮廷は、もっとも富み栄え、よくととのえられた宮廷として、広く知られていた。とくに有名だったのは、シャルル突進侯のときで、秩序と規則にきびしく、そのくせ、無秩序をしか死後に残さなかったこの男は、作法に従う生活への情熱に生きていたのだ。貧しいもの、身分卑しいものの訴えを、王侯[*2]みずから聴聞《ちょうもん》し、すぐさま裁《さば》きをくだす、これはいかにも古風な幻想だが、かれは、この幻想をみごとに演じている。

週に二回ないし三回、食事を終えてから、かれは、公開の査問会を催した。だれでも、請願書を手に、かれに近づくことができた。貴族は、全員、かならず出席しなければならなかった。あえて欠席しようとするものはいなかったのである。かれらは、それぞれの位階に従ってきちんと分けられ、侯の座をみとおす廊下の両側にすわっていた。侯の足もとには、ふたりの請願官、聴問官、それに書記がひとり、ひざまずいていて、侯の命じるままに請願書をよみあげたり、かたづけたりしていた。大広間のまわりの手すりの後方には、下級身分の廷臣たちが立ち並んでいた。

これは、とシャトランはいっている、一見「壮大な、称讃《しょうさん》すべきこと」ではあったが、しかし、むりやりかりだされた見物人たちは、すっかりたいくつしてしまった、と。そして、この裁判行事が実り多い成果をもたらしたのかどうか、かれは疑っている。だが、ともかくもこれは、この時代、他の君侯のもとではみられなかった出来事であった、と。

シャルル突進侯の考えでは、娯楽もまた、きちんとしたかたちをとらなければならなかった。かれは「一日のうちのある時間、態度振舞を分別に向けた。遊びと笑いのさんざめきのなかで、たくみな話しぶりのうちに、家臣のものたちに、徳を勧めて楽しんだのである、雄弁家さながらに。そうするときには、かれはしばしば、高い背もたれのついている、ゆったりとした椅子《いす》にすわり、家臣たちを前にして、時に応じ折にふれての忠告を、かれらに与えるのであった。そして、つねに、王侯、首位者として、他のだれにもましてぜいたくな、すばらしい衣服をつけていた」

このように、はっきりと意識された生活芸術、ぎごちなく素朴なかたちをとってはいるが、これは、はっきりいって、完全にルネサンスである。シャトランのいう、シャルル突進侯の「なにか人並みはずれたことをやって、ひとに注目されたいと願う心のはなやかさ」、それは、ブルクハルトのいうルネサンス人の、もっともきわだった特徴なのである。

こと、食事、台所に関しては、侯家家政の位階職制のしくみは、まさにパンタグリュエルふうの活気をみせていた。シャルル突進侯の食事は、礼拝式を想わせるほどおごそかに、パン係、肉切り係、酒注ぎ係などの召使いたち、料理人たちにつきまとわれ、まるで、大まじめな劇の上演をみるようであった。廷臣たちは、全員、十人ずつのグループを作って、別の部屋で食事をとり、主君と同様のもてなしをうけた。すべては、位階に応じて、入念に配慮されていた。食事のコースは、それこそきちんと定められていて、食事のあと、全グループが、まだテーブルについている侯のところに、「かれをたたえるべく」挨拶《あいさつ》にやってくる、そのタイミングが、けっして狂わないほどなのであった。

プフィルト伯領をうけとりに向かったブルゴーニュの使節の一行は、一四六九年六月二十一日、告解《こっかい》火曜日の夜の食事[†1]のもてなしを、タンにおいて、オーストリア侯ジギスムントからうけたが[*3]、そのことを伝えたある無名の記者は、その席でのドイツ人たちのテーブル・マナーを、すっかりさげすんで、こういっている、「焼いた小魚が出た。前述のオーストリアの殿は、これをテーブルの上にぼろぼろこぼしてしまった」。「同じく、注目すべきことに、料理がテーブルの上に出されるや否や、おのおの、いっせいに食べはじめるのであった、ときには身分卑しいものがまっさきに」

台所といえば、ディジョンの宮廷のただひとつ現在に残されている部分であるが、巨大な煙出し《けむだ》が七つもついている、あの宏壮《こうそう》な台所が頭に浮かぶ。煙出しと配膳台《はいぜんだい》とのあいだにおかれた椅子にすわって、料理人頭《りょうりにんがしら》が部屋全体をみはっている。かれは、大きな木の杓子《しゃくし》を手にしていることになっている。「それにはふたつの使いみちがある。ひとつには、スープやソースの味をみるために、またひとつには、下働きの小僧たちを台所から追いだして仕事をさせるために、その必要があれば打ちすえるために」

ごくまれではあったが、ときには料理人頭みずから、松明《たいまつ》を手に、給仕にまかりでることもあった、とくに初物のきのこ、入荷したばかりのにしんを出す場合には。

こういったことをわたしたちに書き残してくれている侯家の高臣、オリヴィエ・ド・ラ・マルシュにとって、これはあたかも宗教密儀なのである。かしこみおそれ、なにかスコラ学ふうの口調で、かれは語る。わたしがまだ小姓だったころは、とかれはいう、上席権とか儀礼の問題を理解するには、まだ若すぎた、と。かれは、その上席権と接待奉仕についてのむずかしい問題を、読者に投げかけ、ゆたかな知識を駆使して、それを解いてみせる。

なぜ、侯の食事につきそうのは、料理人頭であって、台所番役ではいけないのか。料理人頭が不在のさい、それにかわるのはだれか。焼肉係か、それともスープ係か。答えよう、とこの賢者はいう、宮廷で料理人頭入用の節は、執事たちは、台所番役や台所で働くものたちを、ひとりひとり呼びだして諮問する。各人宣誓のうえでの厳粛な選挙によって、料理人頭は選定されなければならない。第二の質問に答えよう、焼肉係でもスープ係でもない。これまた、選挙によって選びだされることになっている。

なぜ、パン係、酒注ぎ係は、肉切り係、料理人にまさる第一、第二の位とされるのか。そのわけは、かれらの職掌が聖秘蹟《ひせき》の光をうけている聖なる物質、パンとぶどう酒とに関係しているからである。

あきらかに、ここには、信仰に関する思考領域と、宮廷礼法に関する思考領域との結合がみられるのである。美しく、高貴な生活形態というしかけには、宗教典礼の要素がひそんでいる、といっても過言ではない。だからこそ、このような生活形態に対する評価が、なにか宗教に対する態度を想わせるほどまでに、高められることになったのではないか。このように考えることによって、はじめて、これはなにも末期中世に限らず、いったいなぜ上席権とか礼儀の問題が、つねに、異常なまでに重視されてきたか、そのわけがわかるのである。

ロマノフ王朝以前のロシア古王国では、王座に続く席次の争いから発展して、官職の区分が固定された。これは、さすがに、中世西方の国家にあってはみられぬところであったが、それでも、席次をめぐる嫉妬心は、ここでもまた、大きくはたらいている。例を集めれば、きりがなかろう。ここでは、ただ、そのことが美しく高尚に飾られて、生活の遊びと化し、形式が繁茂しすぎて、むなしい見世物に堕してしまった場合を明らかにするにとどめよう。二、三の例をあげる。

むしろみごとな作法を、という気持が、目的にかなった行動をわきにおしのけてしまうことがある。

クレシーの戦い直前のこと、フランス軍の騎士四人が、イギリス軍の陣立てを偵察《ていさつ》に出かけていた。かれらの報告を待ちあぐねた王は、もどかしげに、ゆっくりと馬を進めていたが、かれらがもどってくるのをみて、馬をとめた。かれらは、戦士たちの列をかけぬけて、王の前に立った。諸卿《しょきょう》よ、状況は、と王はたずねた。「かれらは」と、フロワサールの筆は生彩に富んでいる、「たがいに顔をみあわせた、なにもいわずに。仲間よりも先に発言しようとは、だれも望まなかったからである。かれらは、たがいにいいあった、卿よ、あなたがいいなさい、あなたが王にお話しください、わたしは、あなたより先には話しません、と。こんなぐあいに、ひととき、かれらは争っていた。だれもが、『名誉にかけても』話しはじめようとはしなかったからである」。けっきょく、王が、かれらのうちのひとりに報告を命じたのであった。

合目的性がみごとな作法に席をゆずった、もっと完璧《かんぺき》な例は、一四一八年にパリの夜警隊長であったゴーチェ・ララール卿の場合である。この警察の親分は、楽しげにらっぱを吹き鳴らす三、四人の楽士を先に立ててでなければ、巡回に出ようとはしなかったのだ。パリの一市民によれば、街の人たちは、こう、うわさしたという、まるで悪漢どもに知らせているようなものではないか、逃げろ、おれが来たぞ、と。

このときだけではなかった。一四六五年、またまた、パリの人びとはみている。エヴルーの司教ジャン・バリューが、夜の巡回にさいして[*4]、らっぱ、トランペット、その他の楽器をもたせたのである。それは、「夜警をする人の、通常やることではなかった」と、ジャン・ド・ロワは批評している。

処刑台の上でまでも、位階身分の名誉に、きちんと気が配られた。フランス王軍総司令官サン・ポール[*5]が処刑された断頭台は、百合花《ゆりばな》の紋章を織りこんだ、ぜいたくなつづれ織りでおおわれ、お祈りのさい、ひざまずくためのクッション、目をおおうための布地は、深紅色のビロードで作られていた。また、刑執行人は、まだ一度も処刑を行なったことのない男であった。受刑者にとっては、まことに疑わしい特権ではないか。

礼儀争いは、いまでこそ小市民的性格のものになってしまっているが、もともとこれは、十五世紀の宮廷生活にあって、異常なまでに発展した風俗だったのである。より上位のものに、自分の席をゆずらないということは、自分を汚す耐えがたい恥辱と考えられていた。

歴代のブルゴーニュ侯は、フランス王家の血筋をひくものたちに対して上席権を認めるに、実に細心であった。アリエノール・ド・ポワチエによれば、ジャン無怖《サン・プール》侯は、かれの若い嫁ミッシェル・ド・フランス[*6]に対し、いつもおおげさな敬意を表していた。かの女をマダームと呼び、かの女の前にひざまずいて、かの女に仕えたいと願った。だが、かの女のほうでも、かれにそうさせてはおかなかったという。

フィリップ善良侯の代、かれの甥《おい》にあたるフランス王太子が、父王といさかいをおこし、ブラバントに亡命したことがあった。[*7] 知らせをうけた侯は、フリースラントをその支配下におさめようという遠征計画の序章ともいうべきデフェンテル包囲陣をただちに解き、この貴賓を迎えるべく、ブリュッセルへの帰り道をいそいだ。会見の時は刻々と近づき、どちらが儀礼において相手方に先行するかの競争となった。王太子がかれを迎えにでようとするのではないかと、フィリップはおおいに心を痛め、全速力で馬をとばすかたわら、次々と使者を送り、王太子にたのんで、そのままそこで待つようにさせようとした。もしも王子みずからお出向きのことがあるならば、とかれは誓言した、かれじしんはひきかえそうと思う。そして、そのまま遠くに馬を駆《か》り、王子がかれの姿をみることはもはやないであろう。なんとなれば、そのことは、この世界いたるところ、永遠にかれにつきまとう嘲笑《ちょうしょう》と非難とをかれにもたらすからである。

慣例の入城式もとりやめて、フィリップは、ひっそりとブリュッセルにはいった。宮殿の外で、いそいで馬からとびおり、なかにはいり、早足に進んだ。かれは王太子をみた。王太子は、侯妃とともに居室から出て、中庭に立ち、両手をひろげて、かれを出迎えたのである。すぐさま、老侯は帽子をとり、一瞬、ひざまずいたとみえたが、そのままいそいでかけよった。侯妃は、王太子が前へ進まないようにと、そのからだをしっかりつかまえていた。王太子は、侯が膝《ひざ》を折らないように、しっかりと抱きしめようとしたが、むだであった。かれを立たせようとするのも、いたずらな努力であった。ふたりとも感動のあまり泣いていた、とシャトランはいっている、まわりのものたちも同様であった、と。

やがては王として、侯家にとって第一の敵となるこの男の滞在中、フィリップは、終始、中国人ふうの卑下謙遜《けんそん》ぶりを惜しみなく示した。自分や息子のことを、「卑しきものども」と呼び、帽子もかぶらず、齢《よわい》六十の老いの頭を雨にうたせ、ついには、領地すべてを王太子に献じたという。

「より上のものの前で卑下するものは、みずからの名誉を高め、増す。その善徳は、そのものの顔に輝きあふれる」。この言葉をもって、シャトランは、次のようなエピソードを報告する文章の結びとしている。

フィリップ侯の息、シャロレー伯、のちのシャルル突進侯は、食事を前にして、イングランド王妃マルグリットやその幼い息子と同じ水鉢で手を洗うことを、頑固《がんこ》に拒んだ。貴族たちは、終日、そのことを話題にした。この件は、ついに老侯のところへもちこまれ、老侯は、ふたりの貴族に命じて、シャロレー伯の態度について賛否それぞれの立場から議論させた、というのである。

封建時代の名誉感情は、まだ生きていた。だから、人びとは、真実、こういった出来事を重大だと考え、そこに美しくもけだかい行為をみたのである。そうとでも考えなければ、上席につくのを辞退するやりとりが、ふつう、ゆうに十五分も続けられたという事実を、いったいどう理解したらよいのか。固辞が長びけば長びくほど、それだけ、そばの人たちに与える感銘も深まったというのだ。

手に接吻《せっぷん》をうけるにふさわしい人も、その栄誉をさけようと、手を隠すのであった。だから、スペイン女王イサベラは、若いフィリップ美侯[*8]の前で、手を隠したのである。かれはしばらく待ち、好機をつかんで、すばやく女王の手をとり、接吻した。女王は、まったく不意をつかれ、まじめなスペイン宮廷も、このときばかりは笑いにつつまれた、とモリネは伝えている。

つきあいのうえでの相手に対するやさしささえも、ことこまかな作法の枠にはめられていた。女官たちのうち、だれとだれはたがいに手をとりあって歩いていいか、ということまで、きちんと定められていたのである。それだけではなかった。どちらがどちらを、そのような親しい関係に誘うべきか、ということまできめられていたのである。この誘いかけ、いっしょに行きましょうと合図しあい、呼びあうということ、このことは、ブルゴーニュの宮廷儀礼についての覚書を書き残した老齢の女官、アリエノール・ド・ポワチエにとっては、まさに専門的な知識を必要とすることがらなのであった。

帰ろうとする客を去らせまいとする作法も、おおいに発展し、ついにいきつくところまでいってしまったの観がある。これはシャトランの伝えだが、ルイ十一世の妻が、数日間、ブルゴーニュ侯フィリップの客となったときのことである。ルイ王は、かの女の帰るべき日をきめておいた。それなのに、侯は、かの女をたちさらせようとはしなかった。従者たちは必死に嘆願し、かの女はといえば、ただもう、夫の怒りの恐ろしさを想って、うちふるえているというのに。

ゲーテはいっている、「内に倫理の基盤をもたぬ、ただ外形だけの礼儀作法というものはない」。エマースンは、儀礼を「たねにみのった美徳」と呼んでいる。いうところの倫理の基盤が、なお、十五世紀においては、肌《はだ》に感じられていた、といってしまっては、おもうに、いいすぎることになるだろう。だが、なお、そこには審美的価値が感じられていたとは、たしかにいえるのである。やがて、ひたむきな情感の表現が、ただ外形だけの社交儀礼へと枯れはてていく、その移行の時期に、この時代はあたっている。

このような、のんびりした生活美化の本来の舞台が、君侯の宮廷であったのは当然であろう、なにしろ、そこでは時間と空間とがたっぷり使えるのだから。だが、この風潮が、一般の人たちのあいだにも広くひろがっていったということは、現在、それらの行儀作法のほとんどが、宮廷においてはもちろんのことだが、小市民階層のあいだに、なお残されているという事実からも明らかである。

もう一皿どうですか、としつっこく勧めたり、もうしばらく滞在するようにと誘ったり、先に行くことを拒んだりする、こういった習慣は、ここ半世紀ばかりのあいだに、ほとんど、上流市民層の社交儀礼からは消えてしまった。十五世紀、礼儀作法は、まさに花ざかりであった。細心に遵守されている反面、諷刺《ふうし》の矢面《やおもて》に立たされ、盛んな嘲笑《ちょうしょう》をあびてもいたのではあったが。

なんといってもまず教会が、この優雅な、くだくだしい儀礼の舞台となるに適した場所であった。まず、「奉献」のさいに。だれも、他に先んじて、施物《せもつ》を祭壇にささげようとはしなかったのである。デシャンは歌う、

おすすみなさい――いいえ、わたしは――さあさ、前へ、
なさるでしょう、いとこの奥さま。

――いいえ、わたしは――おとなりの奥さまにおすすめしたら、
まず、あのかたがお布施をなさらなくては。
――おことわりになってはいけないわ、
おとなりの奥さまはいう、わたしがさきなんて、
とんでもない。あなたのせいよ、
坊さまたちがこまっていらっしゃる。

けっきょくは、いちばん身分の高いものが先に立つのだが、それも、ただ争いをやめさせるためだけにそうするのだ、という宣言を発してからのことなのである。
ところが、またまた、今度は、「平和《ラ・ペ》」に接吻《せっぷん》する段になって、いさかいがおこる。これは、木、銀、あるいは象牙《ぞうげ》で作られた小板のことで、ミサのとき、誦歌《しょうか》「神の子羊」ののちに行なわれる「平和の接吻」にさいし、実際にたがいに接吻しあうかわりにこれに接吻することが、中世末期に流行したのである。貴婦人たちの手から手へと、それはうつりわたり、最初に接吻するのをことわる、いんぎんなやりとりが、ながながと続く。ミサの執行は、きまって妨害をうけることになる。

若い娘なら、こう答えなさい、

――おとりください、奥さま、わたしはとりませぬ。
――いいえ、おうけなさい、かわいいお友だち。
――けっして、けっして、とりませぬ。
おろかな女と、思われますもの。
――おまわしください、マロトさま。
――いいえ、わたしは、イエスさま、おまもりを。
エルマガールの奥さまにさしあげて。
――奥さま、おとりなさいませ。――聖母マリアさま、
代官夫人に平和《ラ・ペ》をさしあげて。
――いいえ、総督夫人にこそ。

総督夫人がうけとって、やっと終りがくる。

けれども、フランソワ・ド・ポールのような、世を捨てた聖者までが、このような優雅なふるまいの仲間に加わることを義務と考えていたのである。しかも、信心にあついかれの崇拝者たちが、そのことをかれの謙譲の真正のあかしとみていたのであってみれば、あきらかに、これら作法の形式から、その倫理内容のぜんぶがぜんぶ消え去ってしまっていた、というわけのものでもないのである。

このような礼儀作法のもつ真の意味は、たがいにいんぎんにゆずりあう、まさにその同じ教会内での上席権をめぐって、一方では、はげしく執拗《しつよう》な闘争がみられたという事実をその背景に考えるとき、はじめて正しく理解されるのである。つまり、礼儀作法の実践は、貴族、市民の生活になお生きいきとはたらいていた傲慢《ごうまん》をみずから否認する、美しくもほむべき手続きなのであった。

教会もうでは、そういうわけで、まるでメヌエットを踊るようなぐあいであった。教会を出るときにも、もんちゃくがおきたし、帰り道では、より上位のものに右側を歩かせようとしてはいさかい、狭い木橋にさしかかればさしかかったで、道が小路にはいればはいったで、だれが先に行くべきかのゆずりあいがはじまった。家につけばついたで、これは今日でもスペイン人の慣習にみられるところであるが、その家の主人は、なかにはいって一杯飲んでいくようにと、連れの人たちを誘わなければならない。連れの人たちは、なんとかかんとか口実をさがして、それをいんぎんにことわらなければならない。次には、主人側が、かれらを途中まで送っていくことになっていた、作法どおりの抵抗を押しきって。

はげしい気性の、情熱のこの世代が、おのれの傲慢と怒りの心を矯《た》めようとする、その真剣な闘いに花ひらいたのが、美しい作法なのである。そう考えるとき、そこには、なにか感動を呼ぶものがある。ときには、その闘いにも敗れる。あちらこちらで、美しく飾られた作法のうわべをつき破り、粗野なあらあらしさが顔を出す。

バイエルンのヨハン[9]がパリに滞在していたときのことである。諸侯がかれのために催した祝宴の席上で、このリエージュの「被選者《エレクト》」は、とリエージュのある年代記家は伝えている、賭《か》け遊びをして、みんなから有金残らずまきあげてしまった。諸侯のひとりが、ついにたまりかねて叫んだ、「悪魔みたいな坊主ではないか。なんということだ。おれたちの金をすっかりまきあげようというのか」。ヨハンはそれに応じて、「おれは坊主じゃない。あんたたちの金なんぞ、ほしくもない」と答え、「その金をつかみとると、あたり一面にまきちらした。その気まえのよさに、人びとは、ただただおどろくのみであった」ユーグ・ド・ランノワは、あるとき、ブルゴーニュ侯の前にひざまずき、かれのことで苦情を申し立てていたある男を、鉄の籠手《こて》でなぐり、バールの枢機卿《すうきけい》は、王の面前で、ある説教師を嘘《うそ》つきと責め、卑劣な犬とまでののしっている[10]。

作法を重んじる感情はあまりにも強く、それゆえ、エティケット違反は、今日なお東洋の諸民族にみられるように、致命的な打撃となって、深く名誉を傷つける。けっきょく、作法の無視ということが、むきだしの現実の前にはただ身を屈するのほかはない、高く純粋にして独特な生活という美しい幻想を、むざんにもぶちこわすからである。

ジャン無怖侯は、供を従えて馬をのりまわしていたパリの首切り役人カプルシュに出会い、これを貴族と思いこんで挨拶《あいさつ》し、その手に触れたが、これはかれにとって、とうてい拭《ぬぐ》い消すことのできない恥となった。ただ、この首切り役人の死のみが、その恥をそそぎ

えたという。[†2]

一三八〇年、シャルル六世の戴冠式《たいかんしき》当日の祝宴でのこと、ブルゴーニュ侯フィリップ豪勇侯《ル・アルディ》は、重臣の首座としてアンジュー侯に指定された席をめがけて、王とアンジュー侯とのあいだに強引に割りこんだ。双方の従者たちは、いっせいに喚《おめ》きたち、いまにも力ずくの争いがおこりそうな気配。ついに、王は、ブルゴーニュ侯の要求をいれ、争いを鎮《しず》めた。[*11]

戦場での重大な状況下にあっても、作法の無視はゆるされなかった。イギリス王ヘンリー五世は、リラダン卿が「生《き》なり地の」軍衣をつけてあらわれ、かれの顔をじろじろみたというので立腹し、これを高慢のあらわれとみている。あるイギリスの指揮官は、サンス攻囲戦にさいして、休戦交渉にきた使者を、まず鬚《ひげ》を剃《そ》ってこいと追いかえしている。[*12]

当時、人びとの称讃を集めていた、ブルゴーニュ侯の宮廷の秩序整然たるさまは、歴史のはるかに古い、フランス王の宮廷の、むしろ常態となっていた混乱ぶりとひきくらべるとき、はじめて、その真の意義を明らかにするのである。

デシャンは、宮廷生活の悲惨さへの嘆きを、たくさんのバラッドに歌っているが、それは、もうすこしあとで考えてみたいと思う、宮廷人の生きかたに対する月並みな非難のたんなる変奏ではない、独自のひびきをもっている。かれは歌っている、粗末な食生活と住むに悪い環境、絶えざる騒音と混乱、呪詛《じゅそ》と闘争、ねたみとあざけり、まさに宮廷は、罪業の泥沼《どろぬま》、地獄の門である、と。

王権は、崇敬のまなざしに仰ぎみられ、盛大な儀式のもつ高い意図は、すこしも疑われていなかったのではあるが、しかし、悲しむべきことに、もっとも荘重であってしかるべきときに、礼儀作法は、一度ならずうちすてられて、かえりみられなかったのである。

一四二二年、サン・ドニ修道院にシャルル六世が埋葬された時のことである。修道士たちと、パリの塩計量人組合《ギルド》*13とのあいだに、王の屍《かばね》をおおっていた礼服や柩被《ひつぎおお》いをめぐって争いがおきた。双方とも、その正当な所有権を主張し、両側から布地をひっぱりあって、いまにもとっくみあいのけんかになりそうな勢い。ついにベッドフォード侯が、この争いを司直の手にゆだね、「かくて屍は埋葬された」

一四六一年、シャルル七世の埋葬にさいしても、同じようなことがおこった。これも無名氏の記録からだが、サン・ドニへ向かう途中、クロワ・ゾー・フィアンというところにさしかかったとき、柩をかついでいた塩計量人組合の連中が、サン・ドニの修道士たちと口論したあげく、これは当然の権利だとして、パリ貨十リーヴルずつ支払ってくれなければ、これ以上、王の屍は運ばない、といいだしたのである。棺架は、道のまんなかにおきっぱなしにされ、かなりのあいだ葬列は動かなかった。ついに、サン・ドニの市民たちが、かわって仕事をひきうけようとしたのだが、けっきょく、宮廷の儀礼番役*14が、自分の財布《さいふ》から塩計量人組合の連中に金を支払うと約束し、行列はようやく動きだすことになったのである。そんな騒ぎで、教会についたのは、その夜の八時にもなってしまった。だが、ここれで終りなのではない、王を葬った直後、またまた争いが、今度は修道士たちと儀礼番役その人とのあいだに、王の礼服をめぐって、おこっている。

儀式用具の所有権をめぐる、このような騒動までが、あるていど儀式次第のなかに組みこまれていた。作法に違反することじたいが作法とされていたのである。

王の生活におこる重要な出来事は、すべて、一般に公開されることになっていた。このことは、十七世紀にいたるまで変わらない。そのため、ほんらい厳粛であるべき儀式の最中に、しばしば規律のみだされることがあった。

一三八〇年の戴冠式の祝宴には、見物人、列席者、召使い、あまりにもたくさんの人が集まったので、王に給仕する役についたフランス王軍の総司令官オリヴィエ・ド・クリッソンと司令官ルイ・ド・サンセールとは、馬にのって群衆をかきわけかきわけ、料理を運んだという。

一四三一年、イギリス王ヘンリー六世が、パリで、フランス王として戴冠したときのことである。パリの一市民は、このときの様子を、こんなふうに伝えている。民衆は、朝早くから、祝宴の会場に予定されていた王宮の広間に、見物したり、ちょろまかしたり、たらふく食ったりしてやろうと、なだれこんできた。そのあまりの人ごみに、裁判所や大学のお歴々、パリ市の首席助役や助役たちは、かれらに割り当てられた宴卓になかなか近づけず、どうにかこうにかたどりついてみれば、かれらの席はとっくに町人や職人に占領されている始末。大工もいれば錠前屋もいる。大橋の両替屋の手代もいる。なんとか連中をどけようとしたのだが、「ひとり、ふたりを追いたてるあいだに、反対側には六人、八人とすわりこんでいた」

一四六一年、ルイ十一世の戴冠式にあたっては、これはトマ・バザンの伝えだが、手おくれにならないうちに、ランス聖堂の門扉《もんぴ》をしめ、見張りをおくという配慮が払われた。それが効を奏し、聖堂のなかには、内陣にらくらくと収容できる程度の人数しかはいらなかった。ところが、その連中は、王が塗油の秘蹟《ひせき》をうける祭壇のまわりに殺到し、ために、大司教を補佐する高位の聖職者たちは、ほとんど身動きできず、王家親族の諸侯は、すわっていた椅子《いす》に押しつけられて、ぎゅうぎゅうの目にあっていたという。

パリの教会は、いつまでも、けっきょく一六二二年までそうなのであるが、サンス大司教の裁治権下におかれていることに不満で、いろいろなやりかたで、大司教の権威など意に介していないと意志表示を試み、そのたびに、法王から免属認可[*15]をもらっていると申し立てたのだった。

一四九二年二月二日、サンス大司教が、パリのノートル・ダームに王を迎えてミサを執《と》り行なったときのことである。王がまだ教会堂を出きらないうちに、大司教は、司教十字架を先に立てて、人びとに祝福を与えながら、退場しかけた。すると、ふたりの教会参事会員が、雑役《ぞうやく》の一団をひきつれてとびだし、十字架の腕にとびかかったとみるやこれをうちくだき、担《にな》い手の腕までへし折り、大司教の侍者の髪の毛をひきむしるという騒ぎになった。

この事件の裁判記録は、こう証言している。大司教がこの騒動を鎮めようとすると、「なにもいわずに、かれに近づき、参事会会長リュイリエは、かれの胃の腑《ふ》のあたりに肱《ひじ》で一発くらわせ、ほかの連中は司教帽を、飾り紐《ひも》もろとも、ひきさいた」。もうひとりの参事会員は、大司教を追いかけ、「かれの顔に指をつきつけながら、さんざん悪口をいい、かれの腕をつかんで強くひっぱり、法衣を破いてしまった。もし大司教が手で防がなかったならば、かれはその顔をなぐりつけていたことだろう」。この騒ぎをめぐる訴訟《そしょう》沙汰《ざた》は、その後十三年も続いたのである。

はげしい情熱の心、かたくなで、しかも涙もろく、世界への暗い絶望と、その多彩な美への耽溺《たんでき》とのあいだをたえずゆれうごく心には、厳格な形式主義が、どうしても必要であった。さまざまな衝動が、公認の形式のなかに、しっかりと枠づけられなければならなかったのである。そのとき、はじめて、共同生活に秩序がみいだされる。

だから、自分の身の上におこる出来事、他人の事件、すべては、美しい見世物と心に映じた。喜びも悲しみも、人工の光をあびて、激情《パセティック》のよそおいを凝《こ》らす、そうでなければならなかった。感情をそのまま自然に表現するには、なお手段が欠けていた。美の世界に遊ぶとき、ようやく感情の描出は最高の明晰《めいせき》さに達し、人びとの渇望を満たしたのである。

だが、だからといって、古来、神聖視される、とりわけ、誕生、結婚、死といった事件を飾る形式までが、同じ趣旨のもとに作りだされてきたといいたいのではない。儀式慣行は、プリミティヴな信仰と礼拝儀礼に発している。もともとの意味はここにあり、これが儀式慣行に生命を吹きこんでいたのだが、すでに早くに忘れられ、かわって審美的価値が、人びとの意識を満たすようになったのである。

暗示に満ちた形態に感動をつつむというやりかたは、葬儀にさいしておおいに活用された。悲しみの壮大な誇張は限界を知らず、まさしく、宮廷の大祝典にさいしての喜びの誇張に対応していたのである。暗々たる趣の黒衣の展示、君侯の葬儀につきものの荘重な葬列、それらすべてのひとつひとつの例を、ここにことこまかに描きつくすことなど、とうていできはしない。なにも、とくに中世末期にのみみられたというわけのものでもない。今日にいたるまで、なお、君主制の国々では、この種の儀礼が伝え残されている。市民生活にみられる霊柩車《れいきゅうしゃ》にしてからが、ここから出ているのだ。

君侯の喪にさいしては、宮廷の人びとだけではない、町役人たち、ギルド、民衆までが黒衣をつけて街を行く。その黒一色の暗示は、中世都市の生活が多様な色彩にあふれていただけに、いやがうえにも強烈であったにちがいない。

殺されたジャン無怖侯の葬儀は、あきらかに、強烈な効果をねらっていた。ひとつには、政治的なねらいがあった。フランス王、イギリス王との会見の席にのぞむ、その息フィリップ善良侯の率いる戦士の群れは、二千の黒い槍旗《そうき》をかかげ、黒絹のふさでふちどりし、黒地に金色の紋章をもれなく縫いつけ、あるいは描いた軍旗、その長さ七エル[*16]にも及ぶ長旗を、数流、押し立てていた。この葬儀にそなえて、侯の馬車、貴顕の椅子、すべてが黒くぬられていたという。

トロワでの大会合にさいしては、フィリップは、馬の背から地面にまでとどく黒ビロードの長い喪服をつけて、フランス、イギリス両国の王妃につき従った。そののち、長いあいだ、かれだけではなく、かれの従者たちも黒衣の姿をみせていたという。

黒一色のなかにまじるひとつの例外が、いっそう印象を深める場合もあった。全宮廷、王妃さえもが黒衣をつけるというのに、フランス王は、赤衣の喪に服することになっていた。これはアリエノール・ド・ポワチエの証言だが、一方サン・ドニの修道士は、一三九三年のこと、亡命の地に死んだアルメニア王レオン・ド・ルジニャン[*17]の、ただもう白一色の葬儀には、パリの人びとは、おどろきの声をあげたと伝えている。

もちろん、嘘偽《うそ》りのない悲哀の情のはげしさを、黒色がおおいつつんだ場合もしばしばあった。死に対する深い嫌悪《けんお》、強い血縁の情、心から主君をしたう気持、これらの感情の赴《おもむ》くところ、君侯の死は、真実、心をゆさぶる出来事となったのである。

一四一九年、殺害の魔手がブルゴーニュ侯に及んだとき、まさにそのケースがみられた。

とき、誇り高い一族の名誉は、ここにうちくだかれ、復讐《ふくしゅう》は神聖な義務、と叫ばれる。その儀式に表現された悲しみの誇張は、まさしく、心の悲しみに釣《つ》りあっていたのである。

シャトランは、このときのことを叙するにあたり、まさに死のニュースの美学にふけっている。おもおもしく、ながながしいスタイルの荘重なレトリックを駆使して、シャトランは、たまたまガンにあったトゥールネの司教が、この恐ろしい知らせをうけいれる心の準備をさせようと、若年のフィリップに対してふるった長広舌、ついにそれを知らされたフィリップと、その妻ミッシェル・ド・フランスの、威儀を正した嘆きの声を創作している。

たしかにレトリック過剰なのだが、しかし、かれの報告の核心は、いかに、この知らせをきいて、フィリップが神経の発作をおこしたか、また、いかにその妻が失神したかを伝えるところにあったのであり、シャトランの叙する宮廷の騒がしい混乱、町なかにあがる高い悲しみの叫び、つまりは、この知らせをうけとったものたちの並みはずれてはげしい悲しみのさまを疑う理由はすこしもないのである。

一四六七年、フィリップの死にさいして、今度はシャロレー伯シャルルが、嘆きのさまをみせている。これもまた、シャトランが報告しているのだが、その叙述にはやはり嘘はない。この場合、それほどショックは大きくなかった。老侯は、かなりまえからすでにもうろくし、衰えはじめていたのである。息子との仲も、かれの晩年にあっては、たがいに心から理解しあっているとはとうていいえないような関係にあった。だから、シャトランは、わざわざ記しているのである、シャルルが父の死の床のかたえにあって、泣き、叫び、手をよじり、くずおれるのをみて、人びとはおどろいた、と。「作法、節度を守らず、度をこした悲しみに人びとをおどろかせたのであった」。老侯死去の地であるブリュージュの町では、「ありとあらゆる人びとが叫び、泣き、各人各様の嘆きと愛惜の声をあげ、なんともあわれを誘うさまではあった」

この種の報告のうちには、いったいどのていど、そうぞうしく悲しみを示すことをもってよしとし、美しいとみていた宮廷ふうの行動様式がうかがえるものなのか、いったいどのていど、そこにこの時代特有の、あのはげしい情動を感じとることがゆるされるものなのか、むずかしい問題である。

たしかに、そこには、あるプリミティヴな儀式の要素がなお強くはたらいている。つまり、死者をいたんで泣きわめくということだが、これは泣き女のかたちをとるようになり、また芸術の次元では、まさにこの時代、「泣くものたち」のかたちで墳墓の彫刻に彫りこまれ、みる人に強い感動を与えることになったのであるが、もともと、これは、古い文化の一要素なのである。

このプリミティヴな要素、はげしい情動、そして洗練された作法、この三者は、死の知らせをうけることをはなはだしく恐れるということのなかにも、一体となっているのが認められる。シャロレー伯妃の父が死んだとき、たまたま伯妃はみごもっていたので、ながいあいだ、そのことは隠されていたという。やがて生まれた子はマリーと名付けられた。病床のフィリップ善良侯に向かって、すこしでもかれの心をみだすような不吉《ふきつ》な話、ましてや、だれだれが死んだというような話をしようとするものはいなかった。おかげで、アドルフ・ド・クレーヴは、妻の喪に服することができなかった。

ところが、その老侯の耳に官房長ニコラ・ロランの死の風評がとどいてしまった。シャトランはこう表現している、「かすかに死の匂《にお》いが風にただよっていた」、と。そこで老侯は、たまたまかれを見舞いにやってきたトゥールネの司教をつかまえて、官房長が死んだというのは本当か、と問いただした。「わが君、と司教は答える、真実、たしかに、かれは死んでおります。なにせ、もう年ですし、からだも弱っておりますから、そう長くも生きられますまい。やれやれ、と老侯はいう、そんなことをきいているのではない。かれは死んでしまって、この世を去ったのかどうか、きいているのだ。これはこれは、わが君、と司教は応じる、死んでしまったのではありません。ただ、からだ半分に麻痺《まひ》がきて、ですから、死んでいるも同然という次第」。老侯は怒った、「いいかげんなことをいうな。はっきりいったらどうだ。かれは死んだのか。そこで、ようやく司教はいう、はい、たしかに、わが君、かれは死んだのです」

こんな奇妙なぐあいに死のニュースを伝えるという、このやりかたは、病人への配慮からというよりも、むしろ、古い迷信から出ているのではないだろうか。だいいち、これでは病人をいらいらさせるばかりである。

　ルイ十一世もまた、これと同じ思考領域で行動している。かれは、ひとたび悪い知らせをうけたとなると、そのとき着ていた衣服は二度と身につけようとはしなかったし、のっていた馬にも、もはやのろうとはしなかった。それどころか、ジャン・ド・ロワによれば、ロッシュの森の木を、残らず切り倒させたことさえあったという。生まれたばかりの息子の死の知らせをきいた場所だから、というので。「官房長殿」、かれは一四八三年五月二十五日付けの手紙に書いている、「手紙には感謝する。だが、たのむから、それをわたしのところにもってきた男に、これからさき手紙を託さないでくれ。このまえ会ったときにくらべると、あの男の顔は、恐ろしいまでに変わってしまった。誓って、断言する、あの男をみて、とても恐ろしくなったのだ。では、さようなら」

　喪の慣習のなかにもまた、古いタブー観念を隠れ家とするものがある。それは、なお、文化価値としてはたらき続けているのであって、すなわち悲しみに形式を与え、悲しみをもって、なにか美しいもの、崇高なものに変えるのである。悲嘆にリズムを与えるのである。喪の儀式は、半長靴《コトウルヌス》をはき[*18]、現実の生活を舞台にのせる。プリミティヴな文化にあっては、例として、アイルランドの場合を考えているのだが、喪の儀式と挽歌《ばんか》とは、まったく未分離の状態にある。ブルゴーニュ時代の宮廷での喪の行事にしても、また、これを悲歌《エレジー》と関連づけてみるとき、はじめて理解することができるのである。

死の禍《わざわい》にうちのめされたものが、悲嘆のあまり、すっかり力をおとしてしまうさまを、喪の行事は美しく示すのだ。高い身分のものであればあるだけ、それだけいっそうヒロイックに、悲嘆のさまも輝かなければならない。フランスの王妃は、夫の死をきかされた部屋に、まるまる一年間、こもっていなければならなかった。王女たちは、六週間とされていた。

シャロレー伯妃イザベル・ド・ブルボン[*19]は、父侯の死をきかされて、まずクーウェンベルク城での葬儀にのぞんでからのち、六週間というもの、部屋にとじこもった。[*20]クッションにもたれて、ベッドに横になっていたのだが、バルベット[†3]をつけ、帽子をかぶり、マントを着たままであったという。部屋じゅうくまなく黒布におおわれ、床《ゆか》にはやわらかな絨毯《じゅうたん》のかわりに、黒い布がしきつめられ、控えの間も、同様、黒布におおわれていた。

高貴な婦人は、その夫のために、六週間、ただひとり、ベッドに横たわるのである。両親のためには、九日間でよかった。だが、その場合でも、残りの日をかぞえて六週間までは、ベッドの前にしかれた、大きな黒い絨毯の上にすわって過ごすのである。長兄が死んだ場合でも、六週間、部屋にとじこもる。ただし、ベッドに横たわる必要はない。

およそ、こんなぐあいに儀式が尊ばれた時代であってみれば、一四一九年の事件にさいし、殺害されたジャン無怖侯が、なんと、胴着、股引《ホーズ》、それに靴《くつ》だけという質素な恰好《かっこう》で葬られたということが、これはとんでもない出来事であったとして、くりかえしくりかえし回想されているという事態も、よく理解できるというものである。

美しく飾り、型にはめれば、感動は、あっさりと消え去る。生活をドラマと化そうと望めば、楽屋裏がさらけでる。高貴に構えた情念《パトス》も、そこでは裏切られている。「盛儀」と現実生活とは、実に素朴に区別されているのだ。「盛儀」を、なにか至高の秘儀でもあるかのように尊んだ、かの古株の女官、アリエノール・ド・ポワチエの書き残した文章に、そのことは明らかである。

イザベル・ド・ブルボンのぜいたくな喪について記したのち、アリエノールは、こう続けている、「マダームは、おひきこもりになっておられるときには、いつも横になっておいでなのではなかった、また、その部屋《シャンブル》においでなのでもなかった」。その部屋とは、「ひとつの部屋」と書かれているが、けっして、「ひとつの、同じその部屋」という意味ではない。「シャンブル」は、ここでは、壁掛けとか、ベッドなどのカヴァー、絨毯など、つまり部屋の装備品として使われている、いっさいがっさいをひっくるめての全体、つまりは、だから、特別にしつらえられた儀礼の間を意味しているのだ。伯妃はつねにこの儀礼の間にいて、ひとを引見することになっていた。ただし、あくまでも、これは美しい作法としてだけのことだったのである。

アリエノールは、こうもいっている。妻を失った夫は、二年のあいだ喪服をつけなければならない、「再婚しなければのはなしだが」。上流のものほど、とりわけ君侯に、いちはやく再婚する例が多かったのである。たとえば、幼いヘンリー六世のフランス摂政ベッドフォード侯、かれの場合は、わずか五か月後であった。

喪に続いては、産室が、厳格な儀式、身分によって異なるきまりの色の幅をきかせる舞台であった。定色にもいろいろあったが、なかでも緑、これは十九世紀まで、ブルジョワ家庭の産室のベッド、乾燥かごにふさわしい色とされることになるのだが、十五世紀においては、これは王妃、王女の特権とされていたのである。フランス王妃の産室は、緑の絹張りであった。以前には、白一色であったが。伯妃といえども、「緑の部屋」をもつことはできなかったのである。掛けぶとん、ベッド・カヴァーの材質、模様、色もまた、きちんと定められていた。

飾り戸棚の上の銀の燭台《しょくだい》には、二本の太いろうそくが燃え続けている。産室のブラインドは、二週間たたなければあげられなかったのである！　ひときわ目につくのは、飾りベッドである。スペイン王の葬送の際に用意される何台もの馬車と同じく、いつも空《から》になっている。若い母親、イザベル・ド・ブルボンは、暖炉の前の寝椅子に横になっている。その赤子、マリー・ド・ブルゴーニュは、子供部屋の揺りかごに寝かされている。それなのに、産室には、緑の帷《とばり》を垂らした大きなベッドがふたつおかれていて、まるで寝にはいる人を待つかのように、帷はあけられている。そのうえ、子供部屋にも大きなベッドがふたつおかれていて、緑とすみれ色の被いにおおわれている。それだけではない。控えの間には、もうひとつ、大きなベッドがある。深紅色のしゅす地の壁掛けが張りめぐらされた、この控えの「飾りの間」は、かつて、ユトレヒトの市民からジャン無怖侯に贈られたものであり、それにちなんで「ユトレヒトの間」と呼ばれていた。以上、五つのベッドは、洗礼式のさい、儀式用具として使われるのである。

町や村の日々の生活にまで、形式主義の美学がはたらいていた。衣服の材質、その色、毛皮の種類にきびしい階層分けがあり、流動的な諸身分を、外側から枠づけた。その枠づけが、身分意識を高め、誇りの感情を保護する。

誕生、結婚、死の場合は、当然、儀式をともなうところから、喜びも悲しみもどうどうと公開されることになる。だが、感動の美学は、そのような場合にのみはたらいたのではなかった。道徳の問題も、みごとに仕上げられた形式に枠づけられて、人びとの目に映じる。聖者の謙譲と自責、罪人の悔悟によせる嘆賞のうちにも、このことはうかがえる。たとえば、こんなふうな言葉づかいがみられるのだ。アニェス・ソレル[*21]の「おのれの罪業を省《かえり》みる、いと美しき悔い改め」。これは「モンストルレの継承者」と呼ばれる記録者の言である。

あらゆる人間関係が様式化された。近代人ならば、親密な関係、情愛のはげしさを、なんとかしてひとの目から隠し、打ち消そうとする。それとは逆に、かたちにあらわし、ひとにみせつけようとつとめるのである。だから、友情もまた、十五世紀の生活では、美しく洗練されたかたちをみせている。古くから、民衆のあいだでも、貴族の仲間うちでも重んじられていた血盟の間柄、戦場での友情と並んで、あるセンティメンタルな友情のかたちが知られるにいたった。これは、ミニョンという言葉で呼ばれている。

君侯のミニョンは公の制度であって、十六世紀いっぱい、十七世紀にはいってもなお、存続していた。イギリスのジェームズ一世とロバート・カー、またジョージ・ヴィリヤーズとの関係がこれにあたり、カール五世退位にさいしてのオランニェ侯ウィレムの進退のことも、この視角からみるべきである。『十二夜』[*22]の理解は、この周知の友情関係が侯爵《こうしゃく》とセザリオとのあいだにあるのだということを念頭において、はじめて可能なのである。

この関係は、貴婦人崇拝の儀礼と同等にみられていた。シャトランはいっている、「あなたは、ダームもミニョンもおもちでない」。とはいえ、この関係を、ギリシア人のあいだで流行だった友人関係と結ぶ線上にもっていこうと、どんなにやってみたところで、完全な失敗に終わるだけである。ミニョン関係を公然とうけいれていたこの時代は、かの忌むべき罪を恐れきらっていた。このことからして、疑惑は一掃される。シエナのベルナルディーノは、ソドムの風習がひろまっているイタリアの同胞に対し、それを知らぬフランス人、ドイツ人を手本とせよ、といっている。

ただ、ひじょうに憎まれた君侯が、その寵臣《ちょうしん》との道ならぬ関係の汚名を着せられるということは、たしかにあった。たとえば、イギリスのリチャード二世とロベール・ド・ヴェールとの場合がそれである。だが、ふつうには、ミニョンはそのような疑惑をいれぬ関係であり、愛顧をうけるものに名誉を保証し、そのものじしん、それを公言することをはばからなかったのである。

コミーヌその人が語っている、いかに、自分だけが、特別に、ルイ十一世王の愛顧をうけるという名誉にあずかっていたことか。だから、王と同じ服装で出歩いていたのだ、と。たしかに、このことは、この関係のたしかな目じるしだったのである。王は、かれと同じ衣装をつけたミニョンをひとり、いつも連れていて、ひとを引見するときには、その肩に身をもたせかけていたとの証言が、なお、ほかにもいくつかあるのだ。

ときには、位階を異にする同年輩の友ふたりが、服装を同じくし、ひとつ部屋に、場合によってはひとつベッドに眠ることもあった。この切っても切れぬ友情の関係は、たとえば、若年のガストン・ド・フォワとその庶出の弟とのあいだに、[*23]また、トゥーレーヌ伯、のちのルイ・ドルレアンとピエール・ド・クラオン、若年時のクレーヴ侯とジャック・ド・ララン[*24]とのあいだに認められる。

同様に、君侯の夫人たちもまた、心をよせる女友だちをもっていた。おそろいの衣装をつけ、これは、ミニョンヌと呼ばれていたのである。

美しく様式化された、さまざまな生のかたちは、あらあらしい現実を、高貴な調和の領域へ高く押しあげようと、ひとつひとつと集まって、ここにひとつの壮大な生活の芸術を作りあげた。狭義の芸術に寄与するところはなかったのである。利他主義が心の自然の動きなのだ、ひとに対しては礼儀正しくありたいのだというみせかけの上に立つ社交の作法、階層観のおもおもしさとまじめさとにつらぬかれた宮廷の儀式と礼法、結婚の祝宴、あるいは産室でのにぎやかな飾りつけ……、ここに生きた美は、美術、あるいは文学に、かすかなりともその足跡を残すことなく、通り過ぎてしまった。共通の表現手段は、だから、芸術ではなかった。それは、モードであった。

モードといっても、一般にそれは、アカデミックな美学がいうほど、それほど芸術からかけはなれているわけのものではない。いろいろくふうして、からだの美しさ、四肢《しし》の動きを強調するという点で、モードは、芸術のひとつ、舞踊と深く結びついている。それに、十五世紀にあっては、モード、というか、むしろ服飾《コステューム》の領分は、わたしたちがふつう考えているよりも、はるかに近く、芸術に境を接していたのである。

宝石がたくさん使われたこと、武具の製作に金属加工の技術が要請されたこと、たとえば、このことが、手工芸という要素を服飾の分野にもちこんだ、だから……、といったたぐいのはなしなのではない。モードと芸術とは、その本質的特性を共有している。芸術と同様、モードもまた、様式《スタイル》、律動《リズム》を欠いてはありえない。

後期中世は、その生の様式を服飾の領分に表現していたのである。服飾の様式が、生の様式をはかる尺度ともなりえた、そういってもよい。その盛んなありさまは、今日、知るすべもない。戴冠式の盛儀といえども、そのおぼろな影を伝えるにすぎない。毎日毎日の生活のなかで、毛皮の種類、色、帽子あるいは頭巾《ずきん》のちがいが、きびしい身分秩序を示し、位階の高さをひきたたせ、喜び、悲しみのさま、信じあうものたち、愛しあうものたちのやさしい関係をものがたっていた。

あくまでも明晰《めいせき》に、入念をきわめて、人間関係のすべてにかかわる美学が仕上げられていたのである。その美的内容が深く、その精神的価値が高ければ高いほど、それだけいっそう、そのような人間関係の表現は、純粋な芸術へと近づく。礼儀作法は、衣装とか催しごととか、つまりは生活じたいのうちにしか、その美を表現しない。ところが、喪となると、これはそうではない。あの力づよい芸術、墓所の記念像《モニュメント》に、たしかな表現をみいだし、のちの時代に残る。喪は、宗教と結びつき、高い文化価値をもっていたのである。だが、これにもまして、咲きこぼれんばかりに花ひらいた美学、それは生活の三要素、勇気と名誉と愛の美学であった。

〔1〕あきらかにホイジンガの書きまちがいである〔日付を考えてもみよ!〕。[*25] 資料には un repas maigre すなわち「お粗末な食事」と出ている。ホイジンガは、おそらく、これを、普通名詞としての vast enmaal「ふつうの食事」と訳そうとして書きまちがえ、vastenavondmaal「告解

火曜日の夜の食事」としてしまったのであろう――ホイジンガ全集編集委員会による補注。

〔2〕こう伝えているのは、ジュヴェナル・デ・ジュルサンとトマ・バザンである。『パリ一市民の日記』は、カプルシュ処刑の理由として別のことをあげている。[*26]『裏切りの書』もこれに同調している。

〔3〕あごのあたりで結ばれ、長くたれさがった、黒い紗のヴェール。

(1) 十九世紀イギリスのロマン派詩人バイロンの詩風にふれてオルダス・ハクスレーは「かれの態度物腰、かれの笑いはバイロンのようだ。厭世的で人をあざ笑う」と、サッカレーは「絶望とバイロン流儀の人間嫌い」と書いている。(ウェブスター・サード・ニュー・イングリッシュ・ディクショナリーによる)

(2)「無秩序」はむしろ「混乱」。ただ原語「ウァンオルデ」はその前の「秩序と規則」の「秩序」「オルデ」に引っかけている気配があるので。シャルルが一四七七年初頭にナンシーで戦死したあと、一人娘マリーがブルゴーニュ家を相続し、オーストリアのハプスブルク家のマキシミリアンと結婚して、ブルゴーニュ-ハプスブルク家領ネーデルラントの支配を確保した。フランドルほかのネーデルラント諸邦はこの支配を受け容れた。マキシミリアンはやがてドイツ王、さらにドイツ人のローマ帝国皇帝に選挙され、やがて一代おいて孫のカールが祖父の資格を相続する。ローマ帝国皇帝カール五世である。ホイジンガ自身、『中世の秋』に続く数多くの著述を通じて、このあたりの歴史の文脈を紹介してくれている。

(3) プフィルトは、ライン上流左岸、いわゆるズンドガウ地方の一伯領。一三二四年、オーストリア侯アルプレヒト二世のものとなったが、一四六九年、ブルゴーニュ侯シャルル突進侯は、伯領を、オーストリア侯ジギスムントから買収し、七四年まで、これを維持した。なお、タンは、ズンドガウ北端の町。

（4）ゴーチェ・ララールの場合は恒常的職であった「シュヴァレ・ドゥ・グェ」（夜警隊長）としての巡回だったが、ジャン・バリューの場合はその直前に設置された特別職としての巡回だった。ジャンはこの時点ではまだエヴルー司教の叙品を受けていない。

（5）サン・ポール伯およびリニイ伯ルイ・ド・リュクサンブール、通称サン・ポール。一四一八年に生まれ、一四六五年以降フランス王軍総司令官の地位にあったが、フランス王ルイ十一世とブルゴーニュ侯シャルル突進侯のあいだに立つ、ぬえ的存在として、たとえばルイ王の側近にあったフィリップ・ド・コミーヌに警戒されていた。やがて、イギリス王エドワード四世と密約を結びながら、肝心なところでこれを裏切り、ブルゴーニュ侯からはみすてられ、ついに一四七五年、大逆罪の罪名のもとにルイ王によって処刑されたのである。

（6）フランス王シャルル六世の息女。一四〇九年、ジャン無怖侯の息フィリップに嫁す。一四二二年没。

（7）フランス王太子ルイ、のちのルイ十一世は、すでに一四四六年以降、父王シャルル七世との関係を絶ち、所領ドーフィネにこもっていた。一四五六年シャルルは大軍をもってドーフィネをかこみ、ルイに服従を強要した。ルイは、ここにブルゴーニュ侯のもとに亡命し、ブラバントに落ちつくことになったのである。なお、「甥にあたる」との表現は不正確。フィリップ善良侯の最初の妻ミッシェル・ド・フランスの甥にあたる、としなければならない。しかも、ルイが生まれたとき、ミッシェルはすでに死んでいた。

(8) 一四七八年、マキシミリアンとマリー・ド・ブルゴーニュのあいだに生まれ、一四八二年母マリーの死後、ネーデルラントのブルゴーニュ家領に潜在主権をもち、一四九五年以後親政。一四九六年、アラゴンのフェルナンドとカスティラのイサベラとのあいだの息女ホアンナと結婚、一五〇四年イサベラの死後、カスティラ王となる。だから、スペイン゠カスティラ王としてはフィリップ(フェリペ)一世、ネーデルラントの支配者としてはブルゴーニュ侯フィリップ二世(善良侯)のあとをつぐものとしてフィリップ三世。一五〇六年没。

(9) ヨハンは一三七三年生まれ、バイエルン侯アルプレヒトの末息。僧籍にはいり、一三九〇年リエージュ司教座の参事会により同司教に選任され、ドイツ王、ローマ法王もこれを承認した。だが、かれは叙任をうけようとはせず、みずから「被選者(未就任司教)」とだけ称していた。その後、リエージュ市民と紛争をおこし、一四〇六年には別の司教が選出され、ヨハンは市を追われ、さらにホラント伯領の相続にからむごたごたの果てに、一四二五年急死した。ホイジンガの紹介しているエピソードがいつのことか、それは不明だが、ヨハンが一四〇五年にパリに来たことは確かである。

(10) 十四世紀に入ってロートリンゲン(ロレーヌ)侯領のうちマース(ムーズ)川以西の土地にフランス王に臣従するバール侯家が立てられた。一四一五年のアザンクールの会戦でバール侯エドゥアールが戦死し、弟でシャロンの司教だったルネが同家を相続した。これは「バール枢機卿」の位階をとっていたので、ふつうそう呼んでいた。「枢機卿」はローマ法王庁の上級役人である。

(11) シャルル五世が急死し、息子のシャルルはまだ十二歳の少年だった。シャルル五世は死の床ですぐ下の弟のアンジュー侯を摂政に指名していたのだが、その下のふたりの弟、ベリー侯とブルゴーニュ侯はその指名を認めず、重臣会議首席の座を争った。このエピソードはこの流れで起こった出来事だった。

(12) ともにピエール・ド・フェナンの伝える挿話だが、前者はモンストルレも伝えていて、「生なり地」の軍衣は冬のセーヌ川を船で下るのに備えて特注したコートであり、ヘンリー王はべつにそれをとがめ立てているわけではない。また「顔をじろじろ見た」のも、上位の者に対するには面をそむけないのが我々の儀礼であるというリラダンの釈明をヘンリー王は素直に受け入れている。「高慢のあらわれと見た」とは書いていない。

(13) これは筆者不詳の記録からだが、ホイジンガは「塩計量人組合」とオランダ語で書いたあとに「エヌアール」と史料に出ている中世フランス語を書き添えている。「エヌアール」は「塩運び人」である。ホイジンガの錯覚による誤記と思われる。

(14) ホイジンガは史料の言葉をそのまま「グラン・テクエ」と書いているが、「エクエ」はもともと「楯持ち」あるいは「従騎士」と訳される騎士叙任前の身分の者をいう。それが中世の秋には、王家役人の呼称として、職の内容を示す言葉と連語を作って使われる。そのなかで「グラン・テクエ」は特殊な使い方で、後代絶対王政の時代になると王家の重要な儀典（戴冠式、入城式、大葬など）の差配人の役職をいうようになる。十五世紀以降、王家内務官僚の整備が進められる過程で、この性格の「グラン・テクエ」職が定着する方向に向かう。

(15) 大司教、司教の裁治権下にあることを免ぜられる特権を免属という。これは法王の特別認可によらなければならなかった。

(16) 北フランスからネーデルラント、イギリス、ドイツで使用された、とくに織物の尺度。エルはドイツ語系の語形。フランス語ではオーヌ。土地によって実数には大きな差がある。パリのオーヌは約一・一八八メートル。メスのそれは、約〇・六七七メートル。どのオーヌだかは不明。

(17) 十二世紀末、小アジア半島タウルス山脈の南、タルススをふくむいわゆる小アルメニアに成立したアルメニア王国は、アレクサンドリアと競合する東方交易の拠点として栄えた。十四世紀なかごろ、ポワトゥーのルジニャン家出身のものが王位につくにいたったころには、トルコの圧迫きびしく、最後の王レオン・ド・ルジニャンの代、一三七五年、ついに首都シスが陥落し、王は捕えられ、一三八二年、身代金を払って釈放され、一三九三年、亡命の地パリで死んだのである。

(18) コトゥルヌスはギリシア悲劇の演技者の履物。だから「悲劇を演じる」という意味にとれる。

(19) ブルボン侯シャルル一世の息女、一四五四年、シャロレー伯シャルルに嫁す。一四六五年、一女（のちのマリー・ド・ブルゴーニュ）を残して世を去る。

(20) イザベルの父親は一四五六年オーヴェルンのブルボン家領の首府ムーリンで死去した。クーウェンベルク城はイザベルのブルッセルの住まいである。イザベルは、父親の訃報に接し、内々の葬儀をすませて、六週間の喪に入ったということです。

(21) 一四二二年生まれ。シャルル七世の寵妾。ボーテ・シュール・マルヌの領地を与えられたところからマダーム・ド・ボーテ（美のマダーム）のあだ名をつけられた。シャルルとのあいだに四女をもうけた。一四五〇年没。

(22) シェイクスピアの喜劇。慣行に従ってこう訳したが、原題の Twelfth Night とは、御公現の祝日（一月六日）の前夜のこと。この夜、遊楽の慣習があり、侯爵オルシノと侯妃オリヴィア、それに双生児のセバスチアンとヴィオラ、この四人を主要人物として、一種のドタバタ騒ぎがくりひろげられるという趣向である。一六〇一年ごろの作とみられる。

(23) 原文は「その関係においてかれが悲劇的最期を迎えた」と付記しているが、事情は不明。この逸話はフロワサールから拾っているので、「ガストン・ド・フォワ」は十四世紀末のフォワ伯家のガストンである。たぶん父親のフォワ伯ガストン・フェブスに殺された息子のガストンのことをいっているのだろう。後段、XX章（本訳書下巻所収）をごらんください。ただし、そこではホイジンガは父親と息子をとりちがえている。

(24) 一四四五年の記録に、エノーの従騎士ジャック・ド・ラランがクレーフェ（クレーヴ）侯家の「ダムェゾー（御曹司）」ヨハンの家中だと見える。

(25) 「告解火曜日」は「灰の水曜日」の前日、すなわち、復活祭前四十七日目にあたり、復活祭は、春分後の最初の満月後の日曜日だから、告解火曜日は二月である。六月ではありえない。ところで、告解火曜日は、フランス語で、mardi gras、つまり「肉の火曜日」ないし「ふとった火曜日」である。repas maigre、つまり「肉ぬきの食事」ないし「やせた食事」とは、まったくイメージがちがう。ホイジンガの連想は、どこで狂ったのか？　編集委員会の見解には、なにか同調しがたいものを感じる。

(26) 『パリ一市民の日記』は、妊婦殺害の罪で処刑されたといっている。現代の歴史家は、パリを押えたブルゴーニュ侯のとった、治安維持の措置であったとみている。つまり、カプルシュは、アルマニャック派囚人に対する裁判の遅延と食糧難に苛だった民衆の暴動の首謀者であったというのである。このことは、実は、ジュヴェナル・デ・ジュルサンも証言していることなのだ。かれは、はっきりと、こういっている、「首切り役人カプルシュがその首謀者であるとひとはいっている」。なお、トマ・バザンは「貴族と思いこんで」とは書いていない。「騎士の隊長」と書いている。これは「貴族」と同じではない。

Ⅲ　身分社会という考えかた

十八世紀の終りごろ、人びとが自分たちの新しい生の価値として中世文化をうけいれはじめたとき、いいかえればロマン主義の開幕時、なによりもまず、かれらは中世のうちに騎士道をみていた。初期ロマン主義には、中世と騎士の時代とをかんたんに同一視する傾向があった。風にゆれる羽飾りを中世にみたのだ。どんなに逆説ときこえようとも、そのみかたは、ある点では正しかった。

たしかに、徹底した研究は、騎士道なるものが中世文化のほんの一部であったにすぎず、政治、社会の発展は、騎士道とはほとんど無関係のところで進行していたと教えてくれる。真に封建制の時代、花咲く騎士道の時代は、すでに十三世紀で終わっていた。これに続いたのが、都市‐王侯の時代であって、この時代、市民の商業力と、それに依存した王侯の金力とが、国家、社会を動かす要因となった。わたしたち、後代のものたちは、あちこちで「翼をもぎとられ」、程度の差こそあれ、すでに権力を奪われた貴族などに目を向けるよりは、ガンやアウクスブルクの町々を、台頭しつつある資本主義を、新しい国家の形態をたずねることに慣らされてきた。それも、当然といえば当然である、ロマン主義の時代ののち、歴史学じたいが民主化されてきたのであってみれば。

けれども、そういう次第で、中世末期を、その政治‐経済の側面からみるのに慣れてしまっている人も、史料、とくに物語史料を手にするとき、どうみても適当とは思われないほど広いスペースが、貴族とその活動の記述のためにさかれているという事実にはおどろかされるにちがいない。なにも、中世末期に限ったことではない。十七世紀まで、なおそうだったのである。

それというのも、社会階層としては優越性を失ったのちも、ながいあいだ、貴族の生活形態が、その影響力を社会一般に及ぼしていたからである。十五世紀の心には、貴族は、あくまで、社会構成員として、第一席を占めるものと映じていた。その時代の人びとは、貴族の存在意義をいささか高く評価しすぎていた。逆に、市民に対する評価は低すぎた。社会を発展させる真の原動力は、戦争をこととする貴族の生活と行動の外にある、ということが、かれらにはわからなかったのである。

だから、とひとはいうかもしれない、同時代人はまちがっていた。その見解に無批判に従ったロマン主義もまちがっていた。近代の歴史学こそ、後期中世の生活の真実の諸関係を明るみに出したのだ、と。政治、経済生活の、ということならば、それはあたっている。だが、時代の文化の理解にとっては、同時代人のはまりこんでいた迷妄《めいもう》それじたいが、ある真実の価値をふくんでいる。貴族の生活形態は、これすべて、その時代の生活のうわべを飾るニスのようなものであったとしても、それでもなお、そのニスの輝きもろとも、生活をまるごと観察することを、歴史学は知らなければならないであろう。

みかたによっては、それは、ニスのようなものにすぎなかったのではない。それ以上のものがあった。社会が諸身分よりなる関節接合体であるという考えは、中世の神学、政治学の考察の糸の一本一本にまでしみとおっていた。身分というのは、けっして、ふつうにいう三身分、聖職、貴族、第三身分に限られて考えられてはいない。この概念には、高い価値が与えられてはいるが、しかし同時に、この概念の内包はきわめて広い。一般に、どんなグループ分けも身分と考えられていた。職掌、職業もまた、それぞれ身分である。だから、社会の三身分わけと並んで、これを十二に分けることもできた。つまりは、身分とは状態のことであり、フランス語でいうエタ、あるいは、ラテン語でいうオルドのことである。だから、そこには、神の欲したもう現実態《リアリティ》という思想がある。

フランス語の「エタ」ないし「オルドル」という言葉は、中世にあっては、たいへんな数の人間集団に冠せられている。そのそれぞれが、どう考えても異種のもの同士としかみえないのである。現在、ふつうにいう意味での身分、職業、夫もちの身と処女の身、罪人の身分《エタ・ド・ペシェ》。宮廷における「身体口唇《こうしん》四身分」、すなわち、パン係、酒注ぎ係、肉切り係、そして料理人。聖職者には、司祭、助祭、副助祭、その他。あるいは修道会、騎士団。これら、いずれの場合にあっても、中世思想の枠内《わくない》でみるとき、「エタ」ないし「オルドル」という概念は、これは神による配置を表現しているのだ、との考えかたをふくんでいる。つまり、それぞれのグループは、天使九階級の位階と権力とに相応じ、その本質において、その階層性において尊びあがめられるべき地上の組織の一構成分子である、というのである。

人びとの心にいだかれた、国家、社会の美しいイメージのなかでは、それぞれの身分にそれぞれの役割が、有用性の見地からではなく、ただ、その聖性の輝きに照応してわりあてられている。聖職身分の腐敗を嘆き、騎士の徳のすたれを悲しむ声はたしかにある。だが、だからといって、理想のイメージを捨てさるということは、人びとのよくなしうるところではなかった。人の罪は、この理想の実現をはばみ、遅らせるかもしれない。しかし、それでもなおこの理想は、人びとの思想の根底にあって、つねにその動きを方向づける。中世人のいだいた社会のイメージは、静的《スタティック》であって、動的《ダイナミック》ではない。

シャトランは、なんともふしぎな光景のうちに、かれの生きた時代の社会をみている。かれは、フィリップ善良侯《ル・ボン》、シャルル突進侯《ル・テメレール》二代に仕えた修史官であり、その浩瀚《こうかん》な著述は、ここでもまた、時代の思想を映す最良の鏡であるのだが、フランドルの野に生まれ、その祖国ネーデルラントにおける市民勢力の輝かしい発展のありさまを眼前にしながら、そのくせ、ブルゴーニュの華美な生活のうわべのきらびやかさに目がくらみ、国家の活力の源泉として、ただ、騎士道精神と騎士道徳義をしかみてはいないのである。

神の思召《おぼしめ》しによってこの世に生をうけるのは、平民ならば働くため、地を耕し、仕事にいそしみ、生活に必要なものを生みだすため、聖職者は、信仰の仕事のため、そして、貴族ならば、徳を高め、正義を維持し、みずからを正しての立居振舞《たちいふるまい》によってひとの鑑《かがみ》となるためである。教会の保護、信仰の宣布、圧政からの民衆の救済、公共の福祉の維持、暴力と暴政に対する闘争、平和の確立、これら国家の最重要事は、とシャトランはいう、いずれも貴族のつとめである。真実、勇気、徳行、寛大、これが貴族の特性である。フランスの貴族は、と、このおおげさな礼讃者《らいさんしゃ》はいう、この理想のイメージにぴったりである。シャトランは、こういうぐあいにみえる色眼鏡《いろめがね》をかけて、生起する出来事をみている。そのことは、かれの著述のどこをよんでみても、すぐわかる。

市民が蔑視《べっし》されていたというのも、ひとつには、第三身分というとき脳裏に浮かぶタイプが、まったく固定されていて、実態にあわせて訂正されるということがなかったからである。季節の労働を描いている暦絵や浮彫りにみられるように、このタイプは、単純でおおづかみ、汗水たらして働く農民、勤勉な職人、忙しげな商人、といったぐあいである。貴族をその地位から追ったほど有力な上層市民の姿、貴族じしん、たえず血と財力の補助を市民からうけて、ようやくその地位を維持しえたのだとの事実、これは石に刻まれた浮彫りにはみられない。闘うギルド員の姿、その自由の理想、これもまた、浮彫りに刻まれはしなかった。

第三身分という概念には、実にフランス革命にいたるまで、市民と労働者の両義が、分かちがたく結びついている。貧しい農民というイメージ、のうのうとした金持の市民というイメージが、交替で、前景にのさばりでてはいる。けれども、ついに、この概念は、かれらが現実の経済、政治に果たした役割にふさわしい定義を獲得することがなかったのである。一四一二年、あるアウグスティヌス派の修道士は、改革案を示して、フランス国内の非貴族身分のものは手仕事ないし野良《のら》仕事にたずさわるよう強制されてしかるべきで、従わないものは、国外に追放されるべきだ、とまじめに要請しているが、このような声がきかれるのも、当然といえば当然であろう。

だから、シャトランにしろだれにしろ、政治ということにはまったくナイーヴで、倫理徳性ということになると幻想をいだきやすい人物が、貴族の高い品性と並べて、第三身分には、ただ低劣な徳性、奴隷根性をしか認めていないということも、そのまま理解できるのである。「王国の大部分を占める第三の部分についていうならば、それは、ボーン・ヴィルの住人[*1]、商人、そして野に働くものたちの身分であるが、このものたちについて、他の身分のものたちについてなしたと同様、ながながと言葉をついやすのは当を得たことではない。というのは、かれらに高い品性を認めることは、おのずからできないからである。かれらが奴隷の身なのであってみれば」。かれらの徳は、謙譲と勤勉、王への服従、すすんでその主人に楽しみを供しようとの心根である。

あるいは、ひとつには、市民の自由と力の時代の到来をみとおす視力をまったくもたなかったということが、ただ貴族にのみ救いを期待したシャトランや、かれと同じ気持の人びとをして、時代は暗いと観じさせたのではなかったか。金持の市民も、シャトランにかかれば、あっさり「農奴《ヴィレン》」と呼ばれる。市民たる面目など、まったく意に介されていない。

フィリップ善良侯は、権力を濫用《らんよう》して、そのほとんどが下級貴族である「弓射手」、その他、かれの従者と、金持の市民の寡婦《かふ》や娘とを結婚させたがるという習性をもっていた。親たちは、できるだけ早く娘を結婚させて、お声がかりをまぬかれようとした。ある寡婦などは、夫を埋葬して二日後に、すばやく再婚してしまったという。

あるとき、侯は、娘にそのような結婚はさせたくないとがんばる、リールの裕福なビール醸造家の頑強《がんきょう》な拒絶にぶつかった。侯は娘の身柄を保護下においてしまった。頭にきた父親は、全財産をまとめてトゥールネに引っ越した。侯の司法権の及ぶ区域外に出て、パリの王家裁判所《パルルマン》にこの件を提訴しようとしたのである。だが、得たものは心労だけということになり、かれは悲しみのあまり病気になってしまった。

この事件は、フィリップの衝動的な性格をよく示しているが、どう考えても、かれの名誉になったとは思えない。ともかくことは落着して、侯は、かれのところへ嘆願しにやってきた母親に娘を返した。ただし、それは嘆願に対して許しを与えるということだったのであり、悪口とはずかしめの言葉も忘れなかったのである。シャトランは、どんな場合でも主君を非難することを恐れるような人ではなかったのだが、この場合には、完全な共感をもって主君の側に立っている。被害者たる父親を呼ぶのに、かれはこういう言葉しか使っていない、「この叛心《はんしん》ある田舎《いなか》のビール醸造人」、「かくも悪性の農奴めは」

シャトランは、『ボカスの神殿』という著述をものしているが、貴族の栄光とその不運とのむなしく鳴りひびくこの殿堂に、かれは、たしかに、かの偉大な市民、財務官ジャック・クールの入場をゆるしてはいる、ただし、あくまで一言の弁明つきで。一方、そのおぞましい醜行にもかかわらず、かのいまわしいジル・ド・レは、ただその生まれが高貴だからというので、大手をふってまかり通っている。シャトランは、また、ガン防衛の大激戦に倒れた市民の名を記録する必要を、まったく認めていない。

けれども、第三身分をこのように軽視していながらも、騎士道理想そのもののなかには、貴族たるものに義務として課せられた徳行の実践のうちには、もうひとつの、これは傲慢《ごうまん》な貴族主義的民衆蔑視とはいえず、むしろそれと対をなすというべき要素が、たしかに認められる。フランドルの「野郎の歌」、「百姓俚諺《りげん》」にひびきわたっているような、村人に対する憎しみと軽蔑に満ちた嘲《あざけ》りと並んで、中世には、生活にあえぐ貧しい民衆への同情の表白もまた、きかれるのである。デシャンは歌う、

かくて罪なきものが飢えに死なねばならぬ、
かれらをむさぼる大狼どもは日ごと腹を満たし、
幾千となく幾百となくよこしまな宝を
かきあつめる、その穀物は、その麦は、
土地を耕した、貧しい人びとのものだ、
血だ、骨だ、だから、かれらの心は叫ぶ、
神よ、復讐《ふくしゅう》を、領主よ、呪《のろ》われよ――

いつも同じ調子の嘆きである。戦禍《せんか》にあい、役人の誅求《ちゅうきゅう》をうける貧しい民衆は、欠乏と悲惨に生きている。農民は、食いものにされている。かれらは、我慢づよく、ただ耐える、「殿さまは、なにもご存知ない」。ときたま、不満をもらし、御上《おかみ》の悪口をいうことがあっても、「あわれな、あわれな羊たちよ、愚かな民衆よ」、この領主の一声が騒ぎを鎮《しず》め、かれらを正気にたちかえらせる。

フランスでは、うち続く百年戦争が、しだいしだいに、おそるべき荒廃と不安のうちに全国土を投げこんでいったが、それを嘆く声のうち、ひときわめだつのは農民の悲惨の訴えである。敵、味方、双方の軍隊から強奪され、強要され、乱暴をうける農民、家畜を奪われ、家屋敷から追われる農民。こういったぐあいに、嘆きは、とどまるところをしらない。

一四〇〇年ごろ、なんとかしなければと考えた著名な聖職者の口からも、この声がきかれる。『正義の滑落《かつらく》とその回復についての書』のニコラ・ド・クレマンジュはそのひとりであり、ジェルソンは、一四〇五年十一月七日、パリの王妃の館で、摂政以下廷臣一同を前にして行なった、『王万歳《ばんざい》』と題された勇ましくも心をうつ政治についての説教のなかで、こういっている、「貧しいものは食べるパンにもこと欠いている。たまたま、わずかばかりのライ麦、大麦にありつけば、それでよしとしなければならぬ。あわれな妻は、産の床に臥《ふせ》っている。火のはいっていることのほうがめずらしい炉辺《ろばた》、かまどのまわりには、四人、六人と子供がむらがり、パンを求め、飢えに苛《いら》だって泣きわめいている。あわれな母親には、ほんのひとかけらの塩味つきのパンを、子供たちの口に押しこむことしかできない。もうたくさんだ、悲惨はこれでじゅうぶんだ、というべきでしょう。だが、略奪者の群れがやってくる、すべてを求め、すべてが奪われ、ひったくられる。これでも払えるというのですか」

ボーヴェの司教ジャン・ジュヴェネルは、一四三三年にはブロワ、一四三九年にはオルレアンの三部会で、民衆の悲惨を強くうったえた。他の身分の側からする不平不満もいっしょになっているが、討論形式で書かれたアラン・シャルチエの『四人讒罵《ざんば》問答』、また、これに触発されて書かれた、ロベール・ガガンの『農民、僧侶《そうりょ》、騎士《ジャンダルム》の議論』にもまた、民衆の悲惨というテーマが認められる。

年代記の筆者たちは、くりかえしくりかえし、このテーマにたちもどっている。そうせざるをえなかった。現実が、すでにこのテーマをふくんでいたのである。

モリネは『貧民を救うもの』を歌い、まじめなメシノーは、くりかえし民衆無視に対する警告を発している。

おお、神よ、庶民の赤貧をごらんなさい、
急ぐのです、早く、めぐんでください。
ああ、飢えと寒さ、恐れと悲しみに、ふるえている。
罪を犯し、あなたをないがしろにした、
たとえそうでも、ゆるしを乞《こ》うております。
あわれではありませんか、いっさいがっさい奪われたのです。
水車小屋に運ぼうにも、穀物なく、
毛布、麻布もひとにとられ、
飲もうにも水だけ、ほかにはありません。

一四八四年、トゥールに三部会がひらかれたさい、王にあてられたある陳情書においては、この民衆の悲惨の訴えは、政治への抗議という性格をはっきりおびている。だが、これとても、いまだまったく紋切り型で消極的な同情の声であるにすぎず、改革のプログラムのかけらだに、そこにはよみとれないのである。熟慮のうえの社会改革の意欲など、その影だに認められないのだ。

けっきょく、民衆の悲惨というテーマは、この程度のものとしてラ・ブリュイエール、フェヌロン[*2]をへて、遠く十八世紀にまで歌いつがれるのである。というのは、かの老ミラボー、「人間の友」[*3]の嘆声も、これとへだたること、そう遠くはなかったのであるから。たとえ、その声のうちには、さしせまる抵抗のざわめきがひびききこえるとはいえ。

後期中世の騎士道理想礼讃者が、これら民衆への同情の声に同調するというのも、当然、期待されるところである。弱きをかばうという騎士に課せられた義務の実践が、それを要求する。同様に、真の高貴さは、ただ徳のうちにのみ存し、根底において人間はすべて平等であるとの考えもまた、騎士道理想の本質に根ざし、これまたいささか紋切り型の理論となっていたのである。

こういった考えかたの文化史上意味するところは、たしかに、過大に評価されすぎている。心のうちに存する真の貴族ということの自覚こそ、ルネサンスの勝利とひとはみなし、ポッジオ[*4]をひきあいに出している。かれはこの思想を、その著『高貴について』に述べたというのである。人間はすべて平等という思想についても、これはがんらい古い思想であるというのに、ふつうにはジョン・ボールの革命の声音、「アダムが耕し、イヴが紡《つむ》いだとき、どこに領主《ジェントルマン》がいたか」[*5]のうちに、はじめてその声がきかれたとされている。それどころか、これをきいて、貴族はふるえあがったとまで想像する人がいる始末である。

実際には、このふたつの思想とも、ずっと以前から宮廷文学におなじみのものであって、つまり、その間の事情は、大革命以前《アンシャン・レジーム》の社交界《サロン》での場合と、そっくり同じなのである。「高貴は清い心に発する」と、これは、十三世紀のメールラント[*6]の言であるが、この考えはすでに十二世紀、ラテン詩にも、南仏吟遊詩人《トルバドゥール》の詩にも流行していた。ただ、つねに内面的省察にとどまり、社会にはたらきかける力をもたなかったのである。

無上の高貴はひとを選ばぬ、その拠《よ》ってきたるゆえんはなにか。
高き品性に飾られた、やさしき心根ゆえぞ。
その心正しければ、ひと、野人《ヴィレン》にあらず。[†1]

すでに、初期キリスト教会の教父たちは、キケロやセネカから平等という考えかたを借用していた。ローマ法王グレゴリウス一世も、「なんとなれば、わたしたち人間は、すべて等しいのである」との言葉を、中世への遺産として残している。言葉はちがい、アクセントのおきどころもさまざまではあったが、ともかく、この主張は、たえずくりかえされてきた。ただし、現実の不平等をすこしでも是正しようとの意欲は、そこにはみられない。それというのも、中世人は、まもなく実現される死後の平等ということに、この思想の要点をみていたのであって、生前の平等など、絶望的なほど先のことと考えていたからである。

ユスタシュ・デシャンの場合には、この思想は、あきらかに「死の舞踏」のイメージと結びついている。中世も終りのころ、人びとは、この世の不正に対するなぐさめを、このイメージにみいだしていたのであろう。始祖《アダム》その人が、子孫に語りかけて、いう、

子供らよ、わたしアダムを祖とする、子供らよ、
わたしは、神につぎ、第一の父、
神の手でつくられた。おまえたちはみんな、
もとより、わたしの肋骨《ろっこつ》、イヴより生まれた、
イヴは母である。おまえたちのうち、
あるものは農奴《ヴィレン》、あるものは貴族の名をもっている、
兄弟たちよ、どうしてなのだ。高貴は、なんに由来するのか。
わからない、徳のゆえではないとすると、
農奴《ヴィレン》たるは、害をなす悪徳ゆえではないとすると。

おまえたちはみんな、ひとつ皮につつまれている。

神は、泥土《でいど》のなかからわたしをつくられた、
もろく、おもく、むなしく、死すべき人間、
わたしからイヴを、ふたりを創造された、はだかの姿に、
だが、永遠の霊を吹きこまれた、
いっぱいに。次いで、渇《かわ》きと飢えを知り、
働き、悩み、悲しみのうちに子をもった。
女は、子を産むのに苦しむ、わたしたちの
罪ゆえに。汚濁のうちに、おまえたちは孕《はら》まれるのだ。
この名は、なんに由来するのか、汚濁《ヴィレン》の人、この傷《いた》ましい名は。
おまえたちはみんな、ひとつ皮につつまれている。

力ある王たち、伯たち、侯たち、
民衆の上にたち、治めるもの、
生まれたばかりのかれらは、なにを着ていたか、
一枚の汚れた皮である。

君侯よ、気の毒な人びとをさげすまず、
思え、死が手綱をひいている。

騎士道理想の熱狂的な崇拝者たち、たとえばモリネやジャン・ルメール・ド・ベルジュ[*7]も、ときには、この思想に完全に同調して、農民英雄の事績を記録している。「百姓とみなされているものたちも、ときには、大いなる勇気に動かされることがある」ことを、貴族に教えようというのがそのねらいである。

いったいなぜ、心の貴族とか、人間の平等とかをしきりにいい、百姓の勇気を称揚するのかといえば、それは、つまりは、貴族たるものは、騎士道理想を遵守し、世界をささえ、浄化せよ、と呼びかけられているのだといいたいがためなのである。シャトランはいう、貴族の正しい生活、正しい徳こそ、悪《あ》しき世の救いである。教会と王国の安寧《あんねい》、正義の支配は、かれらの双肩にかかっている。

カイン、アベルとともに、と、『ル・ジュヴァンセル』は説いている、戦争がこの世にあらわれ、枝をひろげて、善人、悪人ともどもにのみこんだ。戦争をおこすのはよくないことである。だから、騎士という高貴にして至高の身分が設定されているのは、戦争をおこすためではない。通例、戦禍に苦しむこと、もっともはなはだしい民衆を救い、守り、平穏のうちに生活させるためである。

ふたつの仕事が、と、後期中世の騎士道理想の担《にな》い手として代表させるにもっともふさわしい人物のひとりブシコーの伝記は述べている、神の意志により、神の法と人の法の秩序をささえるべく、二本の柱として、この世に設定された。これを欠いては、この世には、ただ混乱があるのみである。二本の柱とは、「たがいによい仲間同士の騎士道と学問」である、と。

「学問、信仰そして騎士道」、これがフィリップ・ド・ヴィトリの『百合冠《ゆりかん》』にいう三種の百合である。それぞれ三つの身分に対応している。騎士道には、学問と信仰を助け、守る義務があるという。

博士《ドクトール》の称号に対しても、騎士の称号に対すると同じ権利を認めようとする傾向にも、その一端があらわれている、騎士道と学問との同等視ということは、騎士道理想の倫理内容の高さをよく示している。知る能力と並んで、あえてなそうとする意欲もまた、尊ばれたのである。人びとは、人間を、ゆたかな潜在能力《ポテンシァリティ》をもつものとみたいと願った。その力に、ふたつのたしかな形式を与えたいと願った。ともに、高遠な生の課題への献身であり、そのかぎりでは、たがいに同等であった。だが、実際には、騎士道理想のほうが、はるかに広く一般にひろまり、強い影響力を及ぼした。なぜかというに、騎士道理想のうちには、倫理的要素に加えるに、人びとの心をじかにとらえ、だれにとってもわかりやすい美的要素が、ゆたかにふくまれていたからであった。

〔1〕これはデシャンの詩だが、この種の、平等の思想と、心の貴族という思想の結合は、すでにボッカチオの『デカメロン』第四日第一話において、ギスモンダがその父タンクレッドに向かっていう言葉に、みごとに表現されている。

（1）「ボンな町」の複数形。「よい町々」。王家の支配を受け入れ、財政、軍事など諸分野で王家と双務契約をむすんだ町をいう。当然、これは王家側からの呼称である。「町の住人」は「市民」と呼ぶことが多い。この翻訳でもそうだが、これは中世史の用語としてはあまり適切ではない。

（2）両者とも、ルイ十四世治世のモラリスト。おそらくホイジンガの脳裏には、前者の『ひとさまざま』（一六八八年）、後者の『テレマックの冒険』（一六九九年）があったのだろう。

（3）「老ミラボー」は、フランス革命の立役者のひとりミラボーの父。『人間の友、別名人口論』（一七五六年）で知られ、ホイジンガはこれにひっかけて「人間の友」といっている。一七六〇年に『課税の理論』を書き、徴税請負制度を批判して、一時、ヴァンセンヌ牢獄につながれている。

（4）ジャン・フランチェスコ・ポッジオ・ブラッチョリーニ（一三八〇～一四五九）。イタリアの古典学者。古典の翻訳のほか、いずれもラテン語で書かれた『フィレンツェ史』、『反偽善論』、『おどけ話集』（フランスではとくにこの著者として知られ、ル・ポッジュと呼ばれて親しまれていた）などの著作がある。

（5）ジョン・ボールはヨークの司祭。一三八一年の農民叛乱（ワット・タイラーの乱）以前二十年間、説教を通じて農民に原始共産主義的な思想をうったえ続けていた。乱勃発時、獄中にあったかれは、ケント州の農民に救出され、ロンドンで行なったのが、この題目の説教。これは、しかし、すでに人口に膾炙《かいしゃ》していたテーマである。七月、かれは絞首された。

（6）ヤーコプ・ファン・メールラントは十三世紀ネーデルラントの文人。引用された言は、かれの数すくない宗教詩の分野に属する対話詩『武装したマルティヌス』第一部第四十三章に出る。

（7）「ベルギーのジャン・ルメール」が名前の由来だが、モリネの甥にあたる。一四七三年に生まれ、叔父の薫陶を受けて文学を学び、叔父を継いでネーデルラント総督マルグリット・ドートリッシュの家政の図書係りをつとめ、次いでフランス王ルイ十二世の修史官職につくが、王の死後失職し、落魄《らくはく》のうちに、一五四八年に死んだ。

Ⅳ　騎士の理念

おしなべて中世の思想は、そのすみずみにいたるまで、信仰にそくした考えかたに浸され、いわば、塩漬《しおづ》けにされている。これと同じぐあいに、宮廷あるいは貴族社会の環境に生きるグループに限ってみれば、その人びとの思想は、おしなべて、騎士道理想のなかに、とっぷりと漬《つ》かっている。信仰にそくした考えかたそのものが、ここでは、騎士道理念の魅力にひきつけられてしまっていた。

大天使ミカエルの武勲は、「まず最初に遂行された騎士の戦いと勇武」とされた。騎士道は大天使に発する。それは、「地上の軍勢、人間の騎士道」であって、つまりは、神の高御座《たかみくら》をかこむ天使の軍勢を、この地上に模倣することにほかならない。

騎士叙任は、宗教思想と深く結びついていて、いわばそれは「騎士叙品」なのであった。そのことは、コラ・ディ・リエンツォ[*1]の伝えている騎士沐浴《もくよく》の儀式のことがはっきりと示している。十四世紀初頭のスペインの詩人ホアン・マヌエルは、騎士沐浴を一種の秘蹟《サクラメント》と呼び、これを洗礼や結婚の秘蹟になぞらえているのだ。[*2]

貴族がその義務を果たすことにかけられていた期待は、現実政治にかかわるなんらかのアイデアを、これは貴族のなすべき仕事ときめうるほどまでに高まっていたのであろうか。しかり。国王たちの和合にもとづく世界平和の追求、イエルサレムの征服とトルコ人の駆逐がそれである。

かつてのテンプル騎士団やホスピタル騎士団[*3]の勢力をしのぐ一大騎士団を夢想していた、倦《う》むことを知らぬプラン・メーカー、フィリップ・ド・メジエールは、その著『老巡礼の夢』のなかで、これこそ近い将来に世界の救済を保証するとかれが考えた、ひとつのプランをねりあげている。フランスの若い国王は、とかれはいう。これは一三八八年ごろ書かれたもので、そのころはまだ、この不幸な国王シャルル六世に、多くの希望が託されていたのだ。イギリスのリチャードとかんたんに和を結ぶことができよう。リチャードも、かれと同様、若く、むかしの争いには責任がないのだから。かれらは、親しく、この和平のことを相談しなければならぬ。告知されたふしぎな啓示のかずかずを、たがいに語りあわなければならぬ。この商議のことが聖職者、法学者、あるいは軍司令官の知るところとなり、なんらかの障害をひきおこすたねとなるかもしれない小さな権利などは、すべて放棄してしまうがよい。国境の町や城のふたつや三つ、フランスの国王をしてゆずらしめよ、だ。和議の成立後、ただちに十字軍が準備されることになろう。いたるところ、争い、宿怨《しゅくえん》は解決される。各地の暴政も改められる。そして、もし説教のみをもってしては、よく、タタール人、トルコ人、ユダヤ人、サラセン人を改宗せしめえないということであるならば、宗教会議がキリスト教界の君侯たちをはげまして、戦いへと赴《おもむ》かせることになるのだ。

パリのセレスタン派修道院で、メジエールが若いルイ・ドルレアンと親しくつきあったおりにも、この、とほうもない計画が話題にのぼったのではなかったか？　ありえないことではなかった。メジエールとくらべて、実際主義、功利主義の政治学の混在がより強く認められるとはいっても、オルレアン侯もまた、平和と十字軍の夢に生きていたのである。

騎士道理想にささえられる社会というイメージは、この世界をふしぎな色にぬる。だがその色は、もちのいい色ではない。すぐはげる。鋭いフロワサール、味気ないモンストルレ、エスクーシー、荘重なシャトラン、みやびなオリヴィエ・ド・ラ・マルシュ、おおげさなモリネ、これら、十四、五世紀フランスの著名な年代記家のだれをとってみても同じこと、ただし、コミーヌとトマ・バザンだけは例外だが、みながみな、これを書くのは騎士の徳義とほまれある武勲とを称揚せんがためであると、まずはじめに声だかに宣言している。ところが、宣言どおりに実行しているものなどいないのだ。シャトランがそのいい例である。

フロワサールは、かれじしん、騎士道叙事詩の、はなはだ浪漫趣味《ロマンティシズム》過剰な取木《とりき》ともいうべき『メリアドール』の作者であり、魂あげて、理想の「勇武」と「めざましき武芸」とに酔い痴《し》れているのだが、にもかかわらず、ジャーナリスト、フロワサールのペンは、裏切りや残忍な行為、ずるがしこい私利私欲と強者の権利、完全に利得のたねとなってしまった軍功のことなどを、せっせと書きつけている。

モリネは、しょっちゅう騎士道趣向を忘れはてて、生きいきと端的に事件を語る。ただし、かれ独特の語彙《ごい》文体はさておいてのはなしだが。だが、ときどき、想いだしたように、つねに身に帯するよう思い定めた、かの高貴な品位へとたちかえっている。モンストルレにあっての騎士道趣意は、もっと表面に流れている。

それはまるで、これらの記述者たちの精神が、浅薄な精神とひとはいうでもあろうが、かれらの目にする、なんともつかみどころのない世相を理解しようと、いわば調整薬として、騎士道虚構《フィクション》をそれに処方したかのようなのである。ただひとつ、騎士道という形式にはめこんで、はじめて、かれらは、継起する事件を理解することができたのだ。

現実をみれば、この時代、うち続く戦乱も、また政治そのものも、まったくかたちをなさず、たがいに関連しあって動いているとは、一見、みえなかった。戦争は、広大な地域のあちこちにおこる、はなればなれの侵入襲撃という慢性化した症状をみせている。外交は、複雑にいりくみ、とうてい使いものになる道具ではなかった。ひとつには、あまりにも一般化し、あまりにも伝統化された諸理念にこだわっていたせいでもあったし、またひとつには、錯綜《さくそう》しきった特殊瑣末《さまつ》な法律問題にかかずらっていたからでもあった。

現実を社会の発展という観点からみる用意がないままに、歴史叙述は、騎士道理想の虚構を利用したのである。すべてをきれいにまとめて、君侯の栄誉、騎士たるものの徳義というイメージに描き、高貴な規律にしばられるみごとな遊びというかたちに示し、かくして、秩序の幻影を作りだしたのである。このような歴史学は、たとえばツキュディデスのような歴史叙述家にそなわっていた洞察力《どうさつりょく》のことを考えあわせてみると、これはもう、くらべものにならないほど低い水準のものだということになろう。歴史学は枯れしぼみ、美しいといおうか、むしろ美しいみせかけの武勲、荘重な儀式典礼の報告になってしまった。

この観点からすれば、それでは、歴史の正当な証人とみなされるのは、いったい、どんな人たちなのであろうか。それは伝令使と紋章官だ[*4]、とフロワサールは考えている。かれらは、儀式執行のさいにはつねに列席し、職権によってその首尾を批判することになっている。つまり、かれらは、こと栄誉名誉に関しての専門家なのであり、栄誉名誉のことこそが歴史叙述の主題なのだ、と。

金羊毛騎士団の団規は、騎士の武勲の記録を命じている。金羊毛騎士《トワソン・ドール》と呼ばれたルフェーヴル・ド・サン・レミ、あるいは伝令使ベリーと呼ばれたジル・ル・ブーヴィエールを、紋章官型歴史叙述家の典型とすることができるだろう。

騎士道思想は、美しい生活の理想としては、きわめて特殊な型のものだ。ほんらい、それは美的理想であって、多彩な空想、心につのる感動を素材としている。ところが、それは、さらに倫理的理想であろうともする。ということは、敬虔《けいけん》と徳とに結びつこうとすることだ。中世の考えでは、そうすることによってはじめて、ある生の理想に、高尚な位置が与えられるのだから。ところが、騎士道は、この点でいつもつまずく。その罪ぶかい起源ゆえに、ひきずりおろされるのである。というのは、この理想の核心は、美にまで高められた自負心なのであったから。

シャトランは、このことを完全に理解して、こういっている、「君侯の栄光は、自負心に、あえて危険を冒すことにかかっている。すべて主たる力は、その源をたどれば、自負心と呼ばれる一点にいたるのである」。様式化された、高められた自負心から名誉が生まれる。それが、貴族たるものの生活のめざす極点である。

中流階層ないし下層民の人間関係にあっては、とテーヌは、その著『現代フランスの起源』にいう、その発動ばねは利害であり、貴族社会においては、自負心が原動力である、「人間内奥のもろもろの感情のうち、この自負にまさって、誠実、愛国心、良心に転化するにふさわしいものはない。なんとなれば、みずからたのむところのある人間は、ひとに重んぜられないことに耐えられず、ひとの敬意をうけようと、それに値するものになろうとつとめるからである」

テーヌは、たしかに、貴族を美化しすぎるという傾向をもっている。貴族の歴史が、実際に描きだすところをみてみれば、いたるところ、恥知らずの私利私欲と自負心とが重ねあわせになっている。にもかかわらず、このテーヌの言葉は、貴族の生の理想についての言としては、いぜん、妥当なのである。テーヌの言は、ルネサンスの名誉感情についてブルクハルトが、その著『イタリアにおけるルネサンスの文化』においてくだした定義と、密接な関連に立っている。

「それは、良心と利己心のふしぎな混合物であって、近代人は、なお、これを失ってはいない。前代よりうけついだ信仰、愛、希望などの感情を、自分のせいでか、そうではなくか、それは問わず、すべて失ってしまったとしても、なお、この感情だけは近代人の心に残る。この名誉感情は、はなはだしいエゴイズム、大きな悪徳としっくり調和し、とほうもなくひとをあざむいても平気である。だが、およそひとの品性になお残る高貴なるもののすべても、また、これと関連を有し、これを源泉として、新たな力を汲《く》むのである」

あるときには、けだかい名誉感情の表白かともみえ、またある場合には、地のままの自負心に発するかとも思わせる個人的名聞《みようもん》欲を、ブルクハルトは、ルネサンス人をきわだたせる特徴として描いている。かれは、身分の名聞ということに対して、普遍的、人間的名聞ということをいう。前者は、イタリアをのぞく真に中世的な社会に活気を吹きこんでいた感情であり、後者は、古典古代の範例の強い影響のもとに、ダンテ以後のイタリア精神が追い求めた感情である、と。

これは、わたしには、ブルクハルトが、中世とルネサンス、西ヨーロッパとイタリアとをへだてる距離を、あまりにも大きくみすぎている事例のひとつだと思われる。ルネサンスの栄誉愛好、名誉欲も、その核心はといえば、それは、先だつ時代の騎士の名誉欲なのであり、もともとフランス起源のものなのだ。封建時代の心情をふりすて、古典古代の思想をはらみ、活動の舞台をひろげた身分の名誉の感情なのである。

後世の人びとから称讃《しょうさん》されたいと願う熱心な気持は、イタリア十五世紀《クワトロチェント》の才人たちの場合と同様、十二世紀の宮廷騎士、十四世紀フランス、ドイツの傭兵《ようへい》隊長たちにとっても、けっして無縁ではなかった。

一三五一年三月二十七日の「三十人の闘い」を前にして、ロベール・ド・ボーマノワールとイギリス人の隊長ロバート・バンボローとのあいだに成立した協定を、フロワサールは、ロバートの次のような言葉でしめくくらせている、「そうして、われわれは後世、広間や宮廷、町の広場、その他、世界じゅういたるところで、人びとの語《かた》り種《ぐさ》となるであろうような働きをみせようではないか」

シャトランは、騎士道理想の評価においては完全に中世人である。にもかかわらず、次のように歌うシャトランは、完全にルネサンスの精神を先どりしているのだ。

名誉はすべて高貴な心に勧める、
本性上高貴なものすべてを愛せ、と。
高貴はまた、心の正しさをこれにそえる。

別のところで、シャトランはこういっている。ユダヤ人や異教徒のあいだでは、名誉は、より珍重され、きびしく守られている。俗世の称讃を期待して、ただそれじたいのためだけに、名誉が尊ばれているからだ。キリスト教徒のほうはというと、栄誉は、信仰の光を通して与えられ、来世に報酬を約束するのみである、と。

すでに、フロワサールは、勇武ということを、信仰ないし倫理にもとづく動機づけをまったくふくまず、ひたすらに名聞を求めての、それどころか、まさしく「恐るべき子供《アンファン・テリブル》」というべきだが[*5]、ひとえに経歴を作るためだけのものとして推称しているのである。

騎士道名聞の追求は、英雄崇拝に分かちがたく結びついていた。これは中世であり、同時にルネサンスなのだ。騎士の生活は、模倣の生活である。その対象が、アーサー王物語の英雄だろうと、古代の英雄だろうと、たいしたちがいはない。すでに騎士道物語流行の当初から、アレクサンダー大王は、完全に、騎士道の思考領域にとりこまれていた。空想の古代世界と円卓の騎士の世界とは、当時なお、区別されてはいなかったのである。

ルネ王は、ある詩のなかで、ランスロット、シーザー、ダヴィデ、ヘラクレス、パリス、トロイルス[6]各めんめんの、それぞれの紋章に飾られた墓石が、それこそごちゃまぜに並んでいる光景を想像している。

騎士道そのものが、ローマ起源のものとみなされた。イギリス王ヘンリー五世を評して、ルフェーヴル・ド・サン・レミはいっている、「そうして、かれは騎士道の規律をよく守った、かつてローマ人がそうしたように」

成長しつつあった古典主義は、このような傾向にあるていど浄化作用を及ぼし、古代の歴史像をいくらかでも明らかにしようとしてはいた。ポルトガルの貴族ヴァスコ・デ・ルセナは、シャルル突進侯《ル・テメレール》のために、クィントゥス・クルティウス・ルフスの『アレクサンダー大王伝』[7]を翻訳して、こういっている、現今、出まわっている大王伝はみんな嘘《うそ》偽りでゆがめられている。その嘘偽りをとりのぞいた真正のアレクサンダーを、一世紀となかば以前に、メールラントがすでにやっているように、この書物で示したいのだ、と。

だが、それだけにいっそうはっきりと、この『大王伝』をもって、シャルルに模倣の手本を示そうとのかれの意図が、ここにはよみとれるのである。実際、偉大な輝かしい事績によって、古代人に比肩しようとの望みに燃えた君侯は、シャルル突進侯をもって、まずその筆頭とする。ラ・マルシュによれば、若いときからかれは、ガヴェインだのランスロット[8]だのの英雄事績を好んで朗読させたという。のちには、古代人が優先するようになった。床につくまえには、きまって二、三時間も、「ローマの典雅な史書」をよませたという。なかでもかれは、シーザー、ハンニバル、アレクサンダーを好み、「かれらに従い、その生きかたを模倣しようと望んだ」

当時、人びとは、この意識的な模倣をきわめて重視し、これこそシャルルを行動へとかりたてた原動力とみていた。「かれは大いなる栄光を望んだ」とコミーヌはいう、「これこそ、かれをして、他のなにものにもまさって、戦いへと赴《おもむ》かせたところのものであった。そうして、その死後において、かくも多く語り伝えられている古代の王侯たちにも似んものと欲したのであった」

この偉大な事績、古代ふうの美しい立居振舞《たちいふるまい》をと願う気持をシャルルが実践にうつした最初の機会を、シャトランは目にしている。一四六七年、ブルゴーニュ侯として、はじめてメヘレンに入城したときのことである。かれは、ある叛乱《はんらん》事件について処断しなければならなかった。事件は克明に調べあげられ、法廷はすでに、首謀者のひとりを死刑、他は永久追放と判決をくだしていた。処刑台が広場に設けられていた。侯は前面の席についた。罪人は、すでにひざまずかされていた。首切り役人が剣を抜いた。と、それまで心の内を隠していた侯は、叫んだ、「やめろ！　目かくしをとってやれ。助け起こせ」「そのとき、わたしは」と、シャトランはいっている、「かれが、けだかく、独特な目標を、未来に思いさだめ、独特な仕事によって、栄光と名声とをかちえようとしているのだ、と気づいたのである」

シャルル突進侯のケースは、ルネサンス精神、つまり、古代のイメージにあわせて美しい生活を追い求める心が、直接、騎士道理想に根ざすものであることを示すに、まことにふさわしい例である。同時代のイタリアの古代愛好家《ヴィルトゥオーソ》とかれとをくらべてみても、そこにはせいぜい読書量の差、趣味のちがいがあるだけだ。シャルルは、まだ翻訳にたよって古典をよみ、かれの生活様式は、なお火焔式《フランボワイアン》ゴシックを想わせる。

騎士道とルネサンス両要素の緊密な結合は、いわゆる「九勇士」の崇拝にもよく示されている。騎士道理想の世界にたちあらわれる異教徒三人、ユダヤ人三人、キリスト教徒三人、合計九人の英雄グループである。まず、一三一二年ごろに書かれたジャック・ド・ロングイオンの『くじゃくの誓い』に、かれらは、はじめてその姿をみせた。英雄の選びかたから、これが騎士道物語と密接な関係に立っているとわかる。選ばれたのは、ヘクトル[*9]、シーザー、アレクサンダーの三人、ヨシュア[*10]、ダヴィデ、ユダス・マカバエウス[*11]の三人、そしてアーサー、シャルルマーニュ、ゴドフロワ・ド・ブイヨン[*12]の三人である。

ユスタシュ・デシャンは、その師ギヨーム・ド・マショーから、この着想をうけつぎ、数多くの詩に歌っている。後期中世の精神にきわめて特徴的な釣合い《シンメトリー》への要求にこたえるべく、はじめて九勇士に九勇女を配したのは、おそらくかれであった。ユスティヌス[*13]その他の古典から、かれは、いささか風変わりな古代の女性たちをかり集めた。ペンテシレイア[*14]、トミリス[*15]、セミラミス[*16]などである。その名前もすっかり変えられていて、ちょっとわからないほどであった。だが、そのせいで、この思いつきの流行が妨げられたということはなかった。後世、『ル・ジュヴァンセル』などに、勇士勇女はまたもや登場する。その姿は、壁掛け《タピスリー》に織りだされ、それぞれの紋章までが考案されている。一四三一年、イギリス王ヘンリー六世のパリ入城にさいしては、十八人の全メンバーが王を先導したという。[†1]

このアイデアが、十五世紀を通じ、さらには、その後にいたるまで、いかに生きいきとはたらき続けたかは、もじり《パロディ》がはやったことからもわかる。たとえば、モリネは、九人の「大食漢の勇士」のことをユーモアたっぷりに伝えている。フランソワ一世にしてからが、なお、ときには、「古代ふうに」衣装をつけ、九勇士のひとりを演じたのだ。

ところで、前述のように、デシャンは、対をなす女性グループをみつけだして、九勇士のアイデアを完成させたわけであるが、かれは、これとはちがう別のやりかたで、このイメージをひろげてもいる。同時代人、同国人のベルトラン・デュ・ゲクランを、十番目の勇士として九勇士に加え、そうすることによって、むかしの英雄徳行への崇拝を現在に結びつけ、またこれを、成長しはじめたばかりのフランスの軍事愛国心の風土にうつしたのである。この着想もまた、成功をおさめた。ルイ・ドルレアンは、クーシー城の大広間に、第十番目の勇士として、この勇敢な王軍総司令官の肖像彫刻をおかせている。オルレアン侯は、デュ・ゲクランの記念のために、人一倍の配慮を示しているのだが、それにはそれだけの理由があった。総司令官は、かれの洗礼の介添えをつとめ、その小さな手に剣をおいた人である。

女性グループの第十番目としては、ジャンヌ・ダルクが、当然、期待されるところである。事実、十五世紀、かの女にこの位を贈ろうとする意向は、たしかにあった。デュ・ゲクランの義理の孫で、ジャンヌ・ダルクの戦友を兄にもつルイ・ド・ラヴァルが、かれの家の礼拝堂付司祭セバスチアン・マムローに、デュ・ゲクランとジャンヌ・ダルクとをそれぞれ第十番目とする九勇士、九勇女の歴史を書くようにと依頼しているのである。ところが、手稿本に残されているマムローの作品に、両人の名前はない。けっきょく、ジャンヌ・ダルクに関するかぎり、この着想が人気を博した痕跡《こんせき》は、どこにもみいだされないのである。

十五世紀フランスに成長しはじめた国家的、軍事的英雄崇拝は、なによりもまず、勇敢で打算的なブルターニュの軍人という人間像に対象をみいだした。当時の人びとの考えでは、ジャンヌ、このドンレミ出身の百姓の娘などよりは、かの女とともに、あるいはかの女の敵として戦った将官たちのほうが、はるかに重要な人びとであり、はるかに栄誉をうけるにふさわしい地位を占めていたのである。ジャンヌについて語る人の多くは、感動したからではない。敬意もまた、払われてはいない。むしろ、好奇心からであった。

シャトランという人は、もともとのブルゴーニュ党派の感情を時に応じて脇にのけて、かわりにフランス王家大事の気持を表現することができた詩人だが、シャルル七世の死にさいし、『秘儀』と題する詩を作っている。この詩のなかに、王に従ってイギリス軍と戦った、ありとあらゆる指揮官が、さながら勇敢なるものたちの名誉展示場《ギャラリー》よろしく、一節ずつ歌って、自分の手柄を報告するところがある。デュノワ、ジャン・ド・ブイユ、サントレーエがいる。ラ・イールもいる。そのほか、あまり名の知られていない連中がおおぜいいる。まるで、ナポレオン麾下《きか》の将軍たちの行列、といったかんじなのだ。けれども、むすめ《ラ・ピュセル》はいない。

歴代のブルゴーニュ侯は、その宝物庫に、浪漫趣味ゆたかな英雄遺物を、たくさん保存していた。聖ジョージの紋章に飾られた剣、「ベルトラン・ド・クレカン殿」つまりデュ・ゲクランのものであったという剣、ガラン・ル・ロレーン[*17]の猪《いのしし》の歯、聖王ルイが子供のころ学んだ詩篇など。騎士道ファンタジー、宗教ファンタジー、この両者が渾然《こんぜん》とけあっているではないか。

ここから一歩進めばルネサンスとなる。法王レオ十世は、ヴェネツィアの市民から贈られた、ローマの歴史家リウィウスの上膊骨《じょうはくこつ》なるしろものを、聖遺物ででもあるかのように、おごそかに受納したではないか。

後期中世の英雄崇拝は、完徳の騎士の伝記というかたちで、文学にあらわれた。なかには、すでに伝説化してしまっていた人物の場合もある、たとえばジル・ド・トラゼニー。重要なのは、同時代人の伝記である、たとえば、ブシコー、ジャン・ド・ブイユ、ジャック・ド・ララン。

通称ブシコー司令、ジャン・ル・マングルは、災禍《さいか》のただなかにあった祖国に、よくつくした。かれは、一三九六年、当時まだヌヴェール伯であったジャン無怖侯《サン・プール》とともに、ニコポリスに出陣した。このとき、軽率にも、トルコ勢をふたたびヨーロッパから追いだそうとしたフランス騎士軍は、スルタン、バヤジド一世によって、たたきつぶされたのである。ブシコーもジャンも、捕虜になった。今度は、一四一五年、アザンクールの戦いに、かれはまた捕虜になってしまい、六年後、捕囚の身で死去している。

生前、一四〇九年に、ある崇拝者が、きわめてたしかな報告と資料にもとづいて、かれの事績を本にしている。けれども、それは時代史の一巻としてではない。書きあげられたのは、理想の騎士の肖像であった。波瀾《はらん》に富んだこの男の生涯《しょうがい》の実相は、騎士の理想像の美しいみせかけのうしろに隠れてしまっている。ニコポリスのおそろしい破局も、この伝記『武勲の書』にあっては、うすぼけた色合いしかみせていない。ブシコーは、まじめで敬虔《けいけん》、それでいて宮廷ふうの教養人のタイプに描かれている。ほんものの騎士ならば当然一言あってしかるべき富の蔑視《べっし》ということについては、ブシコーの父の口をかりて語られている。かれは、相続した領地をふやそうとはせず、また減らすことをよしともしなかった人物であるが、こういっている、わたしの子供たちが正しく勇敢であるならば、これでじゅうぶんのはずだ。くだらぬ人間ならば、多くを残しても遺憾千万なこととなろう、と。

ブシコーの敬虔ぶりは、清教徒《ピューリタン》を想わせる。朝は早く起き、たっぷり三時間、お祈りをする。どんなに急いでいても、どんなに忙しくとも、かれはかならず毎日二度、ひざまずいてミサにあずかったという。金曜日、かれは黒衣をつける。日曜日と祭日には、徒歩でお寺まいりをするか、聖者伝ないし「ローマ人そのほか、死せる勇者」の物語をよませる。さもなければ、信仰のことについて、ひとと話をする。節度をわきまえ、まじめなかれは、多くはしゃべらず、話題も神、聖人、徳、騎士道がほとんどであった。召使いたちみんなには、信仰と礼儀を教え、ひとを呪《のろ》うようなことはやめさせたという。

かれは、女性に対するけだかく誠実なサーヴィスの、熱心な擁護者であった。かれは、ひとりの女性のために女性すべてを敬い、女性を守るためとして、「緑の楯《たて》の白い貴婦人」騎士団を創設して、クリスチーヌ・ド・ピザンにほめられている。

一四〇一年、シャルル六世の命によって、ここを治めるべく滞在していたジェノヴァでのこと、[*18]あるとき、かれは、路上で出会ったふたりの女性の会釈にこたえて、丁重に挨拶《あいさつ》を返した。「殿」と、従者がたずねた、「殿がたいそう丁重に挨拶された、あのふたりのご婦人はどなたですか」。「ウーグナン」と、かれはいった、「わたしは知らぬ」。そこで従者はいった、「殿、あれは娼婦《しょうふ》ですよ」。「娼婦だと」。かれはいった、「ウーグナン、わたしは素姓正しい婦人ひとりに礼を失するよりは、むしろ十人の娼婦に礼をつくしたほうがよいと思うのだ」

かれの銘句《めいく》は「なんじの望むことを」であった。わざと秘密めかしている。銘句とは、そうあるべきものだが。ブシコーは、誠実をささげた貴婦人のためには、意志を放棄する、といっているのではないか。それとも、広く人生に対する忍従ということをいっているのであろうか。いったい、この銘句に、そのような意味をよみとるようになったのは、ずっとのちになってからのことではなかったか。

敬虔と謙譲、まじめと誠実の色彩で、この理想の騎士の像は、美しく描かれた。現実のブシコーは、どの点からみても、これとはしっくりあわない。あうだろうなどと、だれも期待しはすまい。この身分のものにとってはむしろあたりまえの暴力、強欲は、この高貴な騎士像にも、けっして無縁ではなかったのである。

ところで、これとはまったくニュアンスを異にする騎士の典型がみられた。ジャン・ド・ブイユであって、その伝記風物語が、『ル・ジュヴァンセル』の標題のもとに、ブシコー伝に遅れること半世紀ばかりにして書かれたのである。ひとつには、この時期のずれが、考えかたのちがいということを説明する。ジャン・ド・ブイユは、ジャンヌ・ダルクの旗のもとに戦い、のちには、プラグリーの叛乱[*19]や「公益同盟」戦争[*20]にも参加した一隊長であった。かれは一四七七年に死んでいる。王の不興を買った一四六五年ごろ、かれは三人の従者に、半生の物語を口述し、書きとらせた。これが『ル・ジュヴァンセル』である。

ロマンティシズムが実伝のかたちをとっているブシコー伝とは対照的に、『ル・ジュヴァンセル』は、フィクションのかたちをとりながら、その実、リアルなところをかなりみせている。すくなくとも、第一部ではそうなのだ。第二部になると、甘ったるいロマンティシズムがめだつようになるが、おそらく、これは、筆者が複数であったことと関係している。一四四四年、スイス領にはいったフランス軍のすさまじいまでの追撃ぶり、これを、ビルズ河畔ザンクト・ヤーコプに迎え撃ったバーゼル地方の農民たちが、かのテルモピレーの戦いを自分たちのものにした[*21]苛烈《かれつ》な事件についての報告が、羊飼いの愛についての気のぬけた考察といったたぐいの、毒にも薬にもならぬお飾りにすっかり飾りたてられてしまっているのである。

　これとはまったく対照的に、『ル・ジュヴァンセル』の第一部は、当時の戦争の実相を、他にその比をみないほど冷静に、正確に描出している。この筆者もまた、ジャンヌ・ダルクについては一言もふれていない、筆者の主人は、かの女とは戦友の間柄だったはずなのだが。筆者が称揚するのは、主人の英雄行為のみである。してみると、この主人は、実にたくみに、おのれの軍功を、筆者たる従者たちにものがたったにちがいない。

　後代、ブルボン王家の近衛《このえ》騎兵、ナポレオン麾下《きか》の近衛兵、そしてまた、第一次大戦の兵士たちを生みだした、軍国フランスの精神がすでに告知されているのである。この書きものから、武人生活のなんたるかを学べと、若い人たちに勧めている緒言は、たしかに、騎士道をふりまわし、傲慢《ごうまん》、嫉妬《しっと》、貪欲《どんよく》をいましめている。けれども、『ル・ジュヴァンセル』の第一部には、ブシコー伝にみられる敬虔な言葉づかいも、愛についての議論も欠けている。ここにみられるのは、戦争のみじめさ、窮乏、そして疲れ、欠乏に耐え、危険にたちむかう新たな勇気である。

ある城主が守備隊を召集する。ところが馬は十五頭しかいない。やせこけた駄馬《だば》で、ほとんどが蹄鉄《ていてつ》さえも打っていない。一頭にふたりずつのせる。その兵士にしてからが、そのほとんどが、身体のどこかに障害をもっているのだ。隊長の服につぎをあてようと、かれらは、敵の洗濯場《せんたくば》を襲撃に出かける。せっかく分捕《ぶんど》った牝牛も、敵の隊長に求められれば、これを丁重に返却してしまう。野原を進む夜行軍の記述には、夜気が香《かお》り、夜の静けさがある。

騎士タイプから国民兵タイプへの移行がみられるのである。たとえば、『ル・ジュヴァンセル』の主人公は、ただ、りっぱなフランス人になることという条件をつけただけで、せっかくの捕虜を自由にしてしまっている。栄職に達したいま、ジャン・ド・ブイユは、昔日の冒険と自由の生活をなつかしんでいる。

このようなリアルな騎士のタイプは、とはいっても、すでに述べたように、『ル・ジュヴァンセル』全編を通じ、一貫してリアルであるというわけではないのだが、ともかくこれは、ブルゴーニュ文学のよく生みだしうるものではなかった。ブルゴーニュ文学は、純粋にフランスのそれにくらべて、はるかに流行おくれ、いたずらにおもおもしく、封建社会の思考にがんじがらめにしばられていた。十五世紀エノーの騎士の典型であるジャック・ド・ラランなどは、『ル・ジュヴァンセル』の主人公にくらべれば、古ぼけた骨董品《こっとうひん》もいいところであって、ジル・ド・トラゼニーのような古風な遍歴騎士の型にはめられている。ブルゴーニュにその人ありと知られた、この英雄の武勇伝『ジャック・ド・ラランの武勲の書』は、実際の戦争よりは、ロマンティックなトーナメント[*22]について、多くを語っている。

以下は『ル・ジュヴァンセル』の一節であるが、およそ、これほど率直に戦闘意欲の心理学を説いて感動を与える文章は、あとにもさきにも、みられなかったのではなかろうか。「戦争は楽しい仕事だ。戦場では、みんな、たがいに愛しあう。味方に大義ありと知り、同胞がりっぱに戦うさまをみれば、涙はおのずから目に浮かぶ。われらが創造主の命令を実行し、遂行せんとして、勇敢に身を挺《てい》する友の姿をみては、誠実と憐憫《れんびん》の甘い感情に心も満たされる。すると、かれと生死をともにしてもよいという気持になるのだ。かれを愛し、けっして離れまいと思うのだ。それを味わったことのないものには、それがどんなに快いものか、けっしてわからない快楽が、ここにはある。この快楽を味わうものが、死をおそれると、諸子はお考えか？　けっして、けっして。なぜというに、そのものは、そのいるところを忘れるほどに、元気づけられ、心喜ばされるからである。真実、かれはなにものをもおそれないのだ」

十五世紀の騎士の言ではあるが、近代の兵士の言ときくこともできる。いうところの騎士道理想のあずかり知らぬ境地である。闘争心が、なまのかたちで、その感情基盤をむきだしにしている。生命の危険を感じたとき、狭いエゴイズムの枠《わく》を破り、ふるいたって一歩外へ足をふみだす、その感情の動き。友の勇敢さを目にしての深い心のなごみ。誠実と自己犠牲に感じる喜び。これら、禁欲主義のプリミティヴな衝動の上にこそ、騎士道理想は築かれて、男性的完成というイメージにまで高められ、ギリシア語でいうカロカガティア[*23]と同じ血筋につらなる、美しい生活を求めるはげしい熱望として、数世紀にわたって人びとの心に活力を吹きこんだのである。しかし、同時にそれは、私利私欲と暴力とが隠れひそむ仮面ともなったのであった。

〔1〕これを伝えているのはパリの一市民である。なお、十五世紀のハーレム都市法関係の写本に、この九勇士のことを歌った、九節よりなる詩がみられる。セルバンテスも、「高名な九人のかたがた」のことに言及している（『ドン・キホーテ』正篇第五章）。イギリスでは、the nine worthies として十七世紀まで広く知られていた。トーマス・ヘイウッド（イギリス、スチュアート王朝期の劇作家）は、『この世でもっとも価値高き九人の女性の模範とすべき生涯と記憶さるべき行ない』という題名の散文を書き、九人目の女性として、エリザベス女王をあげて

いる。

(1) 一三一四年ごろ生まれ、一三四七年、ローマで一揆をおこし、古代ローマ共和制の復興を宣し、みずから護民官の地位につき、他のイタリア諸都市にはたらきかけたが、その年のうちにローマを追われた。一三五四年没。

(2) 騎士叙任と教会儀式との結合はすでに古く、十三世紀の末に書かれたマンドの司教ギヨーム・デュランの司教典礼書は、教会堂内における司教による騎士叙任の式次第を詳細に規定している。十四世紀にはいると、騎士叙任をうけようとするものに、その前夜、徹夜の祈りを課すという慣行が一般化した。そのさい身を浄める儀式を行なったが、これが騎士沐浴である。ふつうの方法で叙任された騎士とはちがって、この手続きに従って叙任された騎士を「沐浴の騎士」と呼ぶ。たとえば、イギリスのヘンリー四世は、一三九九年、四十六人の「沐浴の騎士」を叙任している。

(3) 両騎士団とも、第一回十字軍のとき、パレスチナに作られた騎士団で、第三回十字軍のときのドイツ騎士団とともに、聖地三大騎士団と呼ばれる。ホスピタル(病院)騎士団は「イエルサレムの聖ヨハネ騎士団」のほうが表看板で、のちキプロス島に、十四世紀にはいってロードス島に、十六世紀にはマルタ島に移転している。テンプル(神殿)騎士団は、一二九一年アッコン陥落ののち本拠をフランスに移してパリにも宏壮な荘館を構え、多くの寄進をうけて富裕になっていた。これに目をつけたのが、フランス王フィリップ四世であって、王は、アヴィニョン初代の法王クレメンス五世を利用して、騎士団の解体とその財産の収用を図った。一三一四年、団長モレは処刑され、騎士団は解体された。

（4）ホイジンガは「エロー・エン・アルメンコーニンク」とふしぎな書き方をしている。「エロー」はフランス語で、英語でいう「ヘラルド」、「アルメンコーニンク」はオランダ語で、英語でいう「キング・オブ・アームズ」である。後段にも盛んにこの二種の職名が登場するが、前者はふつう「伝令使」と訳し、その場合は（ここでもそうだが）後者を「紋章官」と訳すことになる。前者を「紋章官」、後者を「紋章長官」と訳すこともある。そのあたり、その語の置かれた文脈で処理していきたい。

（5）「恐るべき子供」はホイジンガは単数形で書いているが、もともとジャン・コクトーの『レ・ザンファン・テリブル』、恐るべき子供たちという小説（一九二九年）のタイトルが一般名詞あるいは形容辞として使われるようになったものである。なんの目標、理念を掲げるではなく、ただ「遊ぶために遊ぶ」若者像がそこに描き出されている。

（6）パリス、トロイルスは、ともに、トロイ城主プリアムとその妻ヘクバの子（ホメロス『イリアス』）。パリスは、スパルタから、美女ヘレンを連れてトロイに逃げかえり、トロイ戦争の原因を作った張本人だが、トロイルスのほうは、はじめから死んだものとして登場する。アキレスに殺されたとの伝承もある。中世では、むしろ、「トロイルスとクレシダ」伝説のかたちで知られていた。シェイクスピアが、この題目の愉快な劇五幕を書いている。

（7）『アレクサンダー大王伝十巻』は紀元一世紀のなかばごろに書かれている。十巻のうち最初の二巻は失われた。

（8）ともにアーサー王伝説の騎士。ガヴェインは、母方の血筋から、アーサー王の甥にあたる。

(9)「かぶときらめく」ヘクトルは、トロイ城主プリアムとその妻ヘクバの子。トロイ側の主将。アキレスと戦い倒れる。
(10)モーゼなきあとのイスラエルの指導者。旧約聖書「ヨシュア記」の預言者。
(11)紀元前一六八年、シリア王のユダヤ教に対する干渉に端を発したユダヤ人の独立戦争、マカベア戦争の指導者のひとり。
(12)十一世紀後半、マース（ムーズ）川中流東岸のブーオン（ブイヨン）の伯。一時、下ロートリンゲン（ロレーヌ）侯号をとったので、ロートリンゲン侯と呼ばれることもある。第一回パレスチナ十字軍に参加し、「イエルサレム守護者」の称号をとった。
(13)紀元二世紀のローマの歴史家。マケドニア王国の歴史を主テーマとする『歴代フィリップス史伝四十四巻』で知られる。
(14)軍神アレスの娘、アマゾンの女王。ヘクトルの死後、トロイに味方し、アキレスに殺された。アキレスはその美と若さを惜しみ嘆いたという。
(15)マサゲタエの女王。カスピ海以東の草原民族を、ヘロドトスは、すべてマサゲタエと呼んでいる。なお、ペルシア大王キュロス二世は、かの女に殺されたという。
(16)前八〇〇年ごろのアッシリアの伝説の女王、バビロンの建設者という。
(17)「シャンソン・ド・ジェスト」、武勲詩は大きく三つのグループに分けられる。そのひとつがシャルルマーニュ（カール大王）がらみのものだが、この「ガラン・ル・ロレーン」、すなわちロレーヌ人ガランを主人公とする一群のものは、その周辺のもので、「ロレーヌ物語もの」と呼ばれている。なおわたしの「ヴィヨン遺言詩注釈『遺言の歌』上巻」のセクション「11ブランシュ王妃は、ユリ花のよう」をごらんください。

(18) フランス王シャルル六世のいとこ筋にあたるアンジュー侯家が北イタリアへ勢力を及ぼそうとしたことがミラノ侯家の反発を買い、ジェノヴァがミラノの動きを警戒してフランス王家に保護を求めた。一三九六年から一四〇九年まで、フランス王家の軍勢がジェノヴァに駐屯する。この挿話はその折りのことである。

(19) 一四四〇年二月、王太子ルイとブルボン侯に率いられた、諸侯のシャルル七世に対する叛乱。ポワトゥーで王軍に粉砕され、七月、首謀者たちは王に服従した。プラグリーの呼称は、プラハ(フランス語でプラーグ)におけるフス派の叛乱のことから出ている。

(20) 一四六一年王位についたルイ十一世は、父王シャルルの重用した諸侯を国政から遠ざけようとした。デュノワ伯、ブルボン侯、ブルターニュ侯、さらには実弟ベリー侯シャルル・ド・フランスさえもこれを不満とし、かれらは、一四六五年、「公益同盟」を結成し、シャロレー伯シャルル(ブルゴーニュ侯になるのは六七年以降)がこれに肩入れした。七月、モン・ル・エリーの戦いに、ルイは諸侯連合軍の攻勢をよくささえ、十月、シャルルと和議を結び、同盟は、事実上、ここに崩壊した。

(21) テルモピレーの戦いは、第三回ペルシア戦争にさいし、スパルタ王レオニダス指揮下のギリシア連合軍が、テルモピレーの嶮に拠って、南下するペルシアの大軍を迎え撃ち、ついに全滅した戦い。だから、「文字どおり全滅してしまった」というほどの意味になる。

(22) 「トーナメント」(中世フランス語で tournoi)は「ジュート」(同じく joste)とともに、槍を主装備とする騎士の騎馬戦だが、前者は集団戦、後者は一対一の果たし合いというちがいがある。しかし「トーナメント」については、その点、いささか曖昧なところがある。この訳本の初期の版ではこれに「馬上槍試合」と訳をつけていたが、曖昧さを増長させるだけのような気がして、この際、「トーナメント」とカタカナ書きにとどめることにした。

(23) カロス（美しい）、アガトス（よい）の二語を、接続詞カイ（そして）で結んだ合成語。「美しくよいこと」を意味し、ギリシア人の生の志向を表現する。

V　恋する英雄の夢

騎士道理想がはっきりと表明された場合にはいつでも、その禁欲主義の要素にアクセントがおかれていた。騎士道理想は、きわめて自然に、必然にとさえいおうか、修道生活の理想と結びついて、まず、開花した。十字軍時代に生まれた宗教騎士団の場合がそれである。現実に裏切られるたびごとに、この理想は、ますます想像の世界に逃げこみ、現実の社会にはけっしてみられることのない高貴な禁欲の諸相を守り通そうとした。遍歴の騎士は、テンプル騎士団員と同様、この世のきずなを絶ち、貧しく生きる。

無所有の高貴な戦士という理想は、とウィリアム・ジェームズはその著『宗教体験の諸相』にいう、「現実にどうのこうのというのではないにしても、感性の型としては、軍事的、貴族的人生観を、いぜん、支配している。われわれが兵士をたたえるのは、なにものをも負うてはいない男としてである。生命ひとつをしか所有してはいないのだから、その生命をさえ、事情が命ずるときにはいつでも、喜んで投げだそうとするのだから、かれは、理想をめざす、とらわれぬ自由の体現者なのである」

だから、騎士道理想が、同情、正義、誠実などの高度な宗教意識の諸要素と結びついたのも、けっして人為のみせかけではないのである。けれども、だからといって、この宗教要素こそ、とくにぬきんでて、騎士道をして美しい生の形式たらしめた、というわけのものではない。もちろん、その根元の衝動、男性的闘争欲が、よくそれをなしえた、というのでもない。もしも、女性への愛が、燃えさかる熱情となって、この感情と理念との複合体《コンプレックス》に生の暖かみを与えなかったならば、騎士道は、ひとつの生の形式にまで高められることはなかったであろう。

禁欲の最たるもの、騎士道理想に固有の、勇敢な自己犠牲は、騎士の生活の姿勢をきめる基本の感情、愛欲と密接な関係をもっている。満たされぬ欲望の倫理化にほかならぬ、といってもよかろう。愛の欲望を表現し、様式化するのは、なにも、文学や造形美術に限られるわけのものではない。愛に高尚な様式、形式を与えたいという欲求は、みやびやかなおつきあい、ゲーム、歓談、スポーツなど、生活の諸形態それじたいのうちに、おおいに羽をのばす空間をみいだすのである。ここでもまた、愛は、たえず純化され、ロマンティックな傾向を強められる。生活は文学に従うのである。だが、けっきょくは、文学は、生活からすべてを学ぶ。愛が騎士道にあらわれたのは、もとはといえば、生活においてであって、文学においてではない。騎士とその愛人というモティーフは、実際の人間関係として、まず、あらわれたのである。

騎士と愛人、恋する英雄、これこそ、なによりもまず第一の、つねに変わることなくロマンティックな主題であり、いたるところ、たえず新たに、これからもずっと姿をあらわすであろう主題なのだ。官能のうずきを、そのまま、なにをあいだに介するということもなく、倫理的な、もしくは倫理の皮をかぶった自己否定に転写したものである。女性のみまもる前で、勇気を示し、あえて危険に身をさらし、強くありたい、苦しみをしのび、血を流したいと願う気持、十六歳の少年ならばだれでも知っているあの熱望の直接のあらわれである。望んではみても、とうていかなわぬ夢とみえた願望も、愛ゆえの英雄行為ということになれば、まんざら実現不可能でもなくなる。ただし、その場合、その実現には死が対置される。いうなれば、願望の充足は、二重に保証されることになるのである。

けれども、あこがれ求める人の心を満たし酔わしめる、愛ゆえの英雄行為という主題をめぐる夢が、やがては生い茂《おしげ》る草木のように、成長し、はびこる。と、この最初の単純な主題は、急速に力を失う。人びとは、同じ主題に新しいイメージをたずねる。情熱は、苦悩と断念の夢に、より強烈な色彩をたたきつける。さしせまる危険から女性を救い、解放すること、これが英雄行為だとされるにいたった。

より強烈な刺激が、かくて、原主題に加えられた。最初の主題では、主人公じしんが女性のための苦悩を求めていた。ところが、いまや、愛するものを苦しみから救いたいとの願いが、急速に、これに肩を並べるにいたった。いったい、この救出ということは、もとをただせば、処女性の救出、したがって他の男の排除、かくて女性の独占ということに帰着するのであろうか。いずれにせよ、かくて、ここに、他にぬきんでて姿をあらわしたのが、処女を救う若き英雄という騎士道愛欲の主題であった。わなをしかけるものが、なんとも邪気のない竜《りゅう》であるというような場合でも、つねに性的契機が、直接、その作用を及ぼしている。バーン・ジョーンズのあの有名な絵はなんという素朴《そぼく》さ、なんという率直さのうちに、このことを語りかけていることだろう。近代ふうに、貴婦人の姿に描かれた処女は、描写が清純なだけに、かえって、官能の霊気を、直接、肌《はだ》に感じさせずにはおかないのである。

処女の救出は、きわめてオリジナル、つねにわかわかしくロマンティックな主題である。それなのに、いまや古くさいものとなった神話解釈学が、この主題に自然現象の表現をみたというのは、いったいどういうことなのだろう。これが、直接、人間性に発する思想であることは、日ごろ、だれでもが確かめうることであるというのに。文学では、この主題は、あまり使われすぎるからというのでもあろう、一時、きらわれたこともたしかにあった。けれども、かたちを変えて、くりかえしくりかえし、たちあらわれる。たとえば、映画のカウボーイのロマンス。しかも、文学の外、人おのおのの愛の想《おも》いには、疑いもなく、この主題が強い力を及ぼし続けている。

いったい、この英雄即恋人というイメージに、どのていど男性向きの、どのていど女性向きの愛の姿が認められるものなのか、それを測ることはむずかしい。愛ゆえに苦しむ男というのは、男じしんがそうみられたいと望んだ姿なのか、それとも、女が男にそうふるまえと望むのか。おそらくは前者であろう。一般に、愛を文化形式にまで高めようとする想像力の描きだすところをみれば、そこには、ほとんど男性側の考えかただけが表現されている。すくなくとも、つい最近まではそうであった。愛についての女性の見解は、いつもヴェールに隠されている。もっと微妙で、深い秘密にとざされている。

なんといっても、女には、その愛を英雄物語ふうにまでロマンティックに昇華させる必要がないのである。というのは、もともと献身は女の性《さが》であり、女であることは、母であることと切りはなしえない関係に立っているのであるから、女の愛は、なにも勇気や自己犠牲の空想に助けをかりずとも、ひとりで、我欲愛欲の上に立つことができるのだ。文学が、女性による愛の表現をほとんど欠いているのは、ひとつには、男たちが文学を作ってきたからなのだが、たんに、それだけの理由からではない。愛する女は、その愛を文学に表現しなくてすむからである。[*1]

愛するものの意志によって苦しみ戦う高貴な救出者、これは、最初はたしかに、男がみずからそうありたいと想い描いたイメージであった。ところが、この救出者の夢は、そのかれが無名のものとして登場し、英雄行為ののちに、はじめて名を知られるにいたるという筋書きであったところから、ますますサスペンスを強めたのであるが、その英雄の無名性ということ、これは、たしかに女が愛について描く想像に根ざすロマンティックな主題のあらわれなのである。馬上の戦士というかたちにあらわされた男の力と勇気に対する無上の崇敬、実にこのことのうちに、女の望みである力への礼讃《らいさん》と、男の肉体的自負とが結びついている。

中世社会は、若者のように貪欲《どんよく》に、このプリミティヴでロマンティックな主題を培養した。高級な文学ジャンル、たとえば抒情詩《じょじょうし》などは、人間の欲望を描くに、しだいに洗練の度を加え、あるいは細緻《さいち》で生《き》まじめな、あるいはウィットに富み、しかもぴりぴりさすような表現を追求するにいたったというのに、騎士道文学は、つねに新たに若さをとりもどし、あいも変わらぬロマンティックな筋書きを、際限なくくりかえしながら、しかも、わたしたちにはほとんど理解しかねる、ある魅力をもち続けていたのである。

わたしたちは、ともすると、十四世紀という時代は、すでに、このような子供じみた幻想の世界からぬけでていた、と考えがちである。そして、騎士冒険物語のおそ咲きの花である、フロワサールの『メリアドール』、あるいは『ペルスフォーレ』などを評して時代錯誤《アナクロニズム》などといいたがる。しかし、これが時代錯誤ではないのは、今日の大衆小説の場合と同じである。ただ、純粋な文学ではない。いうなれば、応用芸術なのである。

この種の文学が、いつまでも生命を保ち、つねに、新しく作り変えられる、そのわけは、エロティックな想像にはモデルが必要だからである。ルネサンス盛期に出たこの種のモデルは、『アマディス物語』[*2]である。十六世紀もなかばを過ぎたころ、フランソワ・ド・ラ・ヌー[*3]は、アマディスの物語は「迷妄《めいもう》の心」をおこさせる、とはっきりいっているのだが、かれの世代は、ルネサンスとヒューマニズムの鉄の試練に耐えてきた世代である。それでいてこうなのだから、心の均衡のとれていないことははなはだしかった十五世紀の世代にあって、ロマンティックな感受性がどんなにはげしいものであったか、容易に想像もつこうというものだ。

愛のロマンティシズムの陶酔は、なにも、まず第一によむことによって経験された、というのではない。遊ぶこと、みることもまた、陶酔を誘ったのである。この種の遊びには、ふたつの形式がある。ひとつはドラマの上演、ひとつはスポーツである。中世では、後者がはるかに重要であった。ドラマは、まだ、宗教関係の題材でいっぱいになっていて、例外的に、ロマンティックな筋書きが扱われるにすぎなかったのである。それに対し、中世のスポーツは、というと、まず第一にトーナメントということになるのだが、それじたい高度にドラマティックであり、同時に、エロティックな要素をゆたかにもっていた。

スポーツは、いつの時代にも、ドラマティックな要素とエロティックな要素とをもつものである。だから、今日のボート競技やフットボール試合は、中世のトーナメントと相通ずる感情価値をゆたかにもっているのだ。おそらく競技者や観衆は、そのことをあまり強く意識してはいないだろうけれども。だが、近代のスポーツが、自然の、ギリシア的な、とさえいおうか、単純さにかえりつつあるのに対し、中世のそれは、すくなくとも後期中世のトーナメントは、装飾過剰、厚い緞帳《どんちょう》につつまれたスポーツである。ドラマティックな要素とロマンティックな要素とが、きわめて意識的に組みこまれていて、そのまま、ドラマの機能をも果たしているスポーツである。

およそ終末の時代には、上流階層の文化生活は、ほとんどまんべんなく遊びと化してしまう。末期中世は、そういう時代であった。現実は重く、きびしく、無情である。そこで、人びとは、騎士道理想の美しい夢へと現実をひきこみ、そこに遊びの世界を築きあげたのだ。人びとは、ランスロットの仮面をつけて演技する。これは、おそるべき自己欺瞞《じこぎまん》である。この心をつきさすような虚偽は、嘲笑《ちょうしょう》をちらちらさせて、われとわが嘘《うそ》を否認することによってのみ、ようやく耐えられえたのである。

十五世紀の騎士道文化は、おしなべて、センティメンタルなきまじめさとかすかな嘲《あざけ》りとの不安定な均衡の上に立っている。名誉、誠実、けだかい愛などの騎士道概念は、まったくまじめに取り扱われている。けれども、ときには、そのしかめっつらも笑いにゆがむ。この均衡が破れ、はっきり意識されたもじり詩文《パロディ》のあらわれたのは、イタリアにおいてであった。プルチの『モルガンテ』と、ボイアルドの『恋するオルランド』がそれである。けれども、このとき、この地においてもなお、騎士道ロマンティシズムの情感は新たな勝利をおさめる。というのは、アリオストにあっては、あからさまな嘲弄《ちょうろう》は姿を消し、嘲りとまじめとの均衡もこえられて、おどろくべき崇高さがあらわれているのである。騎士道になじんだ想像力は、ここに、もっとも古典的《クラシック》な表現をみいだしたのであった。[*4]

十六世紀のイタリアにおいてさえこうである。いったい、どうして、一四〇〇年ごろのフランス社会にあって、騎士道理想のまじめさが疑われえたろうか。騎士の典型として文学に表現された、かのけだかきブシコーの場合、その奉ずる騎士道理想の基底をなすロマンティシズムは、他のだれにもまして強烈なものであった。愛は、とかれはいう、若者の心に、騎士にふさわしくけだかい戦いを追い求める願いを強くはぐくむ、と。ブシコーは、古めかしくみやびやかな作法で、かれの想わせびと《サ・ダーム》に仕えている。「かれは、すべての人に仕え、すべての人を敬った、ただひとりの女性への愛ゆえに。想わせびとの前でのかれの話しぶりは、優雅で礼儀正しく、遠慮がちなものであった」

ブシコーのような男の、文学に描かれた典型としての生活態度と、実際の経歴の示す現実とのあいだには、ほとんどわたしたちの理解しがたい対照がみられる。かれは、指導的地位にある行動人として、つねに時代の苛烈《かれつ》な政治の場にあって、活動し続けていた。

一三八八年、かれは公務をおびて、第一回目の東方への旅に出た。その途上、かれは旅のつれづれをなぐさめようと、フィリップ・ダルトワ、その家令、クレゼック某などとともに、詩を作って楽しんだのだが、それは、完徳の騎士にふさわしく、高貴で真実の愛を擁護するという趣旨のものであって、のちに『百のバラッドの書』としてまとめられている。

けっこう、それはそれでよい。だが、七年ののち、ブシコーは、まだ若いヌヴェール伯、のちのジャン無怖侯《サン・プール》の助言者として、スルタン、バヤジド一世に対する遠征という、騎士道ぶりも愚かしい冒険行に参加した。そして、ニコポリスでの、おそるべき災禍《さいか》を体験した。この会戦に、以前、ともに詩を作った、あの三人は、生命を落としたのである。かれは、捕虜になったフランス貴族の若者が、目の前で虐殺されるのをみた。

さすがのブシコーも、とだれしもが考える、冷静な軍人ではあることだし、これだけ経験したのだから、みやびの遊びだの、騎士道幻想だのに対する熱からさめたことだろう。世のなかを色眼鏡《いろめがね》をかけてみるようなまねはよせと、この経験から学んだにちがいない、と。ごく自然な考えではないか？　ところが、そうではないのだ。そののちも、かれは、古風な騎士道の修養に心をうちこんでいる。その証拠に、かれは、不幸な女性たちを保護するためと称して、「緑の楯《たて》の白い貴婦人」騎士団を創設し、かたわら、一四〇〇年以降、気のきいた気晴らしの遊びとして、フランスの宮廷サークルを活気づけた、きびしい愛が理想か、気がるな愛が理想かという文学論争にも、女性側の肩をもって参加している。

文学や社会生活が、けだかい愛ですっかり飾りたてられているという光景は、どうもわたしたちの好みにあわず、つい笑いだしたくもなる。けっきょく、これが、情熱の表現手段として使い古されたロマンティックな形式の、かならずたどる運命なのだ。おおぜいの人たちの作品、技巧をこらした詩句、ふんだんに金をかけて催されたトーナメント、ここには、情熱のひびきは、もはやきかれない。ただ、きわめてわずかの、真の詩人の声のうちにだけ、なおひびいている。

だが、文学、あるいは芸術としての価値は低いかもしれないが、当時の生活を飾るもの、人びとの感情を表現するものとして、それら無数無名の作品は、大きな意味をもっていたのであって、そのことを知るには、当時生きていた情熱を、ふたたび、そこに吹きこんでみなければならない。恋の詩を、トーナメントの記述をよむさいに、歴史事象のこまかな知識、にぎやかに事件を並べあげた叙述が、いったいなんの役にたとう。なにかをみつめていた当時の人びとの、翔《と》ぶかもめのかたちよろしく吊《つ》りあげられた眉毛《まゆげ》の下の、押しあげられてせばまったひたいの下の、明暗さまざまな目の輝きを、想像のうちによみがえらせようとしないならば。すでに何世紀もまえに土にかえってしまったが、かつては、その目こそが、今日にうずたかく残る書かれた言葉よりも、はるかに重要であったのだ。

今日では、ほんの偶然のきらめきだけが、この時代の文化の生みだしたものを意味づけていた情熱のかけらを、わたしたちにかいまみせてくれるにすぎない。『さぎの誓い』という詩のなかで、騎士たるにふさわしい戦いの誓いをたてるよう、うながされたジャン・ド・ボーモンは、こう歌っている、

われら酒場にありて、強い酒をあおれば、
われらをしげしげとみつめる、かたわらの女、
そのつややかな胸、肌にまきつく首飾り、
笑《えまい》の美しさに輝く、そのりすの目、
ああ、本然の力がわれらにすすめる、望みの心をもて、と。
さてこそは、ヨーモン、アグランの徒[†1]を討ちもしよう、
だれであれ、オリヴィエ、ロランに打ち勝とうぞ。
だがしかし、われら戦場にありて、早がける馬にまたがれば、
丸楯、首にひきつけて、槍《やり》さき、下に向け、
きびしき寒気、われらを凍らし、
四肢《しし》もくだけて、がたがたになる、前も後ろも、
そこにみる、敵勢、われらに近づくを。
さてもこそ、欲しきは広き酒倉、
そこにひそめば、万が一にも、みつかるまいぞ。

「ああ、われらを楽しませ、りっぱにふるまうようはげましてくれる、その標識や標語、かぶとの飾りぎれ、肩掛けの薄絹《うすぎぬ》を与えてくれる女性たちは、どこにいるのか」。これは、

フィリップ・ド・クロワが、シャルル突進侯のノイス攻囲陣から、シャトランあてに書き送った手紙の一節である。

騎士が、愛する女性の髪や、肌の匂《にお》いのただよう薄絹や衣装を身につけるということ、このことのうちに、騎士道トーナメントのエロティックな要素が、まさにそのものずばりにあらわれている。闘いがエキサイトしてくると、女たちは、次から次へと、身につけたものを騎士に投げあたえる。だから、勝負がついたときには、女たちは、かぶりものなく、衣装の袖《そで》もまたなしという恰好《かっこう》ですわっていたという。

十三世紀後半のある北仏吟遊詩人《トルヴェール》の作『三人の騎士と下衣《したごろも》のこと』は、このぞくぞくするようなモティーフを、あますところなく展開しつくしている。争いを好まず、ともかくけだかく寛大な夫をもつある貴婦人が、かの女に愛をささげている三人の騎士に、日ごろ身につけている下着を贈った。かの女の夫が催すことになっているトーナメントに、かぶと、すねあてのほかは、よろいのたぐいをいっさいつけず、くさりかたびらのかわりに、ただこれだけを着て、出場してほしいというのである。

三人のうちふたりは、おそれをなして、ひきさがってしまった。三人目の騎士は、これは貧乏騎士であったが、その夜、この下着を腕にだき、情熱こめて接吻《せっぷん》したという。当日、かれは、よろいもつけず、くさりかたびらのかわりに、これを着こんであらわれた。下着は破れちぎれ、かれの血にそまった。かれは深手を負った。

人びとは、かれの人並みはずれた勇敢さを認め、かれを勝者とした。貴婦人は、かれに心をゆるした。今度は、愛するものたるかれが、お返しを求める番だ。かれは血ぞめの下着を返し、トーナメントの行事をとじる祝宴の席に、よくめだつよう、衣服の上にそれをまとってあらわれるよう、かの女に要求した。かの女は、その血ぞめの下着をやさしくかきいだき、要求されたとおりの恰好で、宴席にあらわれた。会食者の多くは、かの女を非難した。夫は当惑した。さて、と吟遊詩人は問いかけている、愛しあうふたりのうち、どちらがよりよく、相手のためにつくしたか、と。

情熱の雰囲気《ふんいき》、これこそがトーナメントを意義あらしめていたのであるが、これはまた、なぜ教会が、ずっと以前からこの風習に反対し、闘ってきたかを説明してもいる。事実、トーナメントは、なんどもセンセーショナルな姦通《かんつう》事件をひきおこしているのであり、そのことは、たとえば、一三八九年に催されたトーナメントについて、サン・ドニの修道士が、また、独自の立場からジャン・ジュヴェナル・デ・ジュルサンが証言している。

教会法はずっと以前からこれを禁じてきた。すでに一二一五年、ラテラン公会議決定に、こういっている、がんらい、これは、戦いにそなえての訓練のためにはじめられた行事だったが、悪用によって耐えがたいものになってしまった、と。[†2] 国王たちも禁令をくりかえしている。モラリストも非難した。ペトラルカは、ペダンティックに問いかけている、キケロやスキピオがトーナメントをやったなどと、いったいどこに書いてあるか？　そして、市民は肩をすくめる。ある有名なトーナメントについて、パリの一市民はこういっている、「これは愚かな企てとしか言い様がないのだが」[*5]

貴族たちだけは、いぜん、およそトーナメントとか騎士の決闘とかのたぐいのことを重要と考えていた。その熱のいれかたたるや、とうてい今日のスポーツ熱の比ではない。有名な果たし合いの行なわれた場所には、記念碑が建てられたが、これはひじょうに古いならわしであった。すでに十一世紀、アダム・フォン・ブレーメンは、ホルシュタインとヴアグリ族居住地域の境にそれをみた。そして、かつてこの地で、ドイツの戦士がヴェンド人の挑戦者《ちょうせんしゃ》を倒したのだ、と伝えている。[*6]

十五世紀にはいっても、まだ、この種の記念碑が建てられ、評判になった果たし合いのことをのちに伝えている。サン・トメール近傍の「巡礼女の十字架」は、名高い「巡礼女の武芸試合《パ・ダルム》」にさいしての、王軍総司令官サン・ポールの庶子オーブールダンと、さるスペインの騎士の闘いを記念して建てられた。半世紀ののち、バヤールなる騎士は、トーナメントをまえにして、巡礼者よろしく、この十字架にもうでている。「涙の泉の武芸試合」に使われた飾りもの、衣装のたぐいは、このお祭り終了後、ブーローニュの聖母教会におごそかに寄進され、教会堂のなかに吊るされた。

こうみてくると、中世の闘技は、ギリシアや近代の運動競技とはちがって、いちじるしく自然さを欠いていることがわかる。貴族の誇りとか名誉、ロマンティシズムとエロティシズム、たくみをこらした飾りつけ、およそこういったものを刺激として、闘いの緊張を、いやがうえにも高めようとする。ものものしすぎて装飾過剰、多彩な幻想にあふれている。中世の闘技は、ただに遊び、からだの鍛練にはとどまらなかった、まさにそれは応用文学でもあったのだ。

詩を作る心の、望み夢みるところ、求められたのは、劇の上演、すなわち、生活現実を遊びと化すことであった。現実の生活は、けっして美しくはなかった。きびしく、無情で、悪の世であった。現実の宮廷や軍隊での生活に、愛すればこその勇気という感情のはたらく余地は、ほとんどなかった。だが、人びとの心は、その感情に生きていた。だから、その感情を体験したいと願い、高価な遊びというかたちで、美しい生活を創造したのである。

騎士道トーナメントにあっては、真正の勇気という要素が、ギリシアの五種競技《ペンタトゥロン》*7におけるほどには、高く評価されていなかったというのではない。まさに、そこに強調されているエロティックな性格そのものが、血みどろのはげしさを要請していたではないか。主題の類似という点からみて、トーナメントは、古代インドの叙事詩に描かれた武術試合と、もっとも強い親近性を有している。『マハーバーラタ』をみても、女性のための闘いというのが、その中心のアイデアとなっている。

この闘争遊戯をおおいつつんでいたのが、アーサー王物語の世界の幻想であった。子供っぽいお伽噺《とぎばなし》の空想というべきだろう。次元がずれて、巨人だの侏儒だのが登場する夢の冒険行に、みやびの愛の感傷《センティメンタリズム》が同行するのである。

十五世紀においては、ロマンティックな架空の事件が、武芸試合のためにしくまれた。その眼目は、ロマネスクな道具立てにあって、これには、いかにももっともらしい名前がつけられている、たとえば、「涙の泉」、「シャルルマーニュの木」「涙の泉」の泉は、実際に作られたのである。一年を通じて毎月のはじめに、名も知られぬ騎士が、その泉のほとりに天幕を張ることになっていた。そのなかには、三枚の楯をつけた一角獣を従えて、ひとりの貴婦人がすわっている。ただし、これは絵なのだ。楯のひとつにさわった、あるいは自家の伝令使を送ってさわらせた騎士は、果たし合いの誘いに応じたことになる。果たし合いのための条件は、きちんと「定書《さだめがき》」に書かれていて、これは挑戦状であり、同時に試合の規則書でもある。楯にさわるのは馬上からする。騎士たちは、そのための馬を用意しておかなければならなかったという。

「竜の闘い」というのもある。四人の騎士が四つ辻《つじ》を守っている。いかなる貴婦人も、かの女のためにこの四人と闘う騎士があらわれて、相手の槍を二本まで折ってくれなければ、ここを通りぬけることができない。失敗すれば、かの女が罰金を払うのだ。実際、子供の罰金遊び*8は、このプリミティヴな闘争と愛の遊びの卑俗化したかたちにほかならないのである。

「涙の泉定書」の一条は、この間の消息をよく示している規則ではないだろうか。すなわち、その条項はいう、闘いのさい、地に落とされたものは、一年間、錠のついた金の腕輪をはめていなければならない、その鍵《かぎ》をもっている貴婦人に会うまでは。かれが奉仕を誓うならば、貴婦人はかれを自由にする、と。

そのほか、侏儒が黄金の木とともに捕えてきた巨人と「秘島の貴婦人」にまつわる事件とか、「この世で最大の女性、ブロンドのかつらの美しい巨人女の奴隷であり、召使いである高貴な騎士」にまつわる事件がしくまれたりしている。いずれの場合でも、騎士の無名性ということは、きちんと守られている。「白い騎士」、「無名の騎士」、「巡礼女の騎士」、これがかれらの自称であり、あるいは物語の英雄として登場したりする、たとえば「白鳥の騎士[*9]」。さもなければ、ランスロット、トリスタン、パラメデス[*10]の紋章を武具につけるのである。

たいていの場合、メランコリーの霧が、しくまれた筋書きをおおいつつんでいる。「涙の泉」にいたっては、その呼称からしてそうだし、小道具の三枚の楯は、白と紫と黒、それに、一面に白い涙滴がちりばめられていたのである。楯にさわるのは、「涙の貴婦人」への同情からであった。

「竜の闘い」が催されたとき、ルネ王は喪をあらわす黒衣に身をつつんでいたという。かれは、たしかにそうしたにちがいない。この催しは、イギリス王妃となった娘マルグリットとの別れにさいしてのことであったのだから。馬も、喪衣をつけて黒く、槍も黒く、陰《いん》鬱《うつ》な黒地の楯には、銀の涙滴がちりばめられていた。なお、「シャルルマーニュの木」の場合にも、楯は黒か紫地、それに金色か黒の涙滴が点々としていた。

いつもいつも同じ陰鬱な調子だったわけではない。飽くことを知らぬ美の友であるルネ王は、別の機会に、「陽気な守備隊」というトーナメントを、ソーミュール城で催している。四十日のあいだ、かれは、「陽気な守備隊」の木造りの城のなかで、かれの妻や娘、それに、やがてかれの後添いに入るジャンヌ・ド・ラヴァルたちと、このお祭り騒ぎにうち興じた。かの女たちのために、この催しは、ひそかに準備されたのである。わざわざ城が作られ、壁画が描かれ、壁掛け《タピスリー》が飾られた。一面、赤と白にぬりわけられていた。「羊飼いの武芸試合」のときには、全員が羊飼いのスタイルに身をこらし、騎士、貴婦人がそれぞれ羊飼い、羊飼い女になって杖《つえ》や風笛をもち、金銀をちりばめたグレイの衣装をつけたのであった。

〔1〕『アスプルモン物語』[*11]に出るふたりの異教徒。

〔2〕ラテラン公会議についで、一二七九年、ニコラウス三世が、ふたたびこの禁令を発している。トーナメントで傷を負い、死にそうになったものに対しては、教会の助けは、まったく与えられなかった。教会は、あきらかに、トーナメントに異教の起源をみてとっていたのだ。

（1）「もともと献身は女性の性であり」の「献身」はむしろ「服従」と訳すべきところである。また、「文学が、女性による愛の表現をほとんど欠いている」という発言にも問題がある。前後の文脈は男たちが作ってきた騎士道文化の紹介である。だからつい売り言葉に買い言葉というわけで、そういってしまったということなのだろうが、いささか失言のそしりをまぬかれない。

（2）正確には『アマディス・ド・ゴール』。一五〇八年スペインで刊行された騎士道物語。十三世紀末のものの焼きなおし版とみられる。一五四〇年フランス語に翻訳された。ブルターニュ物語系のもの。フランス王ペリオンとブルターニュ王女エリゼーヌの子アマディスの、デンマーク王女オリアーヌのための冒険行。

（3）ブルターニュの貴族、一五五八年新教に改宗。軍人としての一生を送り、『覚書』を残した。

（4）ルイジ・プルチの『巨人モルガンテ』は、オルランド（ロラン）と巨人モルガンテの旅を描いた、シャルルマーニュ武勲詩の焼きなおしで一四六六年以降の作、一四八一年に出版された。マッテオ・マリア・ボイアルドの『恋するオルランド』は、一四七六年以降の作で、同じくシャルルマーニュ武勲詩に題材をとり、アーサー王伝説をこれに加味している。ボイアルドは、一四九二年ごろ筆をおき、詩作は完成しなかった。これを書きついだかたちになったのが、ルドヴィコ・アリオストの『怒れるオルランド』であり、これは一五一六年に出版された。

（5）「パリの住人」はポルトガル人の騎士三人がフランス人騎士三人に武芸試合を挑んだことを批評している。どうせ負けるに決まっているのに。トーナメント自体を批判しているのではない。だから次の行に「貴族たちだけは、いぜん」と書いているのはホイジンガの勇み足である。

(6) 十一世紀後半、ブレーメン司教座教会の学校長をつとめた学僧で、『ハンブルク司教座教会事績録』を書く。ややこしい話だが、ブレーメン教会はハンブルク‐ブレーメン大司教管区の教会だった。フランク、ザクセン、バイエルンのドイツ人たちは、東部辺境で接触した民族を、つまりスラヴ人を、広くヴェンド人と呼んでいた。ヴァグリもその一部で、エルベ川下流からバルト海沿岸に住んでいたヴェンド人の一部族であり、ヴァグリ（現在のオルデンブルク）を中心に、その地に定住したが、十二世紀には、完全にドイツ化した。

(7) 短距離競走、幅とび、円盤投げ、槍投げ、最後に、以上四種目に勝ち残った二名によるレスリング競技。

(8) ホイジンガは「パントフェルブーレン」と書いていて、これは直訳すれば「賭け物を失うこと」である。着ているものなどを賭けて遊ぶ遊戯で、英語で「フォアフィーツ」と呼ばれるのと同じである。

(9) 第一回パレスチナ十字軍の一方の将ゴドフロワ・ド・ブイヨンの家系伝説にもとづく武勲詩『白鳥の騎士』（十三世紀初頭）と、これよりすこしあとに作られた『エリオックス、白鳥の騎士の誕生』の主人公エリヤス（ゴドフロワの祖父にあたるとされる）のこと。

(10) トロイ戦争、ギリシア側英雄のひとり。ホメロスは、オデュッセウスに図られて仲間に殺されたと歌っているが、後代の伝説は、かれを賢者とし、灯台、秤、ダイスなどの発明をかれに帰している。

(11) いわゆる「王のジェスト」に属する武勲詩の一。成立年代は、『ロランの歌』よりくだるが、題材の点では、それに先だつシャルルマーニュ伝説を扱っている。この詩に登場するロランは、敵将ヨーモンを倒し、その馬と剣を奪っている。なお「アスプルモン」の呼び名は南イタリアのカラブリアの山地アスプロモンテ（最南端、長靴の爪先）に由来する。そこでシャルルマーニュがイスラム教徒を討ったということになっている。

Ⅵ　騎士団と騎士誓約

けだかい勇気と誠実の夢に生きようとする、この大がかりな遊びは、ただに、戦闘競技という形式だけを用いたのではなかった。これに劣らず重要な、第二の形式に、騎士団があった。

　直接のつながりを証明することはむずかしいにしても、未開民族の慣習にすこしでも通じている人ならばだれでも、すこしも疑わないところであるのだが、およそ騎士団とかトーナメントとかは、さらには騎士叙任式をもふくめて、はるか太古のむかしの宗教慣習に、深く深く根ざしているのである。騎士叙任は、倫理として、社会行事として仕上げをかけられた成人式《イニシエーション》であり、若い戦士への武器の授与である。戦闘遊戯の起源は古く、かつては神聖な意味に満たされていた。騎士団は、これを未開民族の若者組と切りはなして考えることはできない。

　こういったことは、しかし、ここではただ前提として述べたまでである。これを証明し、民族学上のなんらかの仮説を支持しようというのが、この章のねらいではない。発展の頂上に達した騎士道の、理念としての価値を明らかにしようというのである。証明するまでもなかろうではないか、この価値のうちに、なおプリミティヴな部分の残っていることを、いったいだれが否定しようか。

たしかに、騎士団のイメージには、キリスト教に由来する部分がたいへんに多い。だから、これを、教会ないし政治の問題として、純粋に中世的なものの上に基礎をおいていると考えて説明するやりかたは、それはそれなりに、じゅうぶん説得力をもっているのである。ただし、これに類似するプリミティヴなかたちの組織が、かつていたるところに広くみられたということ、騎士団の由来を説明しようとするときには、このことをもあわせ考えてみなければならないということが、人びとの知識となっていないならばのはなしだが。

初期の騎士団、聖地三大騎士団と三スペイン騎士団とは[*1]、イスラムに対する戦いがおどろくべき現実となりつつあった、まさにその時点において、あたかも中世精神を純粋に体現するかのように、修道生活の理想と騎士道理想との結合から生まれでた。そして、しだいに、莫大《ばくだい》な資産を有し、財力ある権力体、巨大な政治的、経済的組織へと成長した。こうなると、その政治的効用が、そのもともとの宗教的性格、また騎士道としての遊びの精神を背景に追いやってしまうことになり、さらには、その政治的効用が、今度は経済的要求の満足によってしりぞけられてしまうことにもなったのである。

テンプル騎士団やヨハネス騎士団が、なお聖地にあって、盛んに活動していたあいだは、騎士道も現実に政治的機能を果たしていたし、騎士団は、いわば身分団体として、重要な意義をもっていた。ところが、十四、五世紀になると、騎士道は高級な生活形式であるにすぎなくなり、それに応じて、新しい騎士団にあっては、それまで内奥に隠されていた高貴な遊びの要素が、ふたたび前景に押しだされてくることになったのである。ただの遊びになってしまった、というのではない。騎士道、騎士団は、つねに、理想としての高い倫理的、政治的志向に満たされている。その理想が幻想であり、夢であり、机上のプラン作りに終わってしまった、というのである。

注目すべき理想家フィリップ・ド・メジエールは、時代の救済は新騎士団の創設にありとみて、これを受難《パッション》騎士団と名づけた。身分を問わず、加入は自由とされた。実際、十字軍時代の大騎士団は、非貴族身分のものの加入を、むしろ利用していたのである。貴族身分は、団長と騎士軍を、聖職者身分は監督とそれを補佐する聖職者たちを供給する。市民が団員に、農民、職人は従者になる。かくて、騎士団は、トルコ征討を大目的にかかげる諸身分の堅い結合体である。

四つの誓約が求められた。うちふたつは、古くから修道士や騎士団員に要求されてきたもの、清貧と服従である。独身の誓約にかえて、フィリップ・ド・メジエールは、結婚生活の貞節を求めている。つまり、結婚を認めようというわけだが、それはきわめて実際的な理由からであって、東方《オリエント》の気候がそれを必要とさせる、とか、そうしたほうが騎士団をより好ましいものにする、とか、かれはいっている。第四の誓約は、それまでの騎士団の知らなかったもので、「最高度の完成《スンマ・ペルフェクティオ》」、すなわち、個人としての完成、ということである。このように、一騎士団の多彩な像のうちに、政治のプラン作りから、救済の志向にいたるまで、あらゆる理想が流れこんでいたのである。

「オルドル」という言葉のなかには、実にさまざまな意味がふくまれている。至高の神聖さから、ごくありきたりのグループ概念まで、聖職者叙品を意味するかと思えば、修道会、騎士団の、さらには社会身分の意味をもっているのである。実際、騎士団の意味でのオルドルという言葉に、なおいくぶんか、宗教価値がふくまれていたということは、この言葉のかわりに、おそらく修道会をさすだけに限定されていたと思われる「レリジョン」という言葉が、騎士団をさすのに使われることもあったという事実からも明らかである。シャトランは、金羊毛騎士団に対し、修道会に対すると同様、「レリジョン」の呼称を用い、それについて語るに、あたかも聖秘儀に接するかの調子をもってしている。オリヴィエ・ド・ラ・マルシュは、あるポルトガル人のことを伝え、「アビスのレリジョンの騎士」と呼んでいる。金羊毛騎士団の宗教的性格を証言しているのは、もったいぶったポローニアスことシャトラン[*2]の、敬虔《けいけん》の心情あふれる身ぶるいだけではない。騎士団の催す全儀式を通じて、教会詣《もう》でとミサとが最重要の地位を占めていた。団員たちは、内陣に座を占めた。死せる団員のための礼拝の儀式も、すべて、教会のなかで執《と》り行なわれたのである。

だから、騎士団員たちが、太い神聖なきずなに結ばれていると感じていたのもふしぎではない。フランス王ジャン二世の星の騎士団の団員たちは、ほかの騎士団に所属している場合には、できるかぎりそれを脱退するよう、義務づけられていた。

ベッドフォード侯がまだ若年のブルゴーニュ侯フィリップ善良侯《ル・ボン》に、ガーター徽章を押しつけようとしたことがあった。かれとイギリスとの結びつきを、さらに固めようとしてのことである。ところが、このブルゴーニュの若者は、これをうければ、こののちずっとイギリス王にしばられることになると考えて、この名誉を丁重に辞退するのに、おおいに苦労したという。[*3]のち、シャルル突進侯《ル・テメレール》が、このガーター徽章をうけたことがあった。シャルルがこれを身につけているときいたルイ十一世は、そのことをもって、ペロンヌの協定の破棄とみなしたという。その協定は、ルイの同意なく、シャルルがイギリスと同盟を結ぶことを禁じていたのである。

外国の団体の徽章はうけないというイギリス人の慣習は、徽章は、それを授ける君侯への忠誠を義務づけるという考えかたの伝統のあらわれとみることができる。

このように、十四、五世紀の君侯サークルは、騎士道の熱っぽい雰囲気《ふんいき》につつまれていたのだが、そのかれらのあいだにも、およそこういった、みごとにかたちのととのえられた新しい騎士団などというものは、世人の目にはむなしいおあそびとしか映っていないのではないかという自覚はたしかにあったのである。さもなければ、騎士団が創設されたのは高遠な目的あればこそであるなどと、どうして、くりかえしくりかえし念を押す必要があったろうか。

けだかき殿、ブルゴーニュのフィリップは、と詩人ミショオ・タイユヴァンは歌っている、金羊毛騎士団を設立された、

もとより、遊びのため気晴らしのためではさらさらない、その目的は、
まずなによりも神への奉讃《ほうさん》、
よき人に、栄光と高きほまれを。

また、ギヨーム・フィラストルは、金羊毛騎士団に関する著述の緒言において、これから、その意義を明らかにするのだと宣言し、これをよめば、騎士団というものが、けっしてなにかむなしいもの、価値すくない仕事ではないということがわかるはずだ、と述べている。殿の御尊父《ごそんぷ》が、とかれはシャルル突進侯に語りかけている、「この騎士団をお作りになられたのは、世上いわれているように、むなしいことではありませんでした」フィリップ善良侯の誇りにかけて、金羊毛騎士団をして第一級の騎士団たらしめんとす

るには、そのかかげる目的を、いやがうえにも高く強調しなければならなかった。それというのも、十四世紀のなかば以後、騎士団の設立は、まさに流行となっていたからである。君侯たるもの、騎士団をもたざるをえず、大貴族たるもの、また、これに劣らじときそってならう、というありさまであった。

たとえば、ブシコーの、みやびの愛を擁護し、しいたげられている女性を守るためという、「緑の楯《たて》の白い貴婦人」騎士団。たとえば、一三五一年に創設された、ジャン二世の「高貴の館《やかた》の聖母」騎士団。これは、ふつう、その徽章から、「星の」騎士団と呼ばれていた。サン・ドニ近郊、サン・トゥーアン[4]にあった「高貴の館」には、「栄誉の卓子《ターブル》」がしつらえてあり、儀典のさいには、もっとも勇敢な三人の君侯、もっとも勇敢な三人の旗騎士、そして、もっとも勇敢な三人の平騎士がそこに着席することになっていた。

また、ピエール・ド・リュジニャン[5]の「剣の」騎士団。この騎士団の団員は、純潔な生活を求められ、ひとつひとつの環《わ》がSの字型の黄金の鎖を、なにか意味ありげなシンボルとして、吊《つ》りさげていた。Sの字型は、沈黙《シランス》の頭文字を意味するのである。

あるいは、サヴォワ伯アメデー六世の「お告げの」騎士団、[6]ルイ・ド・ブルボン[7]の「黄金の楯」騎士団と「あざみ」騎士団、帝冠をねらっていたアンゲラン・ド・クーシー[8]の「逆立《さかだ》ち王冠」騎士団。そして、ルイ・ドルレアンの「やまあらし」騎士団。また、ホラント、エノーを領したバイエルン家の歴代の侯は、「聖アントニウス徽章」をつけていた。

これは、鈴をつけたT字型十字架であって、多くの肖像画に描かれて、わたしたちの注目をひいている。

騎士団に固有の、貴族のクラブとでもいうべき性格は、シュウァーベンの騎士ゲオルク・フォン・エーインゲンの旅行記のよく伝えるところである。かれの訪れるところ、王侯貴顕は、こぞって、かれのために「集会《ゲゼルシャフト》、騎士集会、騎士団集会」を催してくれたというのだが、かれはこれらの集会のことを、ひっくるめて「オルデン」と呼んでいるのである。

騎士団は、ときには、重要な出来事を祝って創設された。たとえば、イギリスの捕虜になっていたルイ・ド・ブルボンが帰還したとき。また、政策的配慮もてつだって、という場合もあった。たとえば、ブルゴーニュ家に向かって針を逆立てている、オルレアン家の「やまあらし」騎士団。

また、ときには、騎士団にあってつねに失われたことのない宗教的性格が、いちじるしく強調された場合もあった。たとえば、フランシュ・コンテ[*9]における「聖ゲオルギウス」騎士団の創立。これは、フィリベール・ド・ミオランが、この聖人の聖遺物を東方からもちかえったときのことであった。

ただ一例しかないといっていいほどまれなのは、たんに相互防衛のための団体として設立される場合である。たとえば、一四一六年に、バール侯領の貴族たちが設立した「猟犬」騎士団。

なぜ、金羊毛騎士団の威勢が、だんぜん他を圧したのか。たずねるまでもない、背後にブルゴーニュの金力があったからである。思うに、この騎士団を飾った、ひときわめだつ豪華さや、たまたまうまいシンボルをみつけたということも、また、これにあずかって力があったのである。

もともと、金羊毛というとき、人びとの頭に浮かぶイメージは、小アジアのコルキス王国にあって、竜に番されていたという伝説のそれであった。それをとりにいったヤソンの物語は、よく知られていた。[*10] フロワサールは、ある田園詩のなかで、羊飼いにこれをものがたらせている。だが、ヤソンは、伝説の英雄としては、いささかいかがわしい人物であった。かれは誓いを破っているのである。したがって、この主題《テーマ》は、ブルゴーニュにとってはおもしろくないことに、フランス王家に対するブルゴーニュ家の政策をあてこするにもってこいのものであった。だから、アラン・シャルチエは歌ったのだ、

神も人も忌みきらうは
嘘《うそ》と裏切り、
だからこそ、ヤソンその人は
勇者の表に名をつらねない、

コルキスの羊毛をとろうとして、
すすんで偽誓した人なのだ。
かっぱらいはかならずばれる。

そこで、学識ゆたかなシャロンの司教、騎士団の尚璽《しょうじ》、ジャン・ジェルマンは、かのギデオンがひろげ、それに天の露をうけたという羊毛のことを[†1]、フィリップ善良侯に想い起こさせたのである。これは、まことにうまい思いつきであった。ギデオンの羊毛こそ、実にはっきりとマリア懐胎を暗示しているシンボルのひとつだったからである。かくて、この旧約聖書の英雄が、異教徒ヤソンを追いだして、金羊毛騎士団の守護聖者となった。だから、ジャック・デュ・クレルクは、主張しているのである、フィリップは、もともとヤソンのほうを選んだのではない、なにしろ、これは誓いを破った人物なのだから、と。シャルル突進侯の頌辞《しょうじ》作家の某にいたっては、金羊毛のことを「ギデオンのしるし」と呼んでいる。だが、年代記家テオドリクス・パウリのように、いぜんとして、「ヤソンの毛皮」のことをうんぬんしている手合いもいたことはいたのである。

騎士団の尚璽としてジャン・ジェルマンのあとをついだ、司教ギヨーム・フィラストルは、前任者を負かすほどの勢いで、聖書のなかから、さらに四つの羊毛をみつけだした。ヤコブのそれ、モアブの王メシャのそれ、ヨブのそれとダヴィデのそれである[†2]。そして、かれは、それぞれに対応する徳を想定し、ヤソンとギデオンのそれをもふくめて、それぞれに一冊ずつの書物を献じようとしたのであった。

あきらかに、それは「やりすぎ」であった。フィラストルは、ヤコブのまだらの羊に、正義のシンボルの役どころをわりあてている。かれは、ただヴルガータ[11]に「羊毛」とある箇所をぜんぶ集めてきて、はなはだ手がるにアレゴリーを操作する、注目すべきお手本を示したのである。かれの思いつきが、その後、一般の反響を呼んだという証跡はみあたらない。

騎士団の慣習について、なおひとつだけみておかなければならないことがある。騎士団の、プリミティヴで神聖な遊びという性格をよく証言しているという点で、それは注目に値するのだ。騎士団は、団員のほかに、なんにんかの職員をかぞえる。尚璽、財務官、書記、そしてまた、そのスタッフに伝令使その他の属官を従える紋章官。

この最後のグループは、とくに、高貴な騎士道の遊びに仕えるという役割の人たちであって、象徴的な名で呼ばれていた。金羊毛騎士団では、紋章官は「金羊毛《トワソン・ドール》」と呼ばれていた。ジャン・ルフェーヴル・ド・サン・レミがそうであったし、また、一五六五年、ネーデルラントの貴族の連盟結成にさいしてその名を知られたニコラ・ド・アーム[12]もまた、そう呼ばれていたのである。

伝令使は、ふつう、その主君の領地の名で呼ばれていた。シャロレー、セーラント、べリー、シシル、オーストリアといったぐあいに。属官の首席は「ひうち石《フュジ》」と呼ばれたが、これは金羊毛騎士団の飾り鎖につけられていた、フィリップ善良侯の標章、ひうち道具にちなんでいる。そのほかの属官たちは、「モンレアル」といったような、ロマンティックなひびきの名前、[*13] あるいは「堅忍不抜《ペルセヴェランス》」といったような、なんらかの徳性をあらわす名前をつけられていた。あるいは、『ばら物語』の比喩《アレゴリー》からかりてきた名前で呼ばれることもあった。たとえば、「つつましき願い」、「甘き想《おも》い」、「変わらぬ求愛」といったぐあいに。

イギリスでは、今日にいたるまで、紋章官「靴下どめ《ガーター》」、「北の王《ノロイ》」がおかれていて、その属官のうちのあるものは「赤い竜《ルージュ・ドラゴン》」と呼ばれている。スコットランドの紋章官は「獅子《ライオン》」の名をもち、その属官には「一角獣《ユニコーン》」などがいる。[*14]

属官たちは、一大祝典のうちに、その名を授けられた。騎士団長が、ぶどう酒をふりかけて、おごそかにかれらを洗礼したのである。かれらは、また、位階の進むにつれて、その名を変えるのであった。

騎士団員に課せられる誓約義務は、個々の騎士が、この、あるいは、あの英雄行為を遂行すると誓う誓約の集約的表現にほかならない。そして、おそらく、この騎士誓約のうちにこそ、騎士道理想は、その基盤をあらわにしている。この理想の、いわば歴史的脈絡が、はっきりと示されているのである。ひとによっては、騎士叙任式、トーナメント、あるいは騎士団をプリミティヴな慣習と結びつけるのは、たんなる思いつきにすぎぬ、と考えるかもしれない。けれども、その人にしてもなお、騎士誓約には、疑う余地のまったくないほどはっきりした野蛮な性格をみないわけにはいかないのである。騎士誓約、これはまさしく「遺風」なのであって、これに類するものは、すでに古代インドの「ヴラタム」、イスラエルの「ナジルびと」[*15]、さらに、より近い時代に直接の脈絡をさぐれば、伝説《サガ》の時代のノルマンの慣習にみられたのである。

とはいえ、ここで考えたいのは、民族学上の問題ではない。この誓約ということが、後期中世の精神生活において、いったいどのような価値をもっていたか、このことこそが問われるべきである。

三様の価値が考えられる。騎士誓約は、信仰、倫理の次元での意義を有し、その点で、聖職者の誓願と同一線上に立っていた。ところが、その内容と目的とがロマンティックかつエロティックな種類のものでもありえたのである。そして、ついには、宮廷での遊びに堕してしまうことにもなった。もはや、そこには、余興としての意義しかみられなかろう。しかし、実際には、これら三様の価値は、分かちがたく共存していたのである。誓約の内容は、けっして一定したものではなかった。あるいは、重大な理想を奉じての至高の献身を誓う声がきかれるかと思えば、勇気、愛、そして国家の利害すらも余興のたねと心得るたぐいの高くつくおあそびを、しらじらしく嘲笑《ちょうしょう》する声も、また、きかれたのである。たしかに、遊びの要素が優勢を占め、騎士誓約は、ほとんど、宮廷祝宴の飾りと化してしまった。けれども、それは、なお、重大きわまる戦争事業、たとえば、エドワード三世のフランス侵入、フィリップ善良侯の十字軍計画などと結びついてもいたのである。

騎士誓約についても、トーナメントと同じことがいえる。武芸試合を飾るでっちあげのロマンティシズムは、わたしたちの目には、どうにも趣味が悪く、古くさいものと映じる。それと同様、「きじの誓い」、「くじゃくの誓い」、「さぎの誓い」といった騎士誓約は、わたしたちの耳には、むなしい嘘《うそ》とひびくのである。けれども、それも、かつてこれらの「誓い」を満たしていた情熱に、わたしたちが気づかないならばのはなしなのだ。

美しい生活の夢なのであった。メディチ家三代の当主、コシモ、ロレンツォ、ジュリアーノといったフィレンツェ人が、祝祭に、生活のいろいろな形態に、その夢を表現したのとなんの変わるところがあろう。ただ、かの地イタリアでは、それは永遠の美のうちに定着されたが、この地では、夢みた人とともに、そのあやしい美しさも、また、消え去ってしまったのである。[*16]

処女を救出し、また、愛する女のために血を流す英雄という幻想の根底にあった禁欲と愛欲との結合、このトーナメント－ロマンティシズムの主要モティーフは、別のかたちで、そして、ほとんどそのものずばりという感じで、騎士誓約にあらわれている。

騎士ド・ラ・トゥール・ランドリは、その娘たちのために書きしるした教訓の書のなかで、かれの若かったころ、ポワトゥーその他の土地にみられたという、貴族身分の相愛の男女の、奇妙な誓約団《オルドル》について語っている。かれらは「浮かれびと《ガロア・エ・ガロワーズ》」[†3]と自称し、「たいへん野蛮な規律」に従っていた。その野蛮さたるや、相当なもので、かれらは、夏には、毛皮と裏つきの頭巾《ずきん》で暖かく身をつつみ、暖炉には火を燃やさなければならず、逆に、冬には、毛皮なしの上着一枚しか身につけなかったのである。どんなに寒くとも、風をふせぐマントのたぐい、帽子、手袋、マッフなどは、いっさい着用を禁止されていた。冬のあいだ、かれらは、床に緑の葉をまきちらし、炉の煙出《けむだ》しは、これを緑の小枝で隠した。ベッドには、ただ、うすい掛けもの一枚をかけるのみであった。[†4]

この、おどろくほど常軌を逸したふるまいは、なにしろあまり奇抜なので、筆者の作りばなしだとはとうてい信じられず、けっきょく、禁欲によって愛の刺激をいやがうえにも強めようとしてのことであったとみるほかはない。この話には不明な点もあり、おそらくひどく誇張されてもいるであろうが、だからといって、これを、話し好きな老人の作りばなしとかたづけてしまうような人は、およそ民族学の知識にうといといわれてもしかたがないであろう。

「浮かれびと」のプリミティヴな性格は、次のような規則によって、なおいっそう強調されていたのである。すなわち、夫たるものは、かれの客人《ガロワーズ》となった浮かれびと《ガロワ》に、かれの家宅と妻とをゆだね、おのれは、その愛人たる浮かれびとのもとに赴《おもむ》かなければならない、と。これに違反するとき、それは、かれにとって大いなる恥辱となった。騎士ド・ラ・トゥール・ランドリによれば、寒さのせいで死んだ団員が、おおぜいいたとのことである。「このような状況で、情痴の果てに死んでいった浮かれびとの手合いが、愛の殉教者であったとは、とても信じられない」

騎士誓約のプリミティヴな性格をあかしている事例は、ほかにもいろいろある。たとえば、ロベール・ダルトワが、イギリス王エドワード三世とその貴族たちに、フランスに対する戦いをおこすにあたって、それぞれ誓いをたてようと呼びかけた、その誓約のことを歌っている詩、『さぎの誓い』。歴史史料としての価値は、ほとんどない。けれども、ここには、あらあらしい自然のままの精神が語りかけていて、まさに、これは、騎士誓約の本質を教えてくれる好例なのである。

祝宴の席上、ソールズベリー伯は、その想わせびと《サ・ダーム》の足もとにひざまずいている。誓いをたてる順番がまわってきた。かれは、一本の指をかれの右の目の上においてくれと、愛する女にたのむ。二本にしましょう、そう答えたかの女は、二本の指で、かれの右の目を押える。「美しい人よ、目はしっかりととじられましたか」と、騎士はたずねた。「ええ、たしかに」。「それでは、こうです」、ソールズベリー伯は語る、「全能の神とそのやさしき御母とにかけて、誓います、どんな悲しい目、苦しい目にあいましょうとも、この目をけっしてひらきますまい、敵地フランスを炎に焼き、王フィリップの軍勢と戦い終わる、そのときまでは」

なるようになれ、ならぬようにはならぬもの。
そこで、心根やさしい娘は、その指をはなした、
目はとじたままだった、ひとはその目でしかとみた。

フロワサールをよめば、この文学主題が、どんなふうに現実に反映されていたかがよくわかる。かれの伝えるところによれば、かれは、一団のイギリス貴族が、フランスで武勲をたてるまでは片目しか使わないとの誓約を守りとおすために、片目を布切れでおおっているのを、実際にその目でみたという。

『さぎの誓い』のなかのジャン・ド・フォークモンの誓約は、野蛮なむかしのあらあらしい気風を、とりわけてよく伝えている。この男は、エドワード王に仕えるためならば、修道院、祭壇もおかまいなし、身持ちの妻も子も、友人も親戚《しんせき》も、みんな捨ててしまおうと誓ったのだ。

ついには、王妃フィリッパ・ド・エノーまでもが、誓いをたてさせてくれと、夫にたのむ騒ぎ。

たしかに、王妃はいった、いなみはしませせぬ、子を孕《はら》んでより

すでに久しく、その子もからだに感じられるほどになりました。
つい、いましがたも、からだのなかで動きました。
それでも、わたしは誓います、わたしを創《つく》られた御神に、
わたしの孕子《はらみご》は、わたしのからだから外へ出ないでしょう、
殿が、かなたの国へ、わたしをお連れくださるまでは、
殿のおたてなされた誓いを果たすために。
出てこずともよいものを、むりにも出ようとするならば、
太き鋼《はがね》の刃《やいば》に、わたしのからだは死ぬでしょう、
わが魂は失《う》せましょう、わが孕子も果てましょう。

神をおそれぬこの誓約に、人びとは、恐ろしさのあまり、言葉を失ったという。詩人は、ただ、こう歌っている、

王は、それをきき、深く深く考えこんだ、
そして、いった、たしかにこれ以上の誓いはよもあるまい、と。

いつの時代でも、毛髪と鬚《ひげ》とは、呪力《じゅりょく》をもつものとされている。中世末期の誓約にお

いても、また、そのことは例外ではなかった。アヴィニョンの法王ベネディクトゥス十三世は、事実上、その地にとじこめられたかたちとなり、それを悲しむしるしとして、ふたたび自由をかちうるまでは、けっして鬚を剃《そ》らないとの誓約をたてている。また、ルメイもこれと同じ内容の誓約をたてて、エフモント伯のために復讐《ふくしゅう》を誓っているのだが、[*17]つまりは、これは、神聖な意義に満ちていたはるかなむかしの慣習の最後の分枝とみてよいのである。[†5]

誓約のねらいは、一般に、誓った行為の遂行を急がせるための刺激として、みずからに節制を課すところにある。そして、この節制は、食事に関係していることが多い。フィリップ・ド・メジエールが、かれの創始した受難騎士団に、団員としてまず最初に加盟をゆるしたあるポーランドの騎士は、それまで九年間というもの、すわって飲み食いしたことがなかったという。

ベルトラン・デュ・ゲクランは、たいそうせっかちにこの種の誓いをたてている。あるイギリスの戦士がかれに挑戦《ちょうせん》したとき、かれはその挑戦者を倒すまでは、聖三位一体《さんみいったい》にかけて、ぶどう酒入りスープ三皿しか食事をとらぬ、と宣言している。また、あるときには、モンコントゥール[*18]を占領するまでは、肉を食わず、衣服をぬがない、と。さらには、また、求めるイギリス勢に出くわすまでは、なにも食べない、とまで。

もとより、この断食誓約の意図が、もとをただせば呪術にあるとは、十四世紀の一貴族のもはや意識するところではなくなっていた。けれども、わたしたちの目からみれば、この呪術という意識の基盤は、たとえば、とくに誓約のしるしとしてさまざまに鎖が使われたということのうちにも、おのずから明らかである。

一四一五年一月一日、ブルボン侯ジャン*19は「無為をさけんと望み、かつはまた、よき名声を博して、われらその召使いたる美しき人の寵《ちょう》をかちえんものと考え」、誓いをたてた。すなわち、向後二年間の毎日曜日、十六人の騎士と従者ともども、左足に、捕虜の足枷《あしかせ》よろしく、騎士は金の、従者は銀の鎖をつけよう、やがて、「死を賭《か》けての」徒歩《かち》の試合に、かれら主従を倒そうと望む十六人の騎士のあらわれるまでは、と。

ジャック・ド・ラランは、一四四五年、アントワープで、シチリアの騎士ジャン・ド・ボニファースという、アラゴンの宮廷から来た「冒険騎士」に出会った。かれは、その左足に、奴隷がつけているような鉄の足枷をつけていたが、それは金の鎖につながれていて、戦いを欲するという意味の標識《アンプリーズ》であったという。

『プチ・ジャン・ド・サントレ物語』に登場する騎士ロワズランクは、腕と足にふたつの金の環《わ》をはめ、それぞれ金の鎖につないでいる。かれをその標識から「解放してくれる」騎士をみつけるまでは、というわけだ。「解放する」とは妙な表現だが、つまり、それが標語なのである。すなわち、「騎士道にのっとって」挑戦しようとするものは、この金の環に触れよ、ただし、生命にかかわる事態となったならば、それをもぎとってくれ、と、これが標語「解放せよ《デリヴレ》」の意味なのだ。

すでに十八世紀のラ・キュルヌ・ド・サント・パレ[20]は、古ゲルマンのカッティ-フランク族[21]に、タキトゥスの報告によれば、同様の慣習のみられたことを指摘している。巡礼の贖罪者《しょくざいしゃ》が、あるいは信仰あつい苦行者が身につける鉄枷もまた、これを、後期中世の騎士たちのしるし《アンプリーズ》と切りはなして考えることはできないのである。

十五世紀の有名なお祭り騒ぎの誓約、なかでも、一四五四年、十字軍発向のための一行事として、フィリップ善良侯がリールの宮廷に催した祝宴にさいしての「きじの誓い」、わたしたちがそれにみいだすものは、ただもう、宮廷ふうに美しく洗練された形式だけである。せっぱつまって誓いをたてる、あるいは、なにか強い感動にうたれてそうするという、ひとの心の習《なら》いが、その力を失ってしまったというのではない。その習いは、心理の深層にしっかりと根づいているのであって、文明や信仰のいかんにしばられることはない。生の装飾にまで高められた慣習、文化形式としての騎士誓約が、ブルゴーニュ宮廷の外見のはなやかさのうちに、その最後の局面を生きたということなのである。

誓約のしかたも、相変わらずのむかしながらの流儀に従っていた。祝宴の席上、テーブルに並べられ、すぐ食べてしまうはずの、たとえば鳥にかけて誓いがたてられるのである。ノルマン人たちも、供犠《くぎ》、祭り、葬儀の宴席で、車座になって酒を飲みながら、誓いをたてあうということをよくやっていた。そのやりかたのひとつに、これから料理するはずの、まだ生きている猪《いのしし》を運びこんできて、それぞれそれに手を触れて誓いをたてるというのがあった。[†6] このやりかたなども、ブルゴーニュ時代になお残っている。たとえばリールの有名な祝宴の席では、猪の役をきじがつとめている。

この席上、誓いは神と聖母マリアとにかけて、想わせびとにかけて、また鳥にかけてなされている。この場合、神さまが誓いの本来の受取先ではなかったと考えても、あながちまちがいとはいえないのではないか。事実、ただ、自分の想わせびとと鳥のみにかけて誓約したものがおおぜいいたという。

誓約の内容も、むかしとほとんど変わっていない。節制の対象の多くは、食事と睡眠である。この席上、ある騎士は誓っている、サラセン勢と戦うまでは、土曜の夜、ベッドには寝ない、加えて、同じ町に続けて二週間以上滞在しない、と。また、あるものは、トルコ皇帝の旗じるしを手にするまでは、金曜日、動物の肉を食べぬ、と。あるものにいたっては、いくつもの苦行の誓約を積み重ねている。よろいかぶとのたぐいはいっさい身につけない、土曜日には酒を飲まぬ、ベッドには寝ない、食事のとき、テーブルにはつかぬ、髪の毛で作られた粗衣を着る、と。これらの誓約行為を、どのようなぐあいに実行するか、そのやりかたまでが、ことこまかにきめられて、書きとめられていたのである。

いったいどこまでまじめだったのか。トルコ遠征にさいしては、右腕には武具をつけないと、フィリップ・ポ卿が誓ったとき、フィリップ善良侯は、書きとめられたその誓約に、こう、つけ加えさせている、「わが君誓願の聖戦の軍に、フィリップ・ポ卿が、腕に武具をつけず供することは、畏《おそ》れおおくも、わが君の御意には召さない。その身分にふさわしく、じゅうぶんな身支度《みじたく》をととのえて供してこそ、満足されよう」。あきらかに、本気だと思われ、危険ではないかと考えられていたのである。俟じしんの誓願にしてからが、その場の感動の高まりを映している。

用心ぶかく条件つきの誓約をたてるものもいたが、そこには本気の意図がよみとれると同時に、それは、美しいみせかけへの要求がそこに満たされていることを示してもいるのである。すでに「フィリッピーヌ遊び」[*22]に近くなってしまったような誓約も、ときにはみられた。この遊戯は、騎士誓約の色あせたかたちのひとつにほかならないのである。[*23]

嘲弄《ちょうろう》の声は、あのすさまじい『さぎの誓い』にさえもきかれる。この詩に描かれた王エドワードは、戦争にあまり乗り気ではない。そこで、ロベール・ダルトワは、王にさぎを献じている。これは、臆病《おくびょう》なことで知られた鳥なのだ。エドワードが誓いをたてたときには、笑わぬものとていなかったという。

ジャン・ド・ボーモン、『さぎの誓い』に登場するかれは、さきに紹介した誓いの言葉に、[*24]女たちのみている前で酒にかけて誓われた誓約を、これは愛欲に発すると、その本性をあばき、たくみに嘲弄しているが、そのかれは、他の伝えによれば、さぎにかけて、まことに皮肉たっぷりに、こう、誓約したという、すなわち、金や物をいちばん多く期待できる主君に仕えようと思う、と。イギリスの諸卿は、これをきいて、おおいに笑ったという[*25]。

　ぎょうぎょうしくも荘重に執《と》り行なわれた「きじの誓い」の集まりの席上、マチュー・デスクーシーによれば、ジュネ・ド・ルブルヴィエットの誓約していうには、遠征に出立するまでに、想わせびとの心をかちうることができなかったならば、東方より帰還のあかつき、だれでもかまわない、二万枚の金貨持参の女、ないし乙女をめとろう、「かの女に異存がなければ」、と。これをきいた一同の表情も、しのばれようというものではないか。けれども、そんなルブルヴィエットもまた、冒険を求めて「一介の楯《たて》もち」として出かけていき、セウタやグラナダでムーア人と戦っているのである。

　このように、倦怠《けんたい》した貴族たちは、かれらじしんの求める理想を、みずから嘲笑《あざわら》う。空想をつくし、技巧をこらし、金の力にものをいわせて、美しい生活という情熱の夢を飾りあげ、多彩にいろどり、肉づきゆたか《プラスティック》に、夢に現実のかたちを与えた。そのとき、かれらは気づくのであった、生活はもともと、そんなに美しくはない、と。そして、笑うのであった。

〔1〕「士師記」六の三六～四〇。

〔2〕「創世記」三〇の三二、「列王紀下」三の四、「ヨブ記」三一の二〇、「詩篇」七一の六〔これ

は、オランダ国定聖書では、七二の六であり、ヴルガータ聖書では「羊毛」とある箇所が、「二番刈りの草」となっている」。（ホイジンガは、ヴルガータ聖書で出典を示している。現在、わが国で出ているプロテスタント系邦訳聖書、いわゆる口語訳聖書でも、問題の箇所は、七二の六にあたり、「かれは刈り取った牧草の上に降る雨のごとく」となっている）

〔3〕この Galois et Galoises という呼称は、gale「遊楽」、galer「遊び楽しむ」という言葉から作られた。だから、意味は、「浮かれ騒ぐ男女」である。

〔4〕デシャンのあるバラッドに、「花の愛の」騎士団に対するものとして、「葉の愛の」騎士団なるいいまわしがみられるが、おそらく、これは、この奇妙な誓約団のことをさしているのであろう。

〔5〕美髪王ハラルド（九世紀から十世紀にかけて実在したとみられる、ノルウェー征服者ハラルド一世）は、ノルウェーを完全に征服するまでは、髪の毛を切らないとの誓いをたてたという。この話は、『美髪王ハラルドのサガ』第四章に出ている。

〔6〕この話は『世界球』[*26]の「オラフ王のサガ」第三五章に出る。

（1）三スペイン騎士団は、イスラム人に対する闘争と巡礼者の保護を目的として、一一五六年から七一年のあいだに創設された、カラトラーバ騎士団、アルカンタラ騎士団、サンティアゴ騎士団のこと。

（2）シェイクスピアの『ハムレット』に登場する、こちこちの重臣。

（3）ホイジンガは「デ・オルデ・ファン・デン・クーセバント・オプドリンヘン」とあいまいな

書き方をしている。「デ・オルデ」は英語の「オーダー」で「騎士団」を指す。延長的用法として「騎士団の徽章」を指すことはない。数行あとには息子のシャルルが「クーセバント」を受けたと書いている。「靴下留め」をもらったということで、これは徽章をいっている。後代いう「ガーター勲章」で、どうもホイジンガにもその連想が働いているようだ。

(4) 現在のパリのすぐ北の郊外の町。メトロでサントゥーアンの駅がある。

(5) ポワトゥーの領主の一族ルジナン（リュジニャン）家がキプロスに立てた王家（イエルサレム王も称する）の王ピエール一世（一三五九～六九）か、その息子で父を継いだピエール二世（一三六九～八二）かのどちらか、いまのところ不明。

(6) 「緑の伯」と、その衣装の好みからあだ名されていたアメデー六世が一三六二年に創設した騎士団は「首飾りの」騎士団であり、これを、のち、一五一八年に、シャルル三世侯（サヴォワは、一四一六年に侯号をとっている）がこの名に改名した。

(7) フランスのヴァロワ王家を興したフィリップ六世の異母妹イザベルがブルボン家のルイ一世に嫁して生んだ息子が同家を継いでルイ二世。これをホイジンガはあっさり「ルイ・ド・ブルボン」と呼んでいる。在位一三五六～一四一〇。フィリップ六世の孫たち、フランス王シャルル五世、アンジュー侯ルイ、ベリー侯ジャン、ブルゴーニュ侯フィリップに伍して十四世紀末のフランス王家の宮廷を騒がせた王族諸侯の一である。

(8) ハプスブルク家オーストリア侯レオポルド一世の娘を母とし、イギリス王エドワード三世の娘を妻とする。スイスのオーストリア家領をねらって兵を興すが失敗（一三七五～七六）、ニコポリスの戦いに参加して捕虜になり、一三九七年トルコで死ぬ。なお、クーシー家は、ランスの北、クーシー城を拠点とする十一世紀からの旧家。

(9) ブルグント。「フランシュ・コンテ」は近世に入ってからの呼称。

(10) ヤソンはテッサリアのヨルクスの王子。国を奪った叔父ペリアスに図られて、コルキス王の金羊皮をとりに出かける、アルゴ号という船にのり、部下をひきつれて。金羊皮は、樫の木にかけられ、日夜、竜に番されていた。コルキス王女メデアに結婚を約し、その助けを得て、冒険に成功。メデアをともなって故郷に帰り、叔父を倒すが、その息に追われ、コリントに赴く。やがてヤソンはメデアを捨て、コリント王女をめとろうとする。メデアは王女を殺し、ヤソンとのあいだにもうけたわが子を殺し、アテネにのがれる、天翔る竜のひく戦車にのって。ホメロスもすでにむかしの話といっている、ギリシア古伝説である。

(11) 中世のラテン語聖書の総称。十六世紀にカトリック教会はこれを校訂して「公用ラテン語聖書」を作った。ホイジンガが注記して「ヴルガータ」にはどうのこうのといっている、その「ヴルガータ」がどちらのか。いまのところ不明。

(12) 注(17)を参照。

(13) ロマンス語系諸国語では、「レアル」は「王の」を意味する。「モンレアル」は、すなわち「王の山」ないし「王の修道院」である。また、ヨンヌ川上流、モルヴァン山地北麓に、この名の有名な教会堂(十二〜十三世紀に建立)がある。ホイジンガの脳裏には、これもあったのかもしれない。

(14) ホイジンガの説明はいささか不正確。イギリス紋章院には三人の紋章官がいて、首席が「ガーター」、その下に、トレント川を境に南を管轄する「クラレンソー」、北を管轄する「ノロイ」がいる。スコットランドの紋章官が「ライオン」で、アイルランドのそれは「アルスター」。

(15)「ヴラタム」はサンスクリットで誓約、掟を意味する。「ナジルびと」は旧約聖書「民数記」第六章参照。ナジルびとの典型例は、「士師記」一三〜一六に出るサムソンである。

(16)「美しい生活の夢」の表現がイタリアでは絵画などの美術作品などに残ったが、北ヨーロッパではむなしく消え去ってしまったといっているのはホイジンガの勇み足である。このことには「イタリアにおけるルネサンス」を過剰に評価しようとするホイジンガの世代の見方が反映している。むしろこのホイジンガの著述に触発されて、この分野でも実証的な研究がはじまったといってよい。

(17)オランダ独立戦争にさいしてのこと。すでに一五六四年以前、オランニェ侯ウィレムを中心に大貴族の連盟が成立していた。エフモント伯はそのひとり。しだいに一般貴族、都市民の動きが活発化し、六六年四月、かれらは乞食の仮装のもとに「宴会」をひらき、スペイン官憲の投げつけた蔑称「乞食たち」（ゴイセン）を、そのまま組織の呼称とした。ルメイ・ファン・デル・マルクもその一員。六月、エフモント伯は、スペインのネーデルラント総督アルバ侯の「血の委員会」の魔手に倒れた。なお、前出（二一六ページ）のニコラ・ド・アームもルメイたちの仲間であり、「一五六五年の連盟結成」といっているのは、同年スパー（現在ベルギー領内）でひらかれた会合のことをさしている。

(18)ブルターニュ半島の北辺、サンブリウーからすこし南に内陸に入る。

(19)ルイ・ド・ブルボンの息子。在位一四一〇〜三四。

(20)『古フランス語歴史的辞典』の編集人。

(21) フランク族は、サリ、リブアリ、カッティに三大別される。カッティはライン川上流を占めて、南のアラマン族に隣接していた。なお、カッティ部族を中心とする群小部族を総称して、上フランクと呼ぶこともある。

(22) 「フィリッピーヌ」は Philippine と書く。もともとドイツ語の Vielliebchen「とても好きな人」が Philippchen のかたちになり、フランス語にはいって Philippine と書くようになった。すももを食べていて双生の核がみつかったならば、その座にいるだれか異性のものに、核のひとつをわたす。その後、はじめて出会ったとき、いちはやく「今日は、フィリッピーヌ」と呼びかけたほうが、相手から贈りものをもらう権利をもつ。この遊びの原型たる騎士誓約が、いったいどんなものであったか、それはわからない。

(23) ここまで「きじの誓い」については、ホイジンガは主としてラ・マルシュ、マチュー・デスクーシー、シャトランから証言を拾っている。

(24) 一九五ページ。

(25) フロワサールの著作集に収録された『ベルン年代記』からとホイジンガは注記している。

(26) 十二世紀から十三世紀にかけてその名を知られたアイスランドのスノリが編纂したノルウェーの古伝説集。美髪王ハラルドから、十二世紀後半期のマグヌス王までのサガをふくんでいる。

Ⅶ　戦争と政治における騎士道理想の意義

むなしい妄想《もうそう》なのだ、騎士の栄光も、モードも、儀式典礼も。きれいごとの、嘘偽《うそ》りだらけのおあそびなのだ。末期中世の真実の歴史は、と、文書類にたより、国家、商工業の発展を跡づける歴史学者はいう、偽りの騎士道ルネサンスなどとは、なんの関係ももたぬ。そんなものは、とうにはげおちかけた古いニスのようなものだ。実際、歴史を作ってきたのは夢みる人びとなんかではない。君侯であれ、貴族、聖職者、市民であれ、つまりは打算にたけ、夢からさめていた政治家であり、商人であったのだ、と。

たしかに、かれらは、夢などみてはいなかったでもあろう。けれども、文化の歴史は、人口や税金の数字ばかりではなく、美によせる夢や高貴な生活という妄想にもまた、関係しているのである。現代の社会を、もっぱら銀行業や商業の発展、政治軍事の面での対立抗争といった角度から研究している人がいるとする。かれは、その仕事を終え、たとえば、こう結論するであろう、わたしは音楽については、ほとんど知るところがなかった、音楽は、あきらかに、現代の文化にとって、大きな意義を有さないのである、と。

中世の歴史が、もっぱら政治経済の史料から描きだされるとき、事態は、ほぼこれと同じである。史料が、研究者の視野を制限するのだ。いや、事態は、いっそう悪いともいえる。というのは、騎士道理想は、たしかに作為がかち、陳腐なものになってしまっていたのではあるが、それでもなお、ひきつづき、末期中世の政治の現実に、ふつう考えられている以上に強い影響を及ぼし続けていたのである。

貴族の生活様式は、たいへん強い魅力をもっていたので、市民も、できるかぎり、これにならおうとつとめている。アルテフェルデ家[*1]の人びとは、真に第三身分の典型と考えられている、市民たることに誇りをもち、誠実をむねとした一族、と。ところが、フィリップ・ファン・アルテフェルデの生活には、まさに王侯貴族を想わせるものがあった。かれは、毎日、食卓に赴くとき、館の前で楽士たちに演奏させ、食事には銀の食器を使った、フランドル伯ででもあるかのように。ブラバント侯、ないし、エノー伯よろしく、深紅色《スカーレット》の衣装、「リスの毛皮《ムニュ・ヴェール》」を身につけた。馬で出かけるときには、王侯をまねて、銀色の帽子を三つかぶった黒貂《くろてん》という一族の紋章を描いた槍旗《ペノン》を先頭になびかせた。これはフロワサールの証言である。

シャルル七世の有能な財務官であった大富豪ジャック・クール、この人以上に近代人といえる人が、十五世紀に、だれかいたであろうか。ところが、この大銀行家は、ジャック・ド・ラランの伝記を信用すればのはなしだが、このエノー出身の英雄の古風な遍歴騎士道に、おおいに身をいれていたという。

おしなべて、近代市民生活の高級な形式は、すべてこれ、貴族の生活様式の模倣から出ている。ナプキンにつつんだパン、またそのナプキン《セルヴィエット》という言葉じたいが、中世の宮廷生活に由来し、同様に、これはまったく市民のならわしと考えられている結婚式での浮かれ騒ぎもまた、もとをただせば、かのリールでのぎょうぎょうしい「余興《アントルメ》」に発しているのである。騎士道理想の文化史的意義を完全に理解しようとするならば、シェイクスピアやモリエールの時代に、近代紳士《ジェントルマン》の像までをも追い求めなければならないのである。

けれども、ここでは、ただ、この理想が末期中世の現実に、どのように作用したかを明らかにすることに問題を限る。いったい、政治とか戦争とかは、実際に、いくぶんかは、騎士道想念に支配されていたのであろうか。しかり。疑う余地はない。ただ、それは短所にはなれ、長所とはならなかったのである。現代の悲劇的過誤のかずかずが、国家主義《ナショナリズム》の妄信と、そしてまた、現代の文化こそ至上の文化とみたがる傲慢《ごうまん》とに由来していると同様、中世の過誤は、一再ならず、騎士道思想を原因としていたのである。

フランスの犯した最悪のあやまちともいうべき新ブルゴーニュ侯国創設という政策は、騎士道を契機とするものではなかったか。騎士道で頭が変になっていた国王ジャンは、ポワチエの戦いのとき、兄のほうは逃げてしまったのに、かれのそばに最後までふみとどまった弟のほうの息子に、一三六三年、ブルゴーニュ侯領を与えたのである。その後、ブルゴーニュは、反フランス政策をとるようになったが、そのことも、モントローの復讐《ふくしゅう》、騎士道名誉の防衛ということで、世人の目には当然のことと映じていたのである。

もちろん、わたしは承知している、復讐だの、名誉の防衛だのということは、よく計算された、将来をみとおした政策のあらわれと説明することもできる。けれども、この説明も、一三六三年の事件に、当時の人びとの目が描いた、騎士たるものの勇気、王侯これにむくいる、との価値あるイメージを否定するものではない。急速に成長したブルゴーニュ国家は、たしかに、政治的熟慮と冷静な計算の積み重ねの上に建てられた建造物であった。けれども、ブルゴーニュ理念《イデー》とでも呼ばるべきものは、つねに、騎士道理想の衣《ころも》を身にまとっていた。歴代のブルゴーニュ侯のあだ名は、無怖侯《サン・プール》にしろ、豪勇侯《ル・アルディ》にしろ、三代目のフィリップが善良侯《ル・ボン》と呼ばれるようになるまで、そうあだなされていたという「だれが恥じようが」というのにしろ[*2]、すべてこれ、宮廷文士たちがひねりだしたものであって、その意図は、騎士道理想の光輝のうちに、かれらの主君をおこうとするにあったのだ。

この時代の政治には、騎士道理想と分かちがたく結びつくひとつの遠大な志があった。十字軍であり、イエルサレムである。イエルサレム、それは、当時なお、ヨーロッパのすべての君侯の心中に、至高の政治理念として存し、かれらをくりかえしくりかえし行動へとかりたてたある想念の、象徴的な呼び名であったのだ。現実政治の利害関係と政治の理念とのあいだには、おどろくべき対照がみられたのであった。

十四、五世紀のキリスト教世界は、緊急を要する東方問題をかかえこんでいた。すでにトルコは、一三七八年、アドリアノープルを占領し、一三八九年にはセルビア王国を滅ぼしていた。バルカン半島に危機がせまっていた。これを撃退しなければならなかった。ところが、これに対するヨーロッパ側の、なんとしてでも固めておく必要のあった対策は、いぜん、十字軍理念の制約から解かれてはいなかったのである。トルコ問題は、父祖代々、ついになしとげえなかった聖なる大事業、イエルサレムの解放という課題にふくまれる第二義的な問題としか考えられなかったのであった。

イエルサレムの解放というとき、騎士道理想は前面に押しだされる。そのとき、騎士道理想は、当然、強烈な力を発揮しえたのである。なぜといって、騎士道理想は、宗教の次元に立つものであって、それゆえにこそ、このイエルサレム解放という思想に大いなる約束の成就《じょうじゅ》をみたのであり、かくて、イエルサレム解放は、神聖にして高貴なる騎士の仕事にほかならないと考えられたのである。

宗教理想としての騎士道理想が、東方政策の決定に大きくはたらいたということ、まさにそのことからして、対トルコ戦の成果のみじめさが、かなりの程度まで説明されうるのである。遠征には、なによりもまず、正確な計算と忍耐づよい準備とが必要とされるというのに、実際には、ひじょうに緊張した精神状況のもとに計画され、実行にうつされた。こんなことでは、達成可能なことの冷静沈着な思慮判断など望むべくもない。いわば、計画全体のロマンティックな仕立てあげであって、かくて、これは、机上の空論に終わるか、致命的な失敗をまねくか、そのどちらかに結果する。

一三九六年、ニコポリスでの破局は、いかに必要な遠征とはいえ、好戦的な恐るべき敵に対するに、かつて、ほんのひとにぎりのあわれな異教徒を殺しに、プロイセンやリトアニアに出かけていった粗野な騎士たちのようなやりかたをもってするということの危険さかげんを、よく示したのであった。

十字軍計画を立案したのは、どんな連中であったか。その生涯《しょうがい》をこのことにささげたフィリップ・ド・メジエールのような夢想家たち。そして、空想好きの政治家たち。たとえば、狡猾《こうかつ》な打算の才をもちながらも、フィリップ善良侯は、そのひとりであった。

この時代、なお、王にして、イエルサレムの解放を生涯の仕事と考えぬものはいなかったのである。一四二二年、イギリスのヘンリー五世は、死の床についていた。このルーアンとパリの征服者[*3]は、フランスを悲嘆の底につきおとした征服行なかばにして、まだ若い生命を失うことになったのである。医者たちは、もはや二時間とは生きられまい、とかれに告げた。聴罪司祭をはじめ聖職者たちがあらわれて、七つの悔悛《かいしゅん》詩篇をうたいはじめた。「あなたのみこころにしたがってシオンに恵《めぐ》みを施《ほどこ》し、エルサレムの城壁《じょうへき》を築《きず》きなおしてください」[†1]、ここまでうたいすすめられたとき、王は読誦《どくじゅ》を押しとどめ、はっきりとした声でこういったという、フランスに平和をもたらしたあかつきには、イエルサレム征服に赴《おもむ》く決心であった、「それだけの生命をながらえることが、つくり主《ぬし》御神の思召《おぼしめ》しにかなうことであるならば」。そういい終えた王は、詩篇読誦を続けさせ、終わるとまもなく息をひきとった。このことはモンストルレやピエール・ド・フェナンが証言している。

十字軍は、すでに久しく、特別税をとりたてるためのいい口実にもなっていた。フィリップ善良侯もまた、この機会を盛んに利用している。所有欲に発する偽善ということになろうが、ただ、そういいきってしまうことは、かれの場合、おおいにためらわれる。むしろ、本気と名誉欲とが混在しているのだ。トルコ征伐という、きわめて有益で、同時にまた騎士道に徹した計画をたてることによって、キリスト教世界の救済者としての栄誉を自分のものにし、かくすることによって、上級身分者たるフランスおよびイギリスの国王にまさろうとしたのである。「トルコ遠征」は、けっして場に出されることのない切り札にとどまった。シャトランは、これは嘘《うそ》ではないと、侯が本気だったことを強調している。そしていうには、本気ではあったのだが、めんどうな障害が多すぎた。まだ機が熟してはいなかった。長老たちは、首をふり、殿みずから、その老齢をおして、かかる危険な遠征を試みられ、侯国と侯家の血筋とを危険にさらされることに難色を示した、うんぬんと。すでに、法王からは十字軍旗がおくられ、これをうやうやしく拝受したフィリップ侯は、それを押したてて、ハーグの町に、ものものしい祭列を組んだ。リールでの祝宴の席上、そしてそののちにも、遠征の誓約は、ぞくぞくと集まった。ジョフロワ・ド・トワジはシリアの港を調査し、トゥールネの司教ジャン・シュヴロは献金を管理し、ギヨーム・フィラストルにいたっては、もうすっかり旅装をととのえ、遠征用の船もすでに徴発されていた。

人びとは、せっせと用意をしていた。ところが、けっきょく遠征は行なわれないだろうとの漠《ばく》たる予感が、一般にひろまっていたのである。リールでの侯じしんの誓約にしてからが、はなはだ用心ぶかいものであったのだ、すなわち、御神より支配をゆだねられた国々が、平和なやすらぎのうちにあるならば、出発しよう、と。[*4]

念入りに準備され、鳴り物入りで宣伝されながら、そのくせぜんぜん実行されず、されてもほんのかたちだけ、というような遠征計画が、この時代、しばしばみられたが、十字軍理想のことはともかくとして、これらはもう、政治的はったりの大法螺《おおぼら》として流行したのだ、としか思えないのである。たとえば、一三八三年、フランドルに対するイギリスの十字軍。まさに進発せんとする態勢のどうどうたる艦隊をスロイスの港に並べた、一三八七年、イギリスに対するフィリップ豪勇侯の遠征軍。あるいは、一三九一年、イタリアへのシャルル六世の遠征軍。

騎士道をうたいながら、その実、政治的宣伝をもかねたつくりごとの、たいへん特殊な例として、しょっちゅう予告されながら、いっこうに実現されたことのない王侯の決闘というのがあった。これは、以前、別の機会に論じたところであるが、十五世紀における国家間の抗争は、当時なお、党派の争い、個人的な「苦情の訴え《ケレル》」と了解されていたのである。守るべきは「ブルゴーニュ人の立場《ケレル》」であった。してみれば、その言い分《ケレル》を通すべく、王侯みずから剣をとって戦うというのは、このうえなく自然なことではないか。今日でさえ、車中の放談に、そんなことを口ばしる政治家がいないでもないのだ。

実際、このような解決法は、プリミティヴな正義感情を満足させ、同時に騎士道幻想にもよくなじむものであったから、しばしば提起されたのである。けれども、いかに周到に王侯たちの決闘のことが準備されたかを当時の記録によむとき、わたしたちは、つい疑念にとらわれて首をかしげてしまうのだ、これは、ただ、熱心なふりをしてみせている、こぎれいな遊びなのか。つまりは、ここにもまた、美しい生活を求める願いをみてよいのか。それとも、挑戦《ちょうせん》した王侯たちは、実際に闘いを予期し、期待していたのか、と。だが、当時の歴史家たちは、闘い好きの王侯同様、このことを大まじめに考えていたのであって、これはたしかなことである。

一二八三年、ボルドーでは、シャルル・ダンジューとアラゴン王ペドロとの決闘のことが、用意万端ととのえられていた。[*5] 一三八三年、イギリスのリチャード二世は、その叔父《おじ》ジョン・オブ・ランカスターに命じて、フランス王シャルル六世との和平交渉にあたらせたが、そのさい、和議を成立せしめるにもっとも好ましい手段として、両国王の決闘、もしくは、リチャードとその三人の叔父に対するに、シャルルとその三人の叔父との決闘を提案させている。*6

　モンストルレは、その年代記の冒頭に大きなスペースをさき、ルイ・ドルレアンがイギリス王ヘンリー四世に挑戦したことの次第を述べている。同じくモンストルレによれば、一四二五年、ハンフリー・オブ・グロスター*7が、フィリップ善良侯に挑戦されているが、実に、このブルゴーニュ侯フィリップこそ、富の力にものをいわせ、はで好みを発揮して、このはなばなしい課題をみごとにこなすのに、うってつけの人物であったのだ。

　このときの挑戦の動機については、はっきりと、こう記録されている、「深く心にかける民衆の破滅と、キリスト教徒の血の流出とを防ぐために」わたしフィリップは望むのだ、「戦争によってことの運ばれることなく、即座に、わたし一身の犠牲において、いさかい《ケレル》に決着のつけられることを。もしや戦争ともなれば、あなたの軍隊、わたしの軍隊ともども、多くの貴人その他の人びとが、悲惨な最期をとげることになるのだから」、と。

　決闘のための支度《したく》は、用意万端ととのえられていた。侯が身につける高価な甲冑《かっちゅう》、壮麗な衣服をはじめ、テント、旗指物《はたさしもの》のたぐい、伝令使、紋章官属官たちの着る陣羽織、すべてがわざわざ作られた。すべてに、侯領の紋章、ひうち道具と聖アンドレ十字架の文様がちりばめられていた。フィリップ侯は、とピエール・ド・フェナンは報じている、トレーニングに明け暮れていた、「口は節制をむねとし、やる気を失わないようにとおおいにつとめて」。かれは、毎日、エダン*8の館《やかた》の庭園で、その道のエキスパートたちを指南役《しなんやく》として、腕をみがいた。

こういった準備のために費やされた費用は、ちゃんと勘定書に残っている。そして、この機会に作られた高価なテントは、一四六〇年になってもまだ、リールの町にいけばみられたという。だが、決闘はついに行なわれなかったのである。

さすがの侯も、以後、身をつつしんだであろうか。とんでもない。のち、ルクセンブルク侯領をめぐって、ザクセン侯と問題をおこしたかれは、またまた決闘を挑《いど》んでいる。リールの祝宴の席上、かれは、齢《よわい》六十の老いの身で、十字軍誓約を行ない、トルコ皇帝と一対一で勝負する用意がある、もし相手方が望むならば、と宣言している。マテオ・バンデロの伝える話[*9]にも、フィリップ善良侯の頑固《がんこ》なまでの決闘熱がこだましている。刺客としてかれのところに派遣された某貴族と作法どおり闘うのだとがんばるかれを思いとどまらせるのに、みんな、どんなにたいへんな苦労をしたことか、というのである。

こういったならわしは、イタリア・ルネサンスの盛時にあっても、なお盛んであった。フランチェスコ・ゴンザガが、チェーザレ・ボルジアに挑戦したのも、この恐れられ憎まれていたチェーザレの暴政から、剣と短刀をもって、イタリアを解放しようとしてのことであった。フランス王ルイ十二世の仲裁が、決闘に先んじた。感動的な和解が、事件にけりをつけた。

皇帝カール五世さえもが、フランス王フランソワ一世に対し、二度にわたって、正式に挑戦しているのである。両国王の決闘で両国間の争いの決着をつけようというわけで、一度は、フランソワ一世が捕囚の身を解かれて帰国したのち、カール五世にいわせれば、約束をたがえたときのこと、一度は一五三六年のことであった。一六七四年、プファルツのカール・ルートウィヒが、ルイ十四世に対してでこそなかったが、テュレンヌに対して発した挑戦も、また、以上の諸例と同一線上に立つものであった。[*10]

王侯同士ではなかったが、それに準ずるものとして、実際に闘われた決闘の例は、一三九七年、現在のブール・ジャン・ブレスでみられたそれである。この地で、当時有名な騎士であり、詩人としても知られた大貴族オットン・ド・グランソンは、「赤い伯」サヴォワ伯アメデー七世殺害の共犯の疑いをかけられ、騎士ジェラール・デスタヴァイエの手にかかって倒れたのである。ジェラールは、ヴォー地方の町々を代表するものとして闘ったのであった。この事件は、たいへんなセンセーションをまきおこしたという。[*11]

法定のそれにせよ、私的なそれにせよ、決闘は、ブルゴーニュ地方や、けんか好きな北フランスの人びとの生活慣習になお生きていて、ものの考えかたを強く規制していたのである。身分の高下を問わず、人びとは決闘を重んじ、これを至上命令と考えていた。だが、このような考えかたは、実は、ほんらい騎士道理想からまっすぐに出てきたものではなかった。その起源は、はるかに古い。

騎士道文化は、ただ、ある流行の型を、決闘ということに与えただけであって、だいいち、貴族サークル以外でも、決闘は重んじられていたのである。貴族ではないもの同士が闘う場合には、この時代の野蛮の相がむきだしにあらわれる。だから、貴族たちは、自分たち仲間うちの作法に直接かかわりあいのないこの見世物を、いわば二重に楽しんだのである。

　この点に関して注目すべき実例は、一四五五年、ヴァランシエンヌのふたりの市民のあいだに闘われた法定の決闘であって、貴族や年代記家たちは、この事件におどろくほどの関心を示したのであった。まったく、それはめずらしい事件であった。ここ百年間、かつてみられなかったほどの出来事であった。

　ヴァランシエンヌの市民たちは、是が非でも、この決闘を実行させたがっていた。これには、ある古くからの特権の存廃がかかっていたからである。ところが、フィリップ善良侯のドイツ滞在中、その留守をあずかる立場にあったシャロレー伯、のちのシャルル突進侯《ル・テメレール》は、これを望まず、ひと月またひと月と、判決の執行をひきのばしていたのである。その間、当事者双方、ジャコタン・プルヴィエおよびマウオーは、高価な闘鶏よろしく拘禁されていた。

　やがて、老侯は、皇帝訪問の旅から帰り、決闘は行なわれるべしとの裁定をくだした。しかも、フィリップは、なんとしてでも、この決闘を自分の目でみようと望み、ただそれだけのために、ブリュージュからルーヴァンへの道をヴァランシエンヌ経由にとったのであった。

シャトラン、ラ・マルシュといった騎士道心酔者たちは、騎士や貴族のお祭り騒ぎの武芸試合《パ・ダルム》を叙するにあたっては、想像力を盛んに発揮しながらも、ついにその実相《リアリティ》を描きだすことができなかったのであるが、この決闘のことを叙するかれらは、現実を鋭くみすえた画面を描きだすことに成功している。金や赤のざくろ石模様の華麗なマントの下から、シャトランの出自、粗野なフランドル人が、顔をのぞかせている。

この「いと美しき儀式」のどんな細部をも、シャトランの視線はみのがさない。決闘場の境の木柵《もくさく》や、そのまわりに設けられた座席についても、詳細に書いている。あわれな犠牲者たちそれぞれには、指南役がついていた。訴人たるジャコタンが、まず最初に柵のなかにはいった。髪を短く刈りつめて、無帽、顔面蒼白《そうはく》。コルドバ産の一枚皮で作られた衣服に全身縫いこまれているといったかんじで、その下にはなにもつけていなかった。

ふたりの闘技者は、格子《こうし》づくりのうしろにすわっている老侯に、うやうやしくひざまずいて挨拶《あいさつ》したのち、黒布におおわれた椅子《いす》に、向かいあわせに腰をおろして控えていた。まわりにいならぶ貴族たちは、声を低めて勝負のなりゆきについて話しあっていた。シャトランの目は、なにひとつみおとしていない。聖書に接吻《せっぷん》したときのマウオーの顔色は、死人のように蒼《あお》ざめていたという。

やがて、ふたりの従僕《じゅうぼく》がやってきて、闘技者たちの首すじやくるぶしに、あぶらをすりこんだ。ジャコタンは、皮の服にもそれをぬらせたが、マウオーは、そうしなかった。このまじないは、どちらに幸いするだろうか。手には灰をこすりつけ、口には砂糖をほおばった。棍棒《こんぼう》と楯《たて》が手渡された。楯には、聖者像が描かれていて、かれらはそれに接吻した。かれらは、尖《とが》ったほうを上にして、つまりさかさまに楯を構えていた。手には、「信心の小旗」、つまり、信仰の言葉を記した細長いきれをもっていた。

闘いがはじまると、いきなり、小柄なマウオーは、楯の尖ったほうの先で砂をすくい、ジャコタンの目めがけてあびせかけた。しばらくは、ものすごい棍棒のなぐりあいが続いた。ついに、マウオーが倒された。ジャコタンは、倒れたマウオーにとびかかり、口といわず目といわず、顔じゅうに砂をすりこんだ。マウオーは、相手の指の一本にかみついた。これをもぎはなそうと、ジャコタンは、マウオーの眼窩《がんか》に親指をつっこんだ。そして、ゆるしてくれとの叫び声には耳もかさず、マウオーの後手《うしろで》をとって、背中にとびのり、背骨をへし折ろうとした。

息もたえだえのマウオーは、懺悔《ざんげ》させてくれとむなしく泣き叫び、さらに、「ブルゴーニュの殿」と呼びかけて、こういったという、「おお、殿、わたしは、あなたさまのガンの戦いに、ずいぶんお仕え申しました。おお、殿、お願いです、お慈悲を。命は助けてください」

ここで、シャトランの報告は中絶している。かれの年代記には、このさき二、三葉分が欠落しているのだ。他の史料の伝えるところによれば、半死半生のマウォーは、刑吏の手で絞首されたとのことである。

いったい、シャトランは、おおいに熱をいれて、この無惨な光景を叙したあとに、高貴な騎士道にのっとった考察を加えて、しめくくりとしたのであろうか。ともかく、ラ・マルシュは、そうしている。かれはいう、観戦し終わった貴族たちの心を、恥の感情がとらえた、と。だからこそ、と、この度《ど》し難《がた》い宮廷詩人はいう、神は、続けて騎士の決闘を行なわせたまい、それはめでたく無事に終了したのだ、と。

騎士道精神と現実との衝突は、本当の戦争のさなかに、騎士道理想が自己主張しようとするとき、もっともきわだったかたちであらわれる。騎士道理想は、たしかに、戦闘意欲にかたちと力とを与えたかもしれない。けれども、一般に、作戦の遂行にあたっては、じゃまになるものではあっても、役にたつものではなかった。作戦上の要請が、美しく生きたいと願う気持の犠牲になったからである。

最上の指揮官たちさえも、もちろん国王までもが、しばしば、ロマンティックな冒険を求めて、あえて危険に身をさらすのであった。エドワード三世は、スペイン船の護衛艦隊に無謀きわまる襲撃をしかけて、あやうく生命をおとすところだった。

ジャン二世の星の騎士団の騎士たちは、戦闘のさい、けっして四「アルパン」[*12]以上は退却しない、と誓わなければならなかった。残された道は、死ぬか、捕虜になるか、どちらかひとつという次第。かくて、この奇抜なルールのために、フロワサールによれば、さっそく九十人あまりの騎士が、生命をおとすことになったのである。
イギリスのヘンリー五世が、アザンクールの戦いをまえにして、フランス勢を求めて進軍していたときのことである。ある夜、かれは、軍の補給係がその夜の宿営地と定めていた村を、うっかりして通り過ぎてしまった。ところで、「ほめたとうべき名誉の礼式をよく守りえた第一のもの」たる王は、つい先ごろ、偵察《ていさつ》に出る騎士は軍衣をぬいでいかなければならない、なんとなれば、そうすれば、帰還にさいして、軍装をととのえた姿で退却するというたいへんな恥をかかなくてすむからだ、との布告を出したばかりであった。いまや、かれじしんが、軍衣をつけたまま、前進しすぎてしまったのである。ひきかえすわけにはいかない。かくて、かれは、その地点で夜を過ごした。それ相応に、前衛隊は、さらに前に進んだのである。[*13]
一三八二年のこと、フランス軍の大がかりなフランドル侵入作戦評定の席においても、終始一貫、騎士気質《かたぎ》が軍学にさからっている。フロワサールによれば、敵方の意表をつく回り道をとって侵入しようと説く総司令官オリヴィエ・ド・クリッソンやクーシーの城主アンゲランに言葉を返し、人びとの主張するには、「もしも正面の道をとらないならば、われらが正しき戦士であることを示さないことになろう」、と。
同じようなことは、一四〇四年、フランス軍が、イギリスはダートマス近くの海岸に上陸しようとしたときにもみられた。これは、サン・ドニの修道士の伝える話である。ある指揮官、ギヨーム・デュ・シャテルは、側面からイギリス勢を襲おうとした。というのも、イギリス勢は、海岸線に濠《ほり》をしつらえて守りを固めていたからである。ところが、ここに、ジャイイ卿は、防ぎ手のイギリス勢を土百姓の群れと呼び、このような敵をさけるなど、まったく恥ずかしいことではないかといい、恐れるな、とデュ・シャテルをはげましたのである。この言葉は、デュ・シャテルの骨身にこたえた。「恐れるなどということは、ブルターニュ人のけだかき心のあずかりしらぬところである。されば、よろしい、すでに勝利はおぼつかず、死を予見してのことではあるが、必死の運をためすとしよう」。続けて、かれは、けっして命乞《いのちご》いはしないとの誓いをたて、そして出撃して殺された。かれの部下たちもまた、無惨にも全滅したのである。

フランドル遠征にさいしては、前衛につこうとの押すな押すなの騒ぎが、しょっちゅうみられたという。ある騎士などは、後衛にまわされたことを根にもって、頑固に反抗し続けた、とフロワサールは伝えている。

騎士道理想が戦争に適用されたことを示すもっともはっきりしたケースは、いわゆる貴族の闘い、すなわち、あらかじめの約束に従って、ふたりの戦士、ないし同数のグループの決闘で勝敗を決するやりかたである。その典型例は、一三五一年、ブルターニュのプロエルメル[*14]で、ボーマノワールの率いる三十人のフランス勢と、イギリス、ドイツ、そしてブルターニュ人からなる連合グループとのあいだに闘われた、かの有名な「三十人の闘い」。フロワサールは、これをたいへんすばらしい闘いとみているが、それでも最後にこうつけ加えることを忘れてはいない、「あるものは、これを勇気のあかしとみ、またあるものは、これを蛮勇、不遜《ふそん》のあらわれとみた」

一三八六年のこと、ギイ・ド・ラ・トレモイユとイギリス貴族ピエール・ド・クールトネーとは、イギリス人とフランス人、そのどちらがすぐれているかを賭《か》けて決闘を行なうはずであった。ところが、幼少のフランス王の後見役をつとめるブルゴーニュ、ベリー両侯はこれを禁止し、最後の土壇場《どたんば》で決闘は中止させられたのである。

このような無益な勇気の誇示は、また、かの『ル・ジュヴァンセル』、すなわちジャン・ド・ブイユのきらうところでもあった。この人物にあっては、すでに紹介したように、騎士が傭兵《ようへい》隊長にその席をゆずりわたしているのであるが、伝記の筆者はこんな話を伝えている。

ベッドフォード侯が、十二人対十二人の決闘をフランス軍に申し入れたとき、フランス側の指揮官たるかれの答えていうには、「敵の煽動《せんどう》にはのるな、とよくいうではないか。われらは、敵をその拠《よ》るところから追い払うべく、ここにこうしているのだ。それだけで手一杯」。かくて、挑戦はしりぞけられた。

また、他の箇所で、伝記筆者の伝えるところによれば、ジャン・ド・ブイユは、あるとき、部下のひとりがこの種の決闘をしようとするのを禁じ、こういったという、「こういったことには、絶対に許可を与えない。これは、禁止されていることである。この種の決闘をしたがるものは、すなわち、無価値同然のむなしい栄光をおのれのものにしようと望み、他人からなにかを、つまりその人の名誉をかすめとろうとするものである。しかも、そのために、そのものは、国王と公共のための奉仕を捨ててかえりみないことになる」。伝記筆者は、この言を、伝記の終りに近く、ふたたびくりかえさせている。

この言には、新しい時代のひびきがきかれるようだ。けれども、最前線のもの同士の決闘という習慣は、中世を過ぎてもなお、なくならなかったのである。イタリア戦争にさいしては、一五〇三年、バーレッタの町にみられた、フランス勢、イタリア勢十三人ずつによる、著名な「バーレッタの挑戦」。また、一五〇一年には、バヤールの率いるフランス方、ソトマヨールの率いるスペイン方、それぞれ十一人の騎士による闘い。八十年戦争、すなわちオランダ自由戦争にさいしては、一六〇〇年、フフトの荒野での、ブローテ対レッケルベーチェの対決。[*15] また、一五九一年、デフェンテル前方で、ローデウァイク・ファン・デ・ケトゥレが大兵のアルバニア騎兵を相手にした決闘。

戦争の利害とかけひきとが、騎士道ふうのものの考えかたを、おおかた背景に押しやることになるのであった。野戦も、また、正々堂々と協定しあったうえでの、権利のための決闘のひとつのかたちにほかならないと説く声が、なお、しばしばきかれはする。だが、戦術の要求のまえには、その声に耳をかたむけるものはほとんどいない。

エンリケ・デ・トラスタマラ、のちのカスティラ王エンリケ二世は、是が非でも、ひろびろとした平地で敵にあいまみえんというわけで、すすんで有利な位置を放棄し、かくて、一三六七年、イギリスのエドワード黒太子相手のナヘラの戦いを失っている。一三三三年のこと、あるイギリス人の部隊がスコットランド軍に提案していうには、おたがい、いま占めている地形を捨てて平野に出ていこうではないか、そこでひと合戦しよう、と。カレーの町を救おうとしたフランス軍が、どうしてもイギリスの包囲陣を抜けなかったときのことである。フランス王は、イギリス軍に対し、どこか合戦の場所をきめようと、丁重に申し入れている。[*16] シャルル・ダンジューは、「ローマ人の王」ウィレム・ファン・ホラント[*17]に、こう知らせている。

伯は、自身、部下を率いて、
ところはアッス近くの荒野に、
三日のあいだ、王の一党を待とう。[†2]

エノー伯ウィレムとなると、もっと極端だ。フランス王に提案していうには、三日のあいだ戦闘を停止しよう、そのあいだに橋をかけようではないか、そうすれば、たがいにその橋をゆききして、戦うことができようではないか、と。これはフロワサールの伝える話である。

以上、どの例にあっても、騎士道好みの申し出は、すべてはねつけられている。作戦のかけひきが、つねに優位に立っていた。フィリップ善良侯にしてからが、身をもって示している。騎士たるものの名誉にかけて、むずかしい戦いをやりとげなければならないという場合には、かれとてもためらいはしない。かれは、あるとき、一日に三度も挑戦をうけたが、けっしてそれに応じようとはしなかったという。

たしかに、騎士道理想は、現実の利害に道をゆずらねばならなかった。けれども、機会あるごとに、戦争を美しく飾るということはまだできたのである。いろどりゆたかにきらびやかな戦いの装飾、これが心をたかぶらせ、心を酔わせる、そういうことがなくなってしまったわけではなかった。

アザンクールの戦いの前夜、暗闇《くらやみ》に対峙《たいじ》した両軍は、それぞれトランペットやトロンボーンなどを吹き鳴らして味方の志気を鼓舞していたという。そして、フランス側の奏楽は「楽しむには」じゅうぶんとはいえなかった、と大まじめに抗議されているのである。*18

十五世紀の末葉、東方伝来の大太鼓をもつ傭兵が姿をあらわした。きくものの眠気《ねむけ》を誘う、とうてい音楽とはいえないような物音を出すこの楽器は、実にぴったりと、騎士の時代から近代式軍隊の時代への移りゆきを示している。太鼓は、戦争の機械化をうながした要因のひとつなのである。

一四〇〇年ごろには、評判と名誉とをかけての一対一の決闘を、はれやかに、みぶりみごとに誘いかけるふうがなお一般であって、それはまるで遊びに近く、かぶとの飾り、紋章、旗じるし、名告《なの》りの声と、戦いは、なお、集団の戦いではなく、個人の闘いの性格を示し、スポーツの要素を強くおびていたのである。ひねもす耳にひびく、色とりどりの貴族たちの叫び声は、あたかも自負心のはりあいっこかともきかれた。戦いのあとさきの騎士叙任式や進級式が、この遊びをいわば封印する。遊びの儀式なのだ。たとえば、平騎士が旗騎士に進級するにあたっては、かれの槍旗《ペノン》の尖《とが》った端を截《た》ち落とす。

シャルル突進侯の有名なノイスの陣は、それこそ宮廷ふうに華美をこらしてしつらえられていた。「気晴らしに」、天幕を城のかたちに張らせたものもいたという。まわりには回廊をめぐらし、庭園までも作らせて。

戦いの記録は、騎士道ふうの理解のしかたを枠組みとしなければならなかった。これは会戦、あれは遭遇戦と、技術的根拠にもとづいて区別しなければ気がすまなかったのである。というのも、けっきょくは、どんな戦闘も、栄誉の記録簿にしっかりとその位置を占め、その名称を記入される必要があったからである。

そういうわけで、モンストルレはいう、「かくて、この日から、この事件は、モン・サン・ヴィムーの遭遇戦と呼ばれるようになった。会戦とは呼ばれなかったのである。というのは、両軍は、まったく偶然に遭遇したのであり、また、軍旗の一本だに押したてられはしなかったからである」

イギリス王ヘンリー五世は、大勝利をおさめたある会戦を、おごそかに、アザンクールの戦いと命名している。「すべて、会戦は、その戦われた場所に近い城砦の名をとって名づけられなければならないからである」とモンストルレは説明している。

戦場に一夜宿営することも、勝利のしるしとしてよく知られていた。

戦闘のさなかの君侯個人の勇敢なはたらきぶりも、ときには、どうかと思われるほど潤色されて描かれている。カレーの戦いでのエドワード三世対某フランス貴族の決闘を叙するフロワサールの文章をよむかぎりでは、これが大まじめな決闘であったとはとうてい思えないのである。「かなりのあいだ、王もユスタシュ殿も、たがいに負けじと闘い、そのふたりのさまをみるのは、実に楽しいことであった」。ついに、フランス貴族が負けて捕虜になり、王がかれに夕食をふるまって、この事件のけりがついたという。

サン・リキエ近傍の戦いでのこと、フィリップ善良侯は、身の安全を考えて、その豪華な甲冑《かっちゅう》を家臣に着用させた。身代わりを立てたわけである。ところが、それは、一介の戦士として、思うぞんぶん、その力をためしたかったからだ、ということにされてしまっている[*19]。

まだ若年のベリー侯とブルターニュ侯とが、シャルル突進侯に従って、公益同盟戦争に従軍したときのこと、コミーヌがひとから話にきいたところによれば、ふたりは、金めっき細工の鋲《びょう》を打った、しゅす地仕立てのにせの甲冑をつけていたという。

いたるところ、騎士ぶりはなやかな盛装のほころびから、嘘《うそ》が顔を出す。現実が、たえず理想を否認する。だから、ますます、理想は、文学の領域へ、祭りと遊びの世界へと逃げこむ。そこだけが、騎士道にのっとった美しい生活という幻想の生きるところ。そこでは、仲間うちにカーストが作られ、騎士道好みの情感が、なんのむりもなく、すなおにうけいれられる。

ところが、同等身分ではないものたちを相手にするとなると、とたんに、騎士道熱も冷《さ》めはてる。これには、まったくおどろかされる。こと、身分低いものたちに関しては、騎士たるものにふさわしい高潔さを求める願いなど、すっかり、どこかに消えてしまうのだ。

貴族のシャトランは、ある金持の醸造家、ブルゴーニュ侯の家来に娘を与えることを拒み、侯に反抗することに生命財産を賭けた、頑固な一市民の名誉など、鼻汁《はな》にもひっかけていない。

フロワサールは、いささかも敬意をあらわすことなく、フィリップ・ファン・アルテフェルデの死体について述べている。シャルル六世は、しきりにそれをみたがった、そして、

「しばらくのあいだ、人びとはそれをみつめていたが、やがて、それは運びだされ、とある木に吊《つ》るされた。これが、このフィリップ・ダルトヴェルの最期であった」。王みずから、「かれを農奴あつかいにして」、足で死体をけり、いささかもためらうところがなかったという。

その「フィリップ・ダルトヴェル」の率いるガンの市民軍とフランス王軍との一三八二年の戦いでのこと、ガンの市民たちに対する貴族たちの、すさまじいまでの残虐さは、四十人の穀物船の船長の手足を折り、目をくりぬいて町に送り返したほどのものであったが、だからといって、騎士道に賭けたフロワサールの情熱が、そのために冷めはててしまうようなことは、ほんの一瞬たりともなかったのである。

シャトランは、ジャック・ド・ラランやかれと同じ身分のものたちの英雄行為には、すっかり心を奪われてしまうくせに、そのラランをひとり襲撃した名もないガンの一下僕の勇敢なふるまいについては、いたって冷淡に、その事実を報告しているだけである。ラ・マルシュは、それでも正直にこういっている、このガンの一庶民の英雄行為は、もし、それをやったのが「素性正しい人」であったならば、ともかくも人目をひいたであろうに、と。

かくのごとく、現実は、さまざまなやりかたで騎士道理想の否定を人びとに強要していた。用兵学は、ずっとまえから、すでにトーナメントふうの戦術を捨てていた。十四、五世紀の戦争は、忍びこみ、不意を襲い、侵入し、略奪する戦いであったのだ。戦闘のさいには騎士も馬からおりるという戦法は、まず、イギリス側がはじめて、次いでフランス側がとりいれた戦法であった。ユスタシュ・デシャンが、嘲笑《あざわら》いながらいうには、この戦法は逃亡を防ぐには役にたつ、と。フロワサールはいう、海上での戦いは恐ろしい、なにしろ、逃げるも退《ひ》くもできないのだから、と。

『英仏両紋章官論争』は、まことに率直に、騎士道ふうの考えかたが用兵学の原理としてはきわめて不適格であるむねを明らかにしている。この文章は、一四五五年ごろ書かれたもので、議論のかたちをとり、イギリスに対するフランスの優越が主張されている。イギリスの紋章官がフランスの紋章官にたずねた、なぜ、フランス王は、イギリス王のように、強大な海軍をもとうとはなされないのか。さよう、フランスの紋章官は答えていう、王はそれを必要とされないのである。それだけではない、フランスの貴族は、海上の戦いよりも陸上の戦いを好む。いろいろな理由からだが、つまり、「海上には、命をおとす危険が待ちかまえている。嵐《あらし》ともなれば、想像を絶するその悲惨事、神のみぞ知る。船酔いの苦しみは、おおかたの忍び耐ええざるところである。それに、また、忍ばねばならぬ苛酷《かこく》な生活は、貴族たるものに、まったくふさわしからぬ態《てい》のものである」[*20]

まだその影響力は小さかったとはいえ、すでに大砲は、未来の戦術の変化を告知していた。まことに皮肉な運命の象徴であるが、「ブルゴーニュふう」の遍歴の騎士の花形、ジャック・ド・ラランは、大砲の玉にあたって命をおとしたのである。

軍人貴族という職業には、むろんのこと、経済的側面があり、当時、このことは、はなはだフランクにうけとられていたのである。後期中世の戦争の記録の、どのページでもよい、あけてみればすぐわかることだが、著名な人物を捕虜にすることは、とても重要なことだったのである、身代金《みのしろきん》がとれるから。フロワサールは、奇襲に成功して敵を捕虜にしたものが、その仕事でどのくらいもうけたか、隠そうとはしていない。

だが、戦場での直接のもうけもさることながら、恩給とか年金、そして総督の地位なども、また、騎士の生活に大きな役割を占めていたのである。昇進こそ、すなわち目標と意識されていた。「わたしは、昇進を望むあわれな男です」と、ユスタシュ・ド・リブーモンはいっている。フロワサールが、騎士の戦いの武勲のかずかずを書きしるしたのは、なによりもまず、と、これはフロワサールじしんの言であるが、「武功によって立身出世しようと望む」勇者たちの手本ともなれば、と考えてのことであった。

デシャンのあるバラッドでは、ブルゴーニュ宮廷の騎士、小姓、下僕のめんめんが、給料日を待ちこがれている。そのバラッドのリフレインは、

さて、勘定方は、いつ来るか。

シャトランは、およそ世俗の名声を追い求めるものが貪欲《どんよく》で勘定高く、「大金になるとあれば、恩給、年金のたぐいだろうが、官職だろうが、敵への内通だろうが、すべてに目ざとく耳ざとい」のは、自然であり、あたりまえのことだ、としている。およそ騎士たるものの亀鑑《きかん》とされた、かのけだかきブシコーにしてからが、人並みはずれた金銭欲から、けっして自由ではなかったと思われるのである。すくなくとも『まことの夢』[*21]は、そう証言している。冷静なコミーヌにいたっては、ある貴族をその給料で評価し、「二十エキュー[*22]の貴人」などといっている。

騎士道にのっとった生活と戦争とを声だかにたたえる声のあいまあいまに、はっきりと騎士道理想を否定する声がきかれる、ときにはまじめに、ときには嘲笑うかのように。貴族じしん、戦争とトーナメントに明け暮れる、このような生活の、うわべを飾った偽りと悲惨さとに、気づかなかったわけではなかった。だから、騎士道に対し、嘲笑《ちょうしょう》と軽侮の念しかもちあわせていなかった、ふたつの皮肉好みの精神、ルイ十一世とフィリップ・ド・コミーヌとが、たがいに心をゆるしあったというのも、けっしてふしぎなはなしではない。

モン・ル・エリーの戦いについてのコミーヌの記述は、騎士道幻想から醒《さ》めているリアリズムに立ち、完全に近代的である。目のさめるような英雄行為、劇的《ひ》にしくまれた事件など書かれてはいない。よみとれるのは、ただ、進むともつかず、退くともみえぬ戦いのなりゆき、ためらいと恐れについての、軽い皮肉まじりの報告である。恥ずべき逃亡、あるいはまた、危険が去ったときたちもどる勇気などについて報告するときは、コミーヌは、なにか楽しんでいるようなのだ。

コミーヌは、ほんのまれにしか、「名誉《オヌール》」という言葉を使っていない。そして、名誉ということを、なにか必要悪ででもあるかのように取り扱っている。「わたしの考えはこうだ。王は、もしその夜、出立しようと望んだならば、〔中略〕なんなく行けたことだったろう。だが、ことは名誉にかかわっていたのだったから、王は、たしかに臆病者との譏《そし》りをうけたくなかったのだろう」

血みどろの遭遇戦について報告している場合ですら、コミーヌの記述に、騎士道の語彙《ごい》をさがしてもむだである。勇敢とか騎士ぶりみごととかの言葉を、かれは知らないのである。[*23]

コミーヌの冷静な精神は、セーラント生まれのその母マルハレータ・ファン・アルネマイデンからうけつがれたものであろうか。だいたいが、ホラントでは、かのかるがるしい冒険家ウィレム四世伯のような例もあることはあるのだが、ともかく騎士道精神は、すでに早い時期に死滅してしまっていたと思われるのである。ところで、そのウィレム四世は、エノー出身であって、当時セーラントとともにホラントに合併されていたエノーはといえば、これはまさに、いつまでも騎士道貴族がはばをきかせた土地であったのだ。[*24]

「三十人の闘い」のさい、イギリス側について活躍したクロカルト某は、かつて、エノーはアルケルの領主の下僕であった。かれは、戦争で大金もうけをした。その額、金貨六万枚、それに厩《うまや》一杯分三十頭の馬。かてて加えて、勇敢だとのたいへんな評判。これからはフランス方にお味方したいと申し入れたかれに、フランス王が、貴族の爵位《しゃくい》と貴族の娘とを引出物に約束したほどであった。

クロカルトは、名声と富とをみやげに、ホラントに帰り、豪勢な暮らしをはじめた。ところが、ホラントの貴族たちは、かれの素性を忘れずにいて、かれをことごとに無視しようとした。そこで、かれは、騎士道の名声を重んじること、よりあつい土地柄のフランスへと、ふたたび帰っていったのであった。

当時ヌヴェール伯であった、のちのブルゴーニュ侯ジャン無怖侯が、かのニコポリスの破局を迎える運命にあったトルコ遠征を計画していたときのこと、フロワサールによれば、当時、ホラント、セーラントおよびエノーの伯をも兼ねていたバイエルン侯アルプレヒトは、その息ウィルヘルムにこういったという、

「ギョームよ、おまえは、この遠征に加わり、ハンガリー、トルコにおもむいて、われわれに対しなんら悪事をはたらいたことのない人びととその国土とに戦いをしかけたい、という。だが、おまえには、遠征に加わる理由など、すこしもない。つまりは、この世のむなしい栄光にまどわされているのだ。だから、ブルゴーニュのジャンやフランスのわれわ

れの従兄弟《いとこ》たちの仕事は、かれらにまかせておきなさい。そして、おまえはおまえで、自分の仕事をやりなさい。フリースラントへ赴き、われわれの父祖の土地を平定しなさい」

例のリールでの十字軍誓約にさいしては、ブルゴーニュ侯国の各地から貴族が寄り集まったが、いちばん出席率が低かったのはホラントの貴族たちであった。祝典ののちにも、なお、それぞれの地域で書面での参加誓約がつのられた。アルトワからは、さらに二七、フランドルからは五四、エノーからもさらに二七、ホラントからは、わずかに四。しかも、この四通の誓約書は、はっきりと条件つきのものであり、はなはだ用心ぶかいものであった。たとえば、ブレデローデ家とモントフォルト家とは、共通の代理人を出すと誓約している。

騎士道は、もしもそれが、社会の発展にとってプラスになる高い価値をふくんでいなかったならば、もしもそれが、社会的、倫理的、美的観点からみて必然のものでなかったとしたら、幾世紀も幾世紀ものあいだ、生活の理想であり続けたはずはない。この理想は、生活を美しく、おおげさに飾る。そのおおげさな誇張のうちにこそ、たしかに、かつてはこの理想の力が存していたのである。

中世のはげしい精神は、理想をいや高きにかかげることによってのみ、ようやくその血みどろの激情を制御しえたかにみえるのだ。かくて教会は目標を遠くにおき、騎士道思想、また、その理想を高くかかげたのである。

エマースンはその著『自然』にいう、「男も女ももっている、ただ一筋《ひとすじ》に思いつめる性分、頑固者《がんこもの》、狂信者特有のぴりっとしたところがなければ、刺激はなく、したがって、きめも期待できぬ。的を射るには、的の上をねらうものだ。どんな行動も、誇張の誤りを、それじたいのうちにふくんでいる」

だが、ある文化理想が至高の徳を人びとに要求する度合いの強まれば強まるほど、それだけ、生活様式と現実とのあいだの不調和は大きくなっていくものだ。なかば宗教的内容の騎士道理想を奉じえたのは、強烈な現実の前に、なお目をつむることをえた時代、それだけに至純の幻想に対しては感受性ゆたかな時代ならばこそのことであった。

若返る文化のはたらきかけるところ、古い生活様式の、あまりにも調子の高いアスピレーションは廃棄された。騎士は、十七世紀フランスの貴族《ジャンティヨム》に席をゆずる。これは、なお、身分とか名誉とかの観念一式を後生大事にかかえこんではいるが、しかし、もはや、信仰の戦士とか、弱きもの、しいたげられしものの保護者とか称するようなことはない。

フランス貴族にかわって登場するのは、ジェントルマンであり、つまり、これは、むかしの騎士の直系につながる類型なのである、ほどあいよく洗練されてはいるが。

このように、理想の姿は、次々と移り変わり、そのときどきに、身にあわなくなった嘘の皮をぬぎすてていったのである。

〔1〕「詩篇」五〇の一九。（これは、ヴルガータ聖書の場合。プロテスタント聖書では、五一の一八。なお、この訳文は、日本聖書協会発行の、いわゆる口語訳聖書の訳文をかりた）

〔2〕これはストーク[*25]の『ホラント史』の一節である。なお、遭遇戦ではない、正面きっての合戦のことを、英語で pitched battle という。これには、戦いの場所を杭、または、はしばみの枝でかこんだという古ノルウェーの法慣習が、なお、こだましているのだ。

（1）ガンの毛織物商の家柄。ヤーコプ（一二九〇～一三四五）は、百年戦争開始時、親イギリスの立場からフランドル諸都市の連合政権樹立を画策するが、諸都市の分立主義にはばまれ、民衆はイギリス王エドワード三世の野心を恐れ、かれを暗殺した。その子フィリップ（一三四〇～八二）も父の志をつぎ、反フランドル伯、反フランス王の旗じるしのもとに、ガン、ブリュージュ、イープル諸都市軍を指揮して、一三八二年、フランドル伯軍をブリュージュ近郊に破ったが、その直後、ローゼベクの戦いに、フランス王軍と戦い、敗死した。

（2）「だれが恥じようが」というのは「クィ・クァン・ホヌ」と書く。昔イングランド王エドワード三世は、カレーで催した舞踏会で、床に落ちていたガーター（靴下留め）を拾い、膝にまきつけ、素知らぬ顔をして、ガーターの落とし主のジョーン・オブ・ケントの恥にならないように配慮した。ジョーンは後にエドワードの息子エドワード黒太子と結婚し、リチャード二世の母親になった。エドワードは「ガーター騎士団」を創設し、「ガーター」を標識に、また「このことを変に勘ぐるものは恥じよ」というのを標語にした。「だれが恥じようが」というのはこれを受けている。

(3)ヘンリー五世は、一四一五年、アザンクールの勝利ののち、ノルマンディー攻略をおしすすめ、一九年一月、首邑のルーアンを占領し、翌二〇年、ヴァロワ王家とトロワの和約を結び、パリにはいり、シャルル六世の息女と結婚し、フランス王位を約束されていた。

(4)「トルコ遠征」計画については、シャトランやラ・マルシュが伝えている。

(5)シャルル・ダンジューは、フランス王ルイ九世の弟で、親王領としてアンジュー伯領を得、さらに当時ドイツ王国の一部であったプロヴァンス伯領をも得て、地中海への進出を図り、まず両シチリア王としてシチリアの経営を行なった。当時、これまた地中海への進出を図っていたイベリア半島のアラゴン王ペドロ三世は、このシャルルの動きを警戒し、たまたま、一三八二年、シチリアにおきた島人の叛乱（シシリアン・ヴェスパーズ）をきっかけに、両者は公然と敵対するにいたったのである。

(6)これはホイジンガは中世の英仏間の外交文書を集めたライマー編『フォエデラ』という資料集から情報を汲んでいる。

(7)ベッドフォード侯ジョンの弟。幼少の甥の「フランスとイングランドの王」ヘンリー六世の後見人のひとりとしてイングランドを預かった。

(8)アルトワ伯領の首邑アラスから西に五〇キロ。あと三〇キロで英仏海峡の海岸に出る。

(9)この話は、『物語集』第一巻第三九話に出ている。『物語集』四巻は、バンデロがイタリアからフランスに赴き、ガスコーニュのアジャンの司教になってからのち、一五五四年以降に刊行され、一五五九年、『悲史』の標題のもとにフランス語に訳された。シェイクスピアが『ロメオとジュリエット』の物語の筋書きをここからとったことはよく知られている。バンデロは、一五六一年、アジャンで死んだ。

(10) プファルツはライン中流のウォルムス、シュパイヤー、カールスルーエの左岸の「プファルツァー・ヴァルト（プファルツ森）」にかかる一帯の土地をいう。伯家が立っていたが、十四世紀の「黄金印勅書」が指定しているドイツ王選挙人七人のうちにかぞえられている「プファルツ伯」はここの領主の家系ではない。ややこしい話で恐縮だが、カール・ルートウィヒは三十年戦争の過程で一時「神聖ローマ帝国」から追放されていたが、ウェストファリア和議で復権し、選挙人の資格も、八人目ということで獲得した。なお「テュレンヌ」はフランス王軍の軍司令テュレンヌ準伯アンリ・ド・ラ・トゥール・ドーヴェルン。

(11) サヴォワ家はローヌ川のジュネーヴ湖から下流域と支流のイゼールの上流域をもともとの家領とするが、中世の秋にはジュネーヴ湖の北岸のヴォー地方にまで勢力を広げていた。その北、ヌーシャテル湖の南西端の町グランソンを首邑として強大な領主領を構えていたのがグランソン家だった。なお、ブール・ジャン・ブレスはジュネーヴ湖から下流のローヌ流域北岸のサヴォワ家の領地の一番北に位置する町だった。リヨンの北北東六〇キロ、東に行くとジュラ山脈を越えてジュネーブ湖だ。

(12) カギ括弧に入れたのはホイジンガがそうしているからで、「アルパン」はいまは面積単位である。リトレはその字義しか示していない。それなのに用例に「一アルパンを行くほどに命は尽きた」と、『ロランの歌』の一行をまっさきにあげている。リトレの後輩で『ロランの歌』の校訂をしたジョゼフ・ベディエはこの一行を「わずか一アルパンを横切るに足らないほどの間に」と現代語訳をつけている。ホイジンガも半信半疑だったのか。「アルパン」は中世には距離の単位にも使われた。トブラー－ロンマッチの『古フランス語辞典』はその用法での用例をいくつも引いている。実数については不明。

(13) これを伝えているのはジャン・ルフェーヴル・ド・サンレミである。

(14) レンヌから西南西六〇キロ。

(15) ピエール・ブローテはフランス人の軍人で、フランス王アンリ四世の命でオランダ独立戦争支援に出かけていたが、セルトーヘンボッスのオランダ人総督と紛争を起こし、決闘で勝負をつけようということになった。フフトはセルトーヘンボッスの南の郊外にその名の町がある。そのあたりの原野でフランス人騎士二十人とオランダ人とスペイン人（この時期、オランダ南部の情勢は混沌としていたのです）の騎士二十人の決闘ということになって、ピエールは相手側のリーダー、リーベルビケンというのを倒したのだが、奸計にあって捕らえられ、処刑された。レッケルベーチェというのはあだなで、「おいしいやつ」という意味らしいが、これがリーベルビケンのあだなだったのかどうかはいまひとつ不明。

(16) このふたつのエピソードについて、ホイジンガはめずらしく史料を注記していない。

(17) ホラント伯としては一二三四～五六年。一二四七年、フリートリヒ二世に対する対立国王として、法王イノケンティウス四世に推され、翌四八年、「ローマ人の王」の王冠をうけた。だが一二五〇年、フリートリヒ二世の死後も、ドイツ諸侯の支持はすくなく、一二五六年、西フリースラント征討中に戦死した。

(18) これはモンストルレやルフェーヴル・ド・サンレミが伝えている。

(19) これはシャトランとラ・マルシュから拾っている。なお、サン・リキエはソンム下流アブヴィル近郊の町である。

(20)『英仏両紋章官論争』は Debat des herauts darmes de france et dangleterre と書き、「紋章官」と訳したのは heraut darmes である。「エロー」heraut は「伝令使」と訳してきたが、これは「エロー」の担う多様な職務のうち、かれの仕える主君の意志の伝達に力点を置いた訳語である。ここのケースのように、「エロー・ダルム」、直訳すれば「紋章のエロー」と呼ぶときは、紋章や儀礼のエキスパートとしての職能に力点がかかる。一六六ページ(4)の注で、文脈によって訳語を工夫すると記した。ここがさしあたりそのケースである。

(21) 一四〇六年、パリの一市民、おそらく宮廷の下級被官の書いた三、一七四行の詩文。筆者はブルゴーニュ党であり、王妃イザボーやオルレアン侯に対する悪口に終始している。

(22) カペー、ヴァロワ両代のフランス王が発行した金貨のうち、楯型枠の図案をとったもの。「エク」、近代語の発音でエキューは楯の意味。ヴァロワ家フィリップ六世の「玉座のエク」、シャルル六世の「王冠のエク」、シャルル七世の「エク・ヌフ」、ルイ十一世の「太陽印のエク」が知られている。

(23)『中世の秋』出版後五年ほどして、ホイジンガは、「カルメット編注『コミーヌの覚書』紹介批判」(一九二五年、全集第三巻所収)において、コミーヌに関する見解を、大幅に補足訂正している。その骨子は、ここで使われている nuchter realisme「醒めているリアリズム」という言葉は、これはかならずしもコミーヌの近代性を示すものではないということをいうにあり、もしそのような誤解を与えるおそれがあるならば、この形容をコミーヌから剥奪してしまおうとホイジンガは考えているかのようである。なお、『中世の秋』出版の翌年、ホイジンガはロンドンにおいて講演し、「ルネサンスとリアリズム」について論じた。のち、これは書きなおされて、一九二九年に刊行されたが、これもまた、この問題を考える場合、重要な文献である（全集第四巻所収）。

(24) ホラント伯ウィレム四世は一三四五年に死んだ。その後、相続の争いが起きたことのしだいは七〇ページ(19)の注に紹介した。ホラント伯家は十四世紀に入ってエノー伯家と一体化していた。だから二五五ページの本文でウィレムは「エノー伯」と呼ばれている。その後、ホラント－エノー家はセーラント伯領をも合わせた。十四世紀末から、バイエルンのシュトラウビンク家系バイエルン侯家（バイエルンにはバイエルン侯の肩書きの四家が立った）がその三伯領をあわせ領する家柄となる。このすぐ後、二六五ページで「当時、ホラント、セーラントおよびエノーの伯をも兼ねていたバイエルン侯アルプレヒト」といっているのがその家柄の当主である。

(25) メリス・ストークは、ホラント伯ウィレム三世に仕えた礼拝堂付司祭。一三〇五年のすこしまえ、古ネーデルラント語、韻文の『ホラント史』十巻を書いた。

VIII 愛の様式化

十二世紀、プロヴァンスの吟遊詩人《トルバドゥール》たち[*1]が、はじめて、満たされぬ恋の想《おも》いを歌の調べにのせてからこのかた、恋歌をかなでるヴィオールの音色《ねいろ》は、いやましに高まり、ついにはダンテその人が、澄みきった声音《こわね》をひびかせるにいたった。

中世精神は、このときはじめて、否定の基調音に立つ愛の理想を開発したのである。これは、実に重要な転換を示すものであった。たしかに、古代もまた、恋の悩み、恋の苦しみを歌いはした。だが、その恋の悩み、それは、つまりは、遅れはしてもたしかな恋の成就《じょうじゅ》を、そのための刺激を意味していたのではなかったか。

悲しく終わる古代の恋物語の、その悲しみの基調は、満たされぬ恋の想いにあるのではない。すでに身も心もひとつになった恋人たちを死がひきさく残酷な別離にある。ケファルスとプロクリスの場合がそうであった。ピラムスとティスベの物語もそうであった[*2]。悲嘆の情は、満たされぬ官能のうずきに発するのではない。悲しい運命が涙を誘うのである。南仏吟遊詩人の宮廷恋歌において、はじめて、満たされぬ想いそのものが主題となった。

生《き》のままの女の愛との関連をなんら失うことなく、倫理内容をあふれんばかりにもりこむことをうる愛欲《エロティック》の思考形式が創造されたのである。官能の愛そのものから、むくわれることを期待しない、けだかい女性奉仕が生まれた。いまや人びとは、この愛の園に、美の極《きわ》みを追い求め、まったき徳性を花とひらかせる。宮廷恋愛の教理に従う高貴な恋愛者は、その愛ゆえに徳高く、純潔なものとされたのだ。この愛の抒情詩《じょじょうし》にあっては、つねに、精神的要素が優位を占める。ついには、愛のはたらくところ、聖なる認識と敬虔《けいけん》とが生ずる、すなわち、新生《ヴィタ・ヌオーヴァ》の境地である。

ここにいたって、新たな転換が必然となった。ダンテとその仲間たちは、いわゆる清新詩体《ドルチェ・スティル・ヌオーヴォ》でもって、ひとつの結論を出したのであった。ペトラルカとなると、ふたたび、精神性を強調された宮廷好みの愛の理想と、新たに吹きこまれる古代の霊感《インスピレーション》とのあいだを動揺するようになる。かくて、ペトラルカからロレンツォ・デ・メディチへと、イタリアの恋歌は、生のままの官能性にたちかえっていったのである。詩人たちは、肉感ゆたかな古代の詩歌をこそ手本とあがめ、人工を凝《こ》らした宮廷風愛の体系は、ふたたび、みすてられたのであった。

フランスと、フランス精神の影響下にあった土地土地では、事情はいささかちがっていた。宮廷抒情詩が花とひらいてよりのちの愛欲思想の展開は、ここでは、けっして単純なものではなかった。宮廷風の愛の体系の、ひとつひとつのかたちは、いぜん、力を失いはしなかった。ただ、そこにもりこまれる精神が変化していったのである。

ダンテの『新生』が、浄化された情熱に永遠の調和をみいだすよりもはやく、ここフランスでは、『ばら物語』が、宮廷好みの愛の作法に、新たな内容をつぎこんでいた。一二四〇年よりまえに書きはじめられ、一二八〇年よりまえに完成された、ギヨーム・ド・ロリスとジャン・クロピネル、ないしショピネル・ド・マン両人の手になるこの作品は、[*3]実に二世紀ものあいだ、貴族たちの恋愛作法を完全に支配したばかりか、およそ考えられうるかぎり、ありとあらゆる分野にふれての、まさに百科全書を想わせる題材のゆたかさによって、読み書きのできる一般の俗人に対し、知識の宝庫を提供し、生きいきとした精神の糧《かて》をそこからひきだすことを、かれらにゆるしたのであった。

ひとつの時代のはじめから終りまで、支配層の人びとが、生活と教養の知識を、恋愛術《アルス・アマンディ》という枠のなかで学びとったということ、このことは、いくら重要視されてもされすぎるということはない。世俗の文化の理想が、これほどまでに、女への愛の理想ととけあってしまったような時代は、十二世紀から十五世紀にかけてのこの時代をおいて、ほかにはなかった。キリスト教の徳目、社会道徳、生活形態のあるべき完全な姿、すべてはこの愛の体系に組みこまれ、真実の愛という枠のなかにはめこまれたのである。

このような、いわば愛欲仕立て《エロティック》の人生観は、たとえ、古風な宮廷好みのスタイルであらわれようと、『ばら物語』のかたちで登場しようと、つまりは、同じ時代のスコラ学と同一線上に立つものとみなされうる。ともに、あるひとつの視点に立って、人生のことすべてを理解しようとする、中世精神の大がかりな努力を示しているのである。

さまざまなかたちの愛をいろどりゆたかに描きだすこと、美しい生活を追い求める努力が、ここに集中したのである。美しい生活への夢を、名誉や位階に求めたもの、もののしい儀式作法で生活を飾りたてようと望んだもの、つまりは、高慢のうちに美を追い求めたものは、追い求めるもののむなしさに、はたと気づくことがしばしばであった。だが、愛にあっては、そうではない。この世のしあわせに、きっぱりと別れを告げてしまったならばいざ知らず、愛のめざすところ、愛の愛たるゆえんは、美の享受そのものにあると思われたのだ。

愛にあっては、ことさらに高雅な作法をくふうして、高い身分にふさわしい生活の美を案出することなど必要なかった。愛そのもののなかに、深奥の美、至上の幸福がすでに宿り、やがて、かたちと色とを与えられ、飾りたてられるときのくるのを待っていたのである。美しいものならばなんでも、どんな花、どんな音でも、愛の生活形式をたてるのに役だちえたのであった。

愛を様式化しようとする努力には、たんなるむなしい遊び以上のものがあった。まさしく、情熱の凶暴な力そのものが、中世後期のはげしい生活に生きる人びとに命じて、愛の生活をして、高尚な規則にのっとっての美しい遊びに高めさせたのである。なによりもまず、情熱のうずきを、たしかな形式のうちに枠づけなければならなかった。それを怠れば、野蛮さに堕するという罰則が、確実に待ちうけていた。

下層身分のものたちについては、教会が、放縦《ほうしょう》な生活を取り締まる役目をひきうけていた。実際、教会は、およそ教会なる組織にあって可能なかぎり、よくもわるくも、その役目をじゅうぶんに果たしていたのである。貴族たちはといえば、かれらはもともと、教会のあずかりしらぬ独自の文化をになっているとの自負の上に立って、教会に依存することすくなしと感じていただけに、醇化《じゅんか》されたエロティシズムそのもののうちに、自由奔《ほん》放《ぽう》さをひきしめる手綱をみいだしていたのであった。つまり、文学、モード、社交の作法などが、愛の生活に規律を与える作用を及ぼしていたのである。

いや、むしろ、こういうべきかもしれない、文学やモードは、みせかけの現実を作りだし、その美しい生活という幻影にかれらは生きていた、と。高い身分のものたちの愛の生活も、その底を洗ってみれば、いいようもないほど粗野なものであったのだから。おしなべて生活風俗そのものに、なお、のちの時代の知らぬ、あけっぴろげな厚かましさが残っていたのである。

シャトランによれば、ブルゴーニュ侯フィリップ善良侯《ル・ボン》は、あるとき、ヴァランシエンヌでかれと会見するはずのイギリス使節団一行のために、町の浴場に、万全の用意をととのえるよう指示したという、「使節のかたがた、従者をおつれのかたがたのために、ヴィーナスの仕事に必要なものすべてを用意万端ととのえた浴場を、好みに応じて自由に選んでいただけるように、すべて侯の賄《まかない》で」。トマ・バザンによれば、その息シャルル突進侯《ル・テメレール》の節制ぶりは、多くの人に非難されたという、王侯たるものにふさわしくないというので。ブルゴーニュ侯のエダンの館《やかた》の庭園には、いろいろな機械じかけの娯楽設備がしつらえてあったが、そのひとつにこんなのがあると会計簿は教えてくれている、「その下を通る貴婦人たちをびしょぬれにするしかけ」

だが、粗野だということは、それだけ理想にほど遠かったというだけのことではないのである。洗練された愛と同様、奔放な愛もまた、それ独特の様式をとりえたのであり、しかもその様式は、ひじょうに古いものであったのだ。これを祝婚歌の様式と呼ぶことができる。中世末期にみられたような洗練された社会にあってさえも、こと愛の表現について[*4]は、実にたくさんの太古のモティーフが継承されていたのであって、かくて、洗練と野蛮と、このふたつの愛欲のスタイルは、たがいにきそいあい、たがいに融合しあっていたのである。

この愛欲《エロティシズム》のプリミティヴな形態こそ、かつての種族共同体の祝いの伝統に深く根ざすものであって、宮廷ふうの愛の様式と同様、ヴァイタルな意味をもち、キリスト教文化に押しまくられて、聖秘儀の座から追われはしたものの、なおかつ、その生命を保ち続けている。

あけっぴろげな笑い、陽物の象徴、おしなべて祝婚の全道具立ては、そのむかし、婚姻儀式という神聖な祭りそのものの部分をなしていた。婚姻と祝婚とは、かつてはひとつだったのである、性の結合を要《かなめ》とする、ひとつの大がかりな秘儀《ミステリー》だったのである。そこへ教会が介入した。教会は、その秘儀の神聖な性格を横取りし、その秘儀にかえるに、おごそかな結合の誓いという秘蹟《サクラメント》をもってしたのである。かつての秘儀を飾った祝婚の行列、歌、ことほぎの叫びなどは、俗世の祝いにまかせられた。

だが、そういった祝いの大騒ぎは、いまやその聖性の衣をぬぎすてて、ますます自由奔放なみだらさを謳歌《おうか》することとなった。教会は、それをチェックしようにも無力であった。教会がいくら慎みを説こうとも、ヒューメン・オ・ヒュメナーエ[*5]とのはげしい生命の叫びを押ししずめることはできなかった。ピューリタニズムですら、初夜の公開という恥知らずの習俗をやめさせることはできなかった。実に、十七世紀のオランダにあってさえ、この習俗は花ざかりだったのである。ふたりだけのことは闇《やみ》のなかにつつみ隠し、そうっとしておいてやりたいという近代の個人主義的感情の芽ばえが、ようやくこの習俗を否定したのである。

想い起こしてもみるがいい、一六四一年にもなってのことだが、オランニェ侯家の若君とイギリス王女メアリーとの結婚の祝宴にさいしても、まだ少年の花婿の床入《とこい》りをじゃましようと、はなはだ露骨な悪ふざけがみられたのだ。一四〇〇年ごろの王侯貴族の婚礼が、よくまあ恥ずかしくないものだと思われるほど陽気に祝われるのが常であったからといって、なにもそうおどろくことはない。これを証する二、三の例としては、シャルル六世とバイエルン侯女イザベラとの婚礼を語るフロワサールのわいせつなにやにやばなし、デシャンが、フィリップ豪勇侯《ル・アルディ》の息アントワーヌ・ド・ブルゴーニュに献呈した祝婚歌などがあげられよう。

フィリップ善良侯が編集させたという『新百話』は、なにかしごくあたりまえといった調子で、早朝のミサに式をあげ、軽い食事をとったあと、すぐ床についたという、ある新婚のおふたりさんの話をのせている。婚礼をはじめ、一般に愛の生活に関する冗談は、貴婦人の仲間うちにあっても、ふさわしい話題とみなされていた。『新百話』は、たしかにいくらかは皮肉めかしたいいかたであろうが、「ためになる、すばらしい本」、「上流の集まりで話すに、たいへんおもしろい」物語として通っていたのである。

「貴人ジャン・レニエ」は、まじめな詩人であったが、あるとき、ブルゴーニュ侯妃、侯妃に仕える貴婦人、侍女たちの求めに応じて、みだらなバラッドをものしている。

だからといって、このみだらさが、名誉と節度という高くきびしい理想を欠いたがゆえのみだらさだ、と意識されていたわけではなかった。その点は、はっきりしている。たしかに、これは矛盾である。この矛盾は、しかしながら、これは、なにもこと愛に限らず、中世生活の他の局面にもうかがえる上品な作法、おおぎょうなおすましぶりをして、たんなる偽善とみなすことによっては解決されえない。厚顔無恥のふるまいをして、これはサトゥルヌス神のお祭り騒ぎみたいなものだと解してみたところで同様である。[*6] ましてや、一種の祝婚歌のみだらさをして、ちょうど十七世紀のオランダにおいてみられたような、一種のデカダンスのあらわれ、貴族文化の過熟の結果とみなすにいたっては、誤解もこれにすぐるはなしというべきであろう。

どちらともとれるいいまわし、ひわいなかけ言葉、みだらな隠し言葉、こういったものは、ほんらい祝婚歌様式につきものなのであり、その起源はきわめて古い。これを理解しようとするには、民族学的背景を考えにいれなければならない。つまり、これらかけ言葉のたぐいは、たとえばデシャンの詩のような場合には、なまぬるい社交儀礼むけのものにまで弱まってはいたのだが、ほんらいそれは、プリミティヴな文化の陽物象徴主義のなごりを示しているのである。

つまり、本来の通用価値を失った秘儀のかけらなのだ。かつて、まだ文化が遊びとまじめとを截然《せつぜん》と分けてはいなかったころのむかし、祭式の聖性と自由奔放な生の喜びとを堅く結びつけていた、これら祝婚歌のたぐいも、キリスト教社会にあっては、本来の聖性を奪われ、ちょっとしたくすぐりにまで堕してしまったのである。いまや性的想念は、敬虔《けいけん》と宮廷礼法《クールトワジー》に抗し、結婚の習俗のうちに、その本来の生命力《エロティック》を維持するのであった。小噺《こばなし》とか茶番狂言《ファルス》、小唄《こうた》といった、こっけい、好色の文学ジャンルを、おしなべて、祝婚歌という幹からの分枝と考えることは、かならずしも不可能ではない。けれども、その起源との関係がみうしなわれてからすでに久しく、こっけい、好色の文学は、ひとつのジャンルとしてひとりだちし、こっけいの効果を本来のねらいとするにいたっていたのである。ただ、そのこっけいさは、いぜん、祝婚歌本来のこっけいさであった。笑いを誘うのは、性的事物の象徴的《シンボリック》暗示であり、なんらかの社会行為概念を使っての性愛行為のもじりであった。

職業上の用語が、性愛《エロティック》の比喩《アレゴリー》として盛んに使われた。それをゆるさなかったような職業渡世はなかった、といってよい。これは、今も昔も同じことである。当然のことながら、十四、五世紀にあっては、トーナメント、狩り、そして音楽が、性的アレゴリーに素材を提供した。マルシアル・ドーヴェルニュの『愛の判例集』にみられるような、愛の問題を裁判形式で扱うというやりかたも、まあ、もじり文学の分野にはいるとみてよいだろう。だが、なかでも、愛欲表現のもっとも好んで活動した舞台、それは教会用語の領分であった。教会用語を性的なことがらの表現に使うことは、中世においては、実にあけっぴろげに行なわれていたのである。『新百話』では祝福する《ベニール》、告白する《コンフェッセ》などの言葉をはなはだわいせつな意味に使う、聖者《サン》を乳房《サン》にもじる、といったことをあきもせずくりかえしている程度にしかすぎないが、これがもっと洗練されてくると、この教会エロティシズムのアレゴリーは、それだけで独立した、ひとつの文学様式にまで発展することになる。

織細な心の詩人シャルル・ドルレアンをとりまく一群の詩人たちの場合がそれで、かれらは、恋の嘆きを、修道院の苦行生活に、礼拝の、殉教の姿に映したのである。かれらは、「戒律の恋人たち」と自称していたが、それは、そのすこしまえ、ふたたびきびしい戒律の精神にたちもどろうと、フランチェスコ修道会の内部におきた改革運動にならってのことであった。かの「清新詩体」派の謹厳さに対するに、まことに好一対《こういっつい》といわねばならぬ。あやうく瀆神《とくしん》となるところが、恋の心情の内なる深さにからくもつぐなわれている、といった恰好《かっこう》であった。

これが十誡《じっかい》である、
まことの愛の神……

と、シャルル・ドルレアンは歌いはじめる。かれは、十誡を汚している。聖書にかけての誓約をも、かれは歌いこむ。

そのとき、かの女はわたしを呼び、手を
本の上におかせ、わたしに誓わせた、
誠心、義務は果たしましょう、

愛のことごとに関しては、と。

死せる愛の人については、こう歌っている、
わたしはこう望みます、愛するものたちの
楽園の高みに、いますぐ、座を占めるように、と、
殉教者、また栄誉も高き聖人のように。

また、かれじしんの、みまかりし恋人については、
わたしは、わが想わせびとの葬儀を
愛の僧院にて、執《と》り行ないました、
かの女の魂を弔う読経《どきょう》は
悲しき想いがつとめました。
哀《かな》しきためいきの幾百本のろうそくが
光り輝いておりました、
そして、わたしは墓を作らせました、

哀惜で……

恋を失った愛の人が、恋の殉教者の修道院にうけいれられるさまを、ことこまかに描いている清純な詩、『愛の戒律修道士になった恋人』に感じられる、そこはかとなく甘く、こっけいな効果は、およそ、教会をたねにしたもじり文学に望みうる、最高の完成度に達している。あたかも、恋愛詩は、このようにひねくれたやりかたではあれ、はるかむかしに失ってしまっていた聖性との結びつきを、なんとかしてとりもどそうと、つねにつとめていたかのようなのだ。そうではないだろうか。

恋愛詩は、文化の一要素である以上、なんとしてでも、ひとつの様式をとらざるをえなかった。その形式にしばられ、その言葉づかいという衣を着せられていたのである。よしんば、その様式を軽んじ、きわどいアレゴリーから赤裸々な性生活の描写へと堕していくというようなケースがみられたにもせよ、しかもなお、恋愛詩は、その様式の束縛から自由ではなかったのである。

荒っぽい心の人からは、好色の自然主義とみられ、男たちにはけっしてあきられず、女たちにもつねに好まれる、この文芸ジャンルは、高尚なことこの上ない宮廷恋歌同様、つまりは、ロマンティックな虚構《フィクション》の文学なのである。愛をめぐる人本然《ほんねん》の葛藤《かっとう》、社会的事情から臆病《おくびょう》にも目をそらし、性生活の虚偽、利己主義、悲劇を、つきせぬ歓楽という美しいみせかけでおおいつつむ、これがロマンティシズムでなくてなんであろう。

　ここにも、また、美しい生活へのあこがれという強い文化衝動のあらわれがある。それは、現実の姿をきらい、生活をより美しいものとみたがる心の望みであり、その望みゆえに、愛の生活を、心に空想するかたちにむりやりあてはめて描こうとする。しかも、この場合には、動物的側面を強調してのことである。これも、また、ひとつの生の理想なのであり、淫奔《いんぽん》の理想というべきか。

　現実は、つねに変わらず、洗練された文学の愛の理想のいうところよりは悪《あ》しく、あらあらしく、また、むしろ自然主義的というにふさわしい卑俗な恋愛詩の描きだすところよりは、より純であり、その卑俗さは、たとえ多少はあたっていたとしても、それほど肌《はだ》についたものではなかったのである。

　宮廷おかかえ詩人のユスタシュ・デシャンは、じじん登場して語りかけ、まるで自分がすっかり身をもちくずしてしまったかのように歌う、こっけいなバラッドをよく作っている。だが、そのようなきわどいおはなしの実際の主人公は、かれではないのだ。そして、そんなきわどいバラッド集のただなかに、突然、いまはなき母親のすぐれた人となりを娘に教えさとす、甘くやさしい詩があらわれるのである。

　だが、このように幹をのばし、枝をひろげた祝婚歌のジャンルも、文学、文化の源泉としては、けっきょくは第二義的なものにとどまったのであった。その主テーマは、まさに欲望のまったき充足にある。むきだしのエロティシズムなのである。ところが、生にかたちを与え、生活を飾るのは、つつまれたエロティシズムなのである。そのテーマは、充足の可能性、約束、望み、欠乏、また、近づく幸福にある。なにごともはっきりといいつくされることなく、期待の軽いヴェールをかけられて、心はついに満ち足りるということがない。

だからこそ、このつつまれたエロティシズムは、はるかに息が長く、はるかに広い生活領域をおおいつつむ。のびやかな愛、長調の愛、笑いの仮面をつけた愛を歌うにとどまらず、愛の悲しみ、短調の愛をも美と観ぜしめる。このエロティシズムは、無限に高い生命価値をもつというべきだろう。さらには、信頼、勇気、けだかい心のなごみといった倫理の要素をも内にふくみ、かくて、愛の理想のみとはいわず、他のもろもろの理想を求める心の望みとも結びついている。

『ばら物語』は、およそ頭で考えるところのことすべてを、微に入り細をうがってイメージに描きだし、ひとつの体系にまとめあげようとする、後期中世の人びとの心の動きと完全に同調して、このエロティシズムの文化に、多彩にして内容ゆたか、まことにそのテーマにふさわしいかたちを与えた。だからこそ『ばら物語』は、世俗の礼拝式文、教義、伝承の宝庫となったのである。そしてまた、これは、気質といい、ものの考えかたといい、まったくちがうふたりの詩人の手になったものであり、その、いわば両性的性格も、この場合、おおいにプラスとなって、『ばら物語』は、エロティシズムの文化の聖書として活用されたのである。つまり、さまざまに使える文章が、そこからひろいだされたのだ。

まず、グィオーム・ド・ロリス、かれは、なお、古い宮廷ふうの理想に誠実の誓いをたてている。魅力あふれるテーマ全体のプランをたて、甘く明るくこれを描いたのはかれであった。これは、よく使われる夢のテーマであって、五月の朝はやく、詩人は、うぐいすやひばりの声をききに出かける。

歩みは、小川ぞいに詩人を運び、やがて、秘密めかした愛の庭園の壁にいたった。壁に描かれたさまざまな絵姿、憎悪《ぞうお》、裏切り、粗野、強欲、貪欲《どんよく》、嫉妬《しっと》、悲哀、老齢、偽善、貧乏は、つまりは、宮廷文化に背馳《はいち》するイメージなのである。遊楽《デドゥイ》の女友だちである閑暇《オワズーズ》夫人が、門をあけて、詩人を迎えいれる。なかでは、歓喜《リエス》が踊りの音頭《おんど》をとっている。愛の神《アムール》が美《ボーテ》の手をとる踊りの輪のなかには、富、寛大、率直《フランシーズ》、儀礼《クルトワジー》、そして青春がいる。

詩人が、ナルシスの泉のほとりに、ばらの蕾《つぼみ》を認めて、そのすばらしさに心うばわれているとき、愛の神は、五本の矢をかれに射かけた。すなわち、美、素直《サンプレス》、儀礼、友だちづきあい《コンパニー》、愛想のよさ《ボー・サンブラン》を。詩人は、愛の神に臣下の礼をとり、愛の神は、詩人の心にしっかりと鍵《かぎ》をかけてから、愛の戒律、愛の禍《わざわい》と恩沢とを語る。愛の恩沢とは、すなわち、希望《エスペランス》、甘い想い《ドゥー・パンセ》、甘い語らい《ドゥー・パルレ》、甘いまなざし《ドゥー・ルガール》である。

儀礼の息子《むすこ》、歓待《ベラクーイ》が、詩人をばらのところへといざなう。すると、ばらの番人たち、危険《ダンジェ》、悪口《マル・ブシュ》、恐怖《プール》、そして恥《オント》がやってきて、かれを追い払う。ここで、ごたごたがはじまる。理性《レゾン》は、高い塔からおりてきて、詩人、この愛の人を説得しようとする。友《アミ》が、詩人をなぐさめる。ヴィーナスは純潔《シャステテ》をわなにかけようとし、率直とあわれみ《ピティエ》とは、詩人を歓待のもとへ連れもどす。歓待は、ばらに接吻《せっぷん》することを詩人にゆるす。ところが、それを悪口が告げ口し、嫉妬《ジャルージー》が走ってやってくる。ばらのまわりには、がんじょうな壁がめぐらされてしまった。歓待は、とある塔に押しこめられ、危険とその一党が、各所の門をみはる。愛の人の嘆きの声をもって、グィオーム・ド・ロリスの詩作は終わっている。

おそらく、その後、かなりたってからのことだが、ジャン・ド・マンがあらわれて、もっと大がかりな続編をものし、これを完結させたのである。愛の神とその同盟軍が、宮廷ふうの諸徳目はむろんのこと、ひたかくし《ビアン・スレ》、みせかけ《フォー・サンブラン》までもが加わって、ばらの城を攻撃し、これを占領する。これが続編の筋立てなのだが、しかしその筋立ては、脱線、考察、おはなしの洪水《こうずい》に、すっかりのみこまれてしまっている。ジャン・ド・マンは、『ばら物語』を、まさしく百科全書にしてしまったのだ。

肝心なことは、こうである。ここで語りかけているのは、とらわれぬ精神、冷たく懐疑的、無情でシニックな精神である。中世は、めったにこのような精神を生みださなかった。しかもこれほどのフランス語の使い手は当時そんなにいなかった。グィオーム・ド・ロリスの率直で明るい理想主義は、ジャン・ド・マンの否定的な精神の影にはいってしまった。かれは、幽霊だの魔法使いだのを信じはしない。けれども、まことの恋だの女の貞節だのといったことをも、また、信じはしなかったのだ。かれは、論理学の問題に関心の目を向け、大胆にも、ヴィーナスや自然《ナチュール》、精霊《ゲニウス》に、性愛衝動の弁護を語らせている。

愛の神は、全軍あげて敗北を喫することになるのではないかと恐れ、その母、ヴィーナスのもとへ、率直と甘いまなざしとを派遣した。ヴィーナスは、その子のたのみをきき、鳩《はと》の車にのって、助けにやってきた。愛の神が、かの女に状況を説明すると、ヴィーナスは、もはや女ひとりだに純潔のままとどまるをゆるすまい、との誓いをたて、同様の誓いを全軍の将士についてもたてるようにと愛の神に要請し、ここに、将士全員、その誓いをたてるにいたった。

一方、さまざまな種族を維持し、死神との闘争を永遠に続けるべく、その鍛冶場《かじば》で、忙しくたちはたらいている自然は、あらゆる被造物のうち、人間だけが、かの女の命令にそむき、生殖を抑制していると嘆き悲しんでいた。自然の司祭たる精霊は、なすべきつとめを語る自然の長い告白をきいたのち、その命をうけて愛の神の陣営に赴《おもむ》き、自然の命令を軽んずるものたちに、破門の劫罰《ごうばつ》をくだしはじめる。愛の神は、精霊にミサの祭服、指環《ゆびわ》、司教杖《しきょうづえ》、そして司教冠《ミトラ》を与え、ヴィーナスは、「白蠟《はくろう》*7で作られたのではない」燃えさかるろうそくを、高らかにうち笑いながら、かれに手渡した。

処女性の断罪たる破門は、大胆きわまりない象徴主義《シンボリズム》から、ついにはおどろくべき神秘主義《ミスティシズム》の域にまで達している。自然と愛の命令に従わぬものたちには地獄が、従うものたちには花咲きにおう野原が。その原には、聖処女の御子《みこ》が白い子羊を養っている。子羊たちは、永遠の喜びのうちに、枯れることなく咲き続ける草花を食《は》んでいる。

精霊が、手にするろうそくを砦《とりで》に投げつけると、全世界が火につつまれ、塔をめぐる最後の攻防戦がはじまった。ヴィーナスもまた、松明《たいまつ》を投げる。恥と恐怖とは逃げ去り、歓待は、ばらをつみとることを愛の人にゆるした。

以上、すでにおわかりのことと思うが、ここには、性的モティーフが、はっきりと意識されて新しく中心にすえられていたのである。しかも、全体として、はなはだ技巧をこらした秘儀のかたちをとり、聖性につつまれていて、教会の説く生活理想へのこれ以上大胆な挑戦は考えられないほどなのである。

その完全な異教性において、『ばら物語』は、これをルネサンスへの第一歩とみなすことができる。たしかに外見上は、これはまったくの中世である。いったい、感情の動き、愛のいきさつを、徹頭徹尾、擬人化して表現することほど、中世的なことがほかにあろうか。『ばら物語』の登場人物たち、歓待、甘いまなざし、みせかけ、悪口、危険、恥、恐怖などは、美徳や罪を人間のかたちで描きだした、これはまさしく中世特有のやりかたと、まったく同一の発想の上に立っていた。比喩《アレゴリー》、といってもいい足りない、むしろ半信半疑の神話の世界というべきか。だが、これらの形象を、ニンフ、サテュロスなど、ルネサンスの古代の神々から分かつ境界線は、どこにひけるのか。その出自は、おのずから異なる。だが、表現しているものは同じである。ときとしては、『ばら物語』の登場人物たちのよそおいは、幻想に花ひらくボッティチェリの画面を想い起こさせる。

『ばら物語』は、技巧が勝ちながらもなおかつ感情のこめられた形式のうちに、愛の夢を描きだしたのである。比喩《アレゴリー》をあやつるとき、中世人の表現への欲求は満ち足りた。擬人化という手段を欠いては、人びとは、さまざまな感情の動きを表現し、またそれを追体験することができなかったのである。この比類のない人形劇の多彩優美な色と線とは、愛の概念体系を作るに不可欠のものであった。この世界でこそ、言葉が通じあったのである。危険、新たな想い、悪口などのイメージに対するに、ちょうど現今、わたしたちが心理学の用語に出る流行語に対すると同様の扱いをしていたのである。

『ばら物語』の主テーマは、情熱に活力を与える態《てい》のものであった。吟遊詩人たちが、身を焦がす敬愛もついにむくわれぬ対象として雲の上にまつりあげた、すでにひとの妻たる貴婦人に対する色あおざめた献身というモティーフにかわり、ここに登場したのは、ふたたび、自然にそむかぬエロティックなモティーフであったのだから。すなわち、ばらに象徴された処女性の秘密という強い刺激、そして、技巧をこらし、忍耐を重ねてそれをかちえようとする努力である。

『ばら物語』の説く愛は、理論としてはあくまで宮廷ふうのけだかい愛であった。生の喜びの庭園には、ただ、選ばれたもののみが、そして愛によってのみはいりうる。はいろうと望むものは、憎しみ、不実、粗野、強欲、貪欲、嫉妬、老齢、偽善から自由でなければならない、というのだ。ところが、それら否定の徳目に対してたてている肯定の徳目をみてみると、この愛の理想が、かつての宮廷恋歌にあらわれていたところとは異なり、もはや倫理的とはいえず、たんに貴族的《アリストクラティク》ともいうべき性格のものになってしまっていることがわかるのである。その徳目とは、すなわち、気楽さ、快楽主義、快活さ、愛、美、富、寛大さ、率直、そして礼儀正しさである。

これらの徳目は、もはや、愛するものを照らし、その人格を高めるものではない。ただ愛するものをかちうるためのたしかな手段にすぎないのである。この作品にインスピレーションを吹きこんでいるのは、女性崇拝では、もはやない。女性崇拝をよそおってさえもいない。グィオーム・ド・ロリスにあっては知らず、すくなくともジャン・クロピネルにあってはたしかに、それは、女性の弱さへの冷酷な軽蔑《けいべつ》である。そして、その軽侮の念は、愛が官能的性格のものと考えられたところに、そもそも由来していたのであった。

当時、人びとの精神を広く支配したとはいえ、それでもなお、『ばら物語』は、愛についての古風な考えかたを、完全に追放してしまうことはできなかった。たわむれの恋を礼《らい》讃《さん》する声に抗して、純にして騎士道ふう、献身誠実の愛という考えも、なおその地歩を残していたのである。なんといっても、これは、騎士道理想の核心にふれるところであったのだ。

この問題は、フランス王とそのふたりの叔父《おじ》、ベリー侯とブルゴーニュ侯とをめぐる、贅沢三昧《ぜいたくざんまい》の貴族たちの、はなやかなサークルでの論争のたねとなった。ただひとりの貴婦人に誠実を誓って想いこがれ、ほめたとうべき奉仕に生きる、まことの儀礼の愛か、誠実もつまりは女を射とめるための手段にすぎぬという『ばら物語』の愛か、そのどちらの考えかたが、真の貴人にふさわしいか、というのである。

けだかき騎士ブシコーは、一三八八年、東方への遠征行の途上、同行者とともに、詩作『百のバラッドの書』に無聊《ぶりょう》をなぐさめ、騎士道ふうの誠実な愛を弁護している。そして、たわむれの恋かまことの愛かの決定は、これを宮廷の「才《ざえ》あるかたがた」にまかせよう、といっている。

それから数年ののち、もっと真摯《しんし》な発言がきかれた。クリスチーヌ・ド・ピザンが、この論争にわりこんだのである。この、女性の名誉と女性の権利との勇敢な弁護人は、愛の神あてに韻文書簡を送るというかたちで、男性側からするごまかし、中傷のかずかずに対する女性側からの抗議を書きつづっている。かの女は、憤りをこめて、『ばら物語』の所説を告発したのだ。

かの女に味方したものもいたにはいた。だが、このジャン・ド・マンの作品には、いぜんとして一群の崇拝者、弁護人がついていたのである。その後、文学畑での論争がおこり、支持するもの、反対するもの、それぞれ盛んに発言している。『ばら物語』を高く評価したのは、安っぽい連中ばかりであった、ということはない。おおぜいのすぐれた、学のある、博識の人びとが、と、リールの代官《プレボー》ジャン・ド・モントルイユは確言している、『ばら物語』をたいそう高く買い、ほとんどそれを礼拝せんとするほどであって、また、この書を欠くならば、むしろ下着を欠くほうがましとするほどであった、と。

『ばら物語』の弁護論が、どんなものの考えかた、感じかたの風土から出てきたのかを理解することは、けっして容易なことではない。というのは、弁護人としてかぞえられるのは、けっして浮薄な宮廷の若殿たちではなく、聖職者をすらふくめて、むしろ謹厳な高官たちであったのだから。前述のリールの代官ジャン・ド・モントルイユがそのひとりであって、王太子の、のちにはブルゴーニュ侯の書記官であったかれは、その友ゴンチエ・コル、ピエール・コルと盛んにラテン語韻文書簡をとりかわし、この問題についての意見の一致をみているし、また、他の連中に対し、ジャン・ド・マン弁護に加担するよう、熱心に呼びかけている。

この点は特記すべきことなのだが、このにぎやかで淫蕩《いんとう》な中世紀の詩作のため、すすんで擁護者になろうとした人びとのサークルこそ、はじめてフランス人文主義《ユマニスム》の萌芽《ほうが》がみられた土壌《どじょう》であったのだ。ジャン・ド・モントルイユは、たいへんな数のキケロばりの書簡を書き残しているが、そこには、人文主義者の言葉づかい、人文主義者のレトリック、人文主義者特有のむなしさが認められるのである。かれとその友ゴンチエ、ピエール・コルとは、教会改革論者であった謹厳な神学者ニコラ・ド・クレマンジュと、書簡をとりかわしてもいたのである。

ジャン・ド・モントルイユは、たしかに本気でおのれの文学観を奉じていた。この深遠にして名だかい、ジャン・ド・マン先生の著作の、と、かれは、『ばら物語』を攻撃したある匿名の法学者あてに書き送っている、玄妙不可思議のおもおもしさとおもおもしさの神秘とをたずね知れば知るほど、わたしは、ますます、あなたの非難にはおどろかずにはいられないのです、と。最後の息をひきとるまで、弁護し続けよう。かれ同様、書きものによって、あるいはまた、口や腕にもものをいわせて、味方にたとうとする人たちが、おおぜいいるのだ、そうかれは述べている。

ところで、ここに、『ばら物語』をめぐる論争が、けっして、宮廷生活の社交遊戯という枠《わく》のなかにおさまるものではなかったということを立証するためかのように、ある人物の発言が最後にきかれたのである。かれは、もっぱら、至高の道徳性、至純の教義という観点から発言したのであって、その名はジャン・ジェルソン、著名な神学者であり、パリ大学の学長であった。

一四〇二年五月十八日夜、書斎にて、と日付を付して、かれは『ばら物語』攻撃文を書いている。これは、以前ジェルソンが書いた文章に対するピエール・コルの反駁文《はんばくぶん》に、再度応じたものであって、だから、ジェルソンが『ばら物語』について書いたのは、これがはじめてではなかった。

この書物は、危険きわまりないペスト、すべての悪徳の源泉と、ジェルソンは考えたのである。だから、かれは、あらゆる機会をとらえて、これを攻撃しようとした。かれは、くりかえし、この「悪《あ》しきばらの物語」の、おそるべき破滅の影響力に対し、防衛の陣をはっている。もしもわたしがその本を一冊もっていて、と、かれはいう、それがこの世に一冊しかなく、千金の値があるとしても、それを売り渡し、公にする結果をみるよりは、むしろそれを焼き捨ててしまおう、と。

ジェルソンは、かれがやっつけようとする、その当の対象から、論証の形式を借用している。つまり、幻にみる比喩の世界、という設定である。ある朝めざめたかれは、魂がからだから離れてゆくのを感じる、「さまざまな想いの羽、翼にのり、ここからあそこへ、ついにはキリスト教の聖宮殿へ、と」。そこで、かれは、正義、良心、そして知恵に出会い、純潔が、気ちがいじみた熱愛者のことで嘆いているという話をきく。熱愛者とは、むろんジャン・ド・マンのことで、純潔を、それにつき従うものたちともども、地上から追放してしまった、というのである。

純潔の「よき守り手たち」は、すなわち、『ばら物語』では悪しきものたちであり、「恥、恐怖、そして、よき門番たる危険。このよき門番は、どんなことがあろうとも、粗野な接《せっ》吻《ぷん》はもとよりのこと、放縦なまなざし、誘いかけるような笑い、また軽口をゆるそうとはけっしてしないのだ」

純潔は、一連の非難を、熱愛者にあびせかける。「かれは、ギリシア火、[*8]また硫黄《いおう》の火よりもはげしく燃え、悪臭をはなつ火を、いたるところに投げつける」。熱愛者は、呪《のろ》われた老婆の口をかりて教えこもうとする、「若い娘たちは、ひとり残らず、恥も恐れも捨てて、できるだけはやく、高い値段でからだを売るべきだ、平気でひとをだましたり、偽誓したりするようになるべきだ」、と。結婚や修道生活を嘲笑《あざわら》い、すべての空想をあげて肉の快楽に向けさせようとする。もっとけしからぬことには、ヴィーナス、それどころか、理性夫人《ダーム・レゾン》をして語らしめて、天国《パラダイス》その他キリスト教教義の諸概念と、肉の喜びのそれとをまぜあわせてしまっている、と。

事実、ここに危険がひそんでいたのである。官能性とシニックな嘲笑《ちょうしょう》、優雅な象徴主義のごちゃまぜ料理の観がある、このどうどうたる大作品は、人びとの心を、性愛の神秘主義に満たした。この性愛の神秘主義、これこそ、このまじめな神学者のみるところ、罪業の深淵《しんえん》と思われたにちがいないのである。

それにしても、ジェルソンの論争相手たるピエール・コルは、なんと大胆なことをいったものではないか、はげしい情熱の価値を判定できるのは、熱愛者だけだ、情熱を知らぬものは、ちょうど鏡に映してみるように、おぼろげにしかそれをみてはいないのだ、それはかれにとって謎《なぞ》にとどまるのだ、とは！　かれは、聖書のコリント書の章句をもちだして、神秘主義者がその霊の恍惚《エクスタシー》を語るように、俗世の愛について語っているのである！[*9]

ピエール・コルは、こういう調子でなおもいう、ソロモンの雅歌は、エジプト王《ファラオ》の娘をたたえる讃歌《さんか》として作られた。自然は、ひとりの女がひとりの男に満足するを望まない。前にひざまずいたものである。[*10]『ばら物語』を中傷したものは、すなわち、バール神の自然の祭司、精霊は、すなわち神である、等々と。ついには、コルは、ルカ伝第二章第二三節をひき、かつて女性の性器は、つまりは『ばら物語』のばらは、神聖なものであったと、聖書の権威において証明しようとまでしたのである。

このように、神を畏《おそ》れぬ妄信《もうしん》にこりかたまったピエール・コルは、『ばら物語』を擁護するめんめんに呼びかけて、その証言を集め、ジェルソンをおどしていうには、すでに多くの神学者たちの身の上におこったように、ジェルソンもまた、狂おしい恋に身をあやまることになろう、と。

『ばら物語』の権威は、ジェルソンの攻撃をもってしても、けっして失われなかったのである。一四四四年、リジューの司教教会参事会員エチエンヌ・ルグリは、『ばら物語索引』を作製し、これをパリの王家勘定部屋書記ジャン・ルベーグにおくっている。

ジャン・モリネは、『ばら物語』の章句が一般に流布《るふ》し、ことわざ同然に扱われていると報告しているが、それは、十五世紀も終りに近づいたころのことなのである。かれは、『ばら物語』全部に注釈をつけ、これを教訓詩として説明しなければならないと感じていた。かれの解釈では、物語のはじめのところに出てくる泉は、洗礼のシンボルということになり、愛に呼びかける小夜鳴鳥《ナイチンゲール》は、説教師や神学者の声を意味し、ばらは、すなわちイエスその人なのである。

十六世紀にはいれば、クレマン・マロが『ばら物語』の現代版を作っているし、[*11]ロンサールにしてからが、歓待《ベラクー》だの よこしまな危険《フォー・ダンジェ》だのといった比喩《ひゆ》的人格を、その詩のなかに登場させているのである。

きまじめな学者文人たちが、ペンの闘いに熱中しているかたわら、貴族たちは、時ぞいたれりとばかりに、お祭り騒ぎの談義にふけり、このはなばなしい遊びを楽しんでいたのである。ブシコーは、愛における騎士道ふうの誠実という古風な理想をあくまで高く奉じたというので、クリスチーヌ・ド・ピザンにほめられ、おそらくその称讃《しょうさん》が直接の動機になったと思われるのだが、しいたげられている女性を保護するためと称して、「緑の楯《たて》の白い貴婦人」騎士団を創設している。だが、そのかれも、ブルゴーニュ侯には、さすがにかなわなかった。せっかくのかれの騎士団も、ブルゴーニュ侯が、一四〇一年二月十四日、パリのアルトワ館に設立した、さらに規模の大きな団体「愛の宮廷《クール・ダムール》」の影に、とたんにのみこまれてしまったのである。

これは、目もあやに飾りたてられた文学サロンであった。ブルゴーニュ侯フィリップ豪勇侯、これは年とった打算家の政治家であり、いったいなにを考えて、こんなことをやる気になったのか、おおいに疑ってしかるべき人物なのだが、そのかれとルイ・ド・ブルボンとが計画し、王に設立のことを願いでたのである、パリにペストが猖獗《しょうけつ》をきわめているあいだ、気晴らしのために「愛の宮廷」を催したい、「しばしの時を優雅にふるまって過ごし、新たな喜びのめざめを知ろうがために」、と。

「愛の宮廷」は、謙譲と誠実の徳を本として、「あらゆる高貴な女性たちをうやまい、称讃し、推称し、また、かの女たちに奉仕するために」設立された。メンバーは、実にたくさんいて、それぞれ、まことにはなばなしい称号をとっていた。創立者ふたりとシャルル六世とは大監督《グラン・コンセルヴァトゥール》、ジャン無怖侯《サン・プール》とその弟アントワーヌ・ド・ブラバン[*12]、それにジャンの幼い息子フィリップが監督《コンセルヴァトゥール》にかぞえられた。エノーの貴族ピエール・ド・オートヴィルが愛の王《プランス・ダムール》の称号をとり、その他、長官《ミニストル》、法務官《オーディトゥール》、奥付の騎士《シュヴァリエ・ドヌール》、顧問官《コンセイエ》、財務官《シュヴァリエ・トレゾリエ》、狩猟官《グラン・ヴヌール》、扈従騎士《エキュイエ・ダムール》、請願官《メートル・デ・ルケート》、書記官《スクレテール》などの称号があった。つまりは、宮廷全官職の模倣なのである。だから、そこには、王侯貴族や高位聖職者と並んで、市民や下級聖職者の存在も認められるのである。

会の活動や儀式は、厳密に規則で定められていた。そこには、むしろ、ありきたりの修辞家集団を想わせるものがあった。詩を作るには、リフレインをあやつり、さまざまなきまった詩型にあわせるのであった、「同音くりかえしバラッド」、シャンソン、セルヴァントワ、コンプレント、ロンドー、レー、ヴィルレー。[*13] 議論も、「愛の訴訟のかたちで、さまざまな申し立てに耳かたむけられ」なければならなかった。婦人たちが賞品をくばり、女性の名誉を傷つけるような詩を作ることは禁止されていた。

この豪華荘重のプラン立て、この小意気な遊びのためのものものしい道具立て、まさにこれこそ、ブルゴーニュふうではある。もちろん、すぐ説明できることではあるが、おどろくべきことに、フランス宮廷は、けだかい誠実というきびしい理想に忠実であったのだ。けれども、だからといって、この会の存続のことがきかれた約十五年のあいだに会員であったと知られる七百人ほどの人びと全員が、ブシコーのように、クリスチーヌ・ド・ピザンに対する心からの同調者、ということは『ばら物語』の敵、であったと考えてはならない。それは、まったく事実に反している。

アントワーヌ・ド・ブラバン、その他、高位の諸卿《しょきょう》の行状のさし示すところ、かれらが、女性の名誉の擁護者であったとはとうていいえないのである。会員のひとり、ルノー・ダザンクールなるものは、二十頭の馬とひとりの司祭とを使って、たいそうはでに、さる行商人若後家《わかごけ》を誘拐《ゆうかい》しようとして、それに失敗した事件の張本人であった。別の会員トネール伯もまた、同様の犯罪を犯している。

そしてまた、これすなわち、すべてが美しい社交遊戯にほかならなかったと、決定的に証するかのように、『ばら物語』をめぐる文学論争におけるクリスチーヌ・ド・ピザンの論争相手さえもが、会員のなかにまじっていたのであった。すなわち、ジャン・ド・モントルイユ、ゴンチエおよびピエール・コルである。

(1) 西欧の抒情詩は、十二世紀のトルバドゥールの詩歌に発した。これは南フランス、オック語圏の諸侯伯の宮廷サークルに成立した文学形式であって、トルバドゥールのほとんどは領主貴族身分に属する。最古の例としては、ポワトゥー伯ギヨーム七世(アキテーヌ侯としては九世、一〇七一～一一二七)が知られている。かれらより数世代あとに、北フランスの諸侯の宮廷にも抒情詩人があらわれる。これはトルヴェールと呼ばれる。なお、ホイジンガは「プロヴァンスの」と特定しているが、トルバドゥールのオック－ロマンス語文学はアクィテーンからトゥールーザン、のちのラングドック、オーヴェルン、ローン河谷、さらには北スペイン、北イタリアに展開していて、そんなローン下流東岸のプロヴァンスだけに限定されてなんかいなかった。後代、オック－ロマンス語やそれを使う文学を「プロヴァンサル」と呼ぶようになったので、あるいはそのあたりからホイジンガとその世代の人たちの誤解が生まれたのかもしれない。

(2) ケファルスは狩人であって、曙の女神に愛された。その妻プロクリスは、狩りに夢中な夫への猜疑から夫のあとをつけ、夫の矢に倒れる。ピラムスとティスベの物語は、オウィディウスの『メタモルフォーセス』に出るバビロニアの古伝説。桑の木の下にティスベのヴェールのきれはしが落ちていた。ピラムスは、ティスベがライオンに食べられてしまったのだと誤解して自殺してしまう。たちもどったティスベは、これをみて自殺する。だから桑の実は黒いのだという。

(3)「レ・クラシック・フランセ・デュ・モワヤ・ナージュ」版の校訂本（全三巻、一九六五〜七五）の校注者フェリックス・ルコワの推理では、はじめに四、〇二八行を書いたロリスのギヨームが一二二五〜三〇年のあいだに仕事をし、ギヨームの死後に生まれたマンのジャンが一二六九〜七八年のあいだに一七、七二二行を書いた。

(4)祝婚歌（エピタラミウム）は、結婚をことほぐ古代ギリシア歌謡。現在知られている最古の遺例はサッフォーの断片だが、そのサッフォーにしろ、あるいはローマ詩人カトゥルスのそれにしろ、すでにそれは、伝統の形式に、むしろ知的で繊細な情感をもりこんだものになってしまっている。だから、ここにいう「祝婚歌の様式」とは、いわばサッフォー以前、原始未開の俗習を背景にするものと広義に解すべきであろう。

(5)もともとこれは祝婚歌のかけ声。いつしかヒューメンないしヒュメナエウスが神格と観ぜられるようになり、ふつうにはアポロン神とミューズ女神とのあいだの子と考えられた。伝承によっては、ディオニュソスとアフロディテの子とされる。

(6)直訳すれば、「サトゥルナリア的なるものが拘束を脱してとびだす」となる。サトゥルヌスはローマの農業神。サトゥルナリアはその年祭。冬蒔きの時期と関連して、十二月の十七日から、ときによっては七日間も続く、最大の祭り。サトゥルヌス神像の脚をしばっていた紐が解かれる、奴隷はこの期間自由にされる、すべてが「拘束を脱してとびだす」のである。

(7)「白蠟」cire vierge は、火にとかして作る生蠟、ないし木蠟とはちがい、火にかけることなく、蜜蜂の巣からとる蠟のこと。だが、これを直訳すれば「処女の蠟」となることにご注意願いたい。

(8)七一七年、大攻勢をかけてきたイスラム教徒勢を撃退したビザンティン海軍が使用したと伝えられる武器。これは「液状の火」とも呼ばれ、硫黄を主とする発火性物質に点火し、これを敵船に投げこんだり、注ぎこんだりしたらしい。

(9)「コリント前書」一三の一二。

(10)バール神は、セム系農業民族の自然神の一種だが、聖書では、邪神の意味で広義に使われている。その前にひざまずくとは、だから偶像礼拝の罪を犯すという意味になる。

(11)『キューピッドの神殿』(一五一五年)。なお、マロは、一五二九年、『ばら物語』の新版を刊行している。

(12)ジャン・サン・プールとアントワーヌの父親フィリップ・ル・アルディは一三九八年のころからブラバント侯領の取得の試みをはじめていたが、ブラバントの等族会議(領主と町々の協議体)がブルゴーニュ家のカデ(次男以下の男子)アントワーヌをブラバントの君主予定者に受け入れたのは一四〇三年になってからで、けっきょくアントワーヌがブラバント侯の肩書きをとるのは、フィリップの死後、一四〇六年も末のことである。「愛の宮廷」の創立時、一四〇一年にアントワーヌが「ド・ブラバン」だったわけはない。また兄のジャンがすでに「サン・プール」のあだなをもらっていたとも思えない。

(13)ここでホイジンガがあげているいくつかの詩型は、文脈を見るに、十五世紀初頭にひらかれた「文学サロン」お仕着せのものをいっている。バラッド、ロンドーといっても、十四世紀なかばのギョーム・マショーから十五世紀末のモリネまで、あいだにデシャンがいる、「ヴィヨン遺言詩」の詩人がいる、メシノーがいる、とていバラッドとはこうです、ロンドーはこうでしたと説明などできるものではない。後段にご紹介するように、ホイジンガ自身、どれほど詩型のことがわかっているのか、疑わしい。ケース・バイ・ケースでご案内したい。

IX　愛の作法

愛を表現するさまざまなかたちは、その時代の文学の教えるところである。だが、わたしたちはその時代の生活そのもののうちにこそ、それらさまざまなかたちのイメージを追わねばならぬ。当時、だれしもの認める社交の作法のシステムがあって、貴族サークルの若者たちの生活は、それで満たされていたのである。

愛を表現するに、なんと多くのしるし、形象があったことか。のちの諸世紀は、ひとつ、またひとつと、それをうちすててきたのである。愛の神だけでは足りず、この時代は、『ばら物語』の異様な比喩《ひゆ》の神話体系をもっていた。歓待だの、甘い想《おも》い、みせかけ、その他さまざまな比喩の形象が、その生まれた文学作品の世界から外に出て、人びとの想像の世界に、自由に生活していた。

あるいはまた、衣装、花、装飾品の色に、微妙な意味がふくまれていた。今日でもなおすっかりは忘れさられていない色の象徴主義は、中世の愛の生活にあって、ひじょうに重要な位置を占めていたのである。色のシンボルのことをよく知らない人は、『色の紋章』

という著作を手引きにすればよかった。これは、一四五八年ごろ、紋章官シシルによって書かれたもので、のち、十六世紀に韻文詩に書きなおされた。ラブレーはこれを嘲笑《ちょうしょう》しているが、それは、かれがこのテーマをばかにしていたからなのではない、おもうに、かれじしん、こういった本を書きたいと考えていたからなのであった。[†1]

ギョーム・ド・マショーは、はじめて恋人に出会ったとき、かの女が、白い衣装をつけ、空色の地に緑の鸚鵡《おうむ》を刺繍《ししゅう》した頭巾《ずきん》をかぶっているのをみて、すっかり喜んでしまった。というのは、緑は新たに芽ばえた恋の色であり、青は誠実をあらわしていたからである。だが、詩人の恋の高潮も、やがてはひく。かれは、ベッドの上にかかっている肖像画のかの女が、かれに顔をそむけ、全身緑色の衣装をつけているという夢をみた。緑色、それはこの場合、「新奇さを意味している」。かれは、かの女を責めるバラッドを作っている。

　青にかえて、わが想わせびとよ、あなたは緑の衣をつけている。

指環《ゆびわ》、ヴェール、さまざまな宝石、恋の贈りもの、それぞれが特殊なはたらきをもっていた。それに、秘密の標語、標識があり、これがまた、ときには謎《なぞ》をこらしすぎて、まるで判じ物になってしまっていたのである。王太子[*1]が、一四一四年の合戦《かっせん》にかかげた旗には、Kの字、白鳥《シーニュ》の絵、そしてLの字が金色に描かれていた。これを続けてよめば、カシネル、すなわち、かれの母イザボーの侍女ラ・カシネルの名前になるのだという。

なお一世紀ののち、ラブレーは、「宮廷のうぬぼれ連中、言葉の振り替え屋ども」を嘲笑している、かれらは、その紋章の記銘のなかに「球体《スフェール》」の絵をかかせ、それで「希望《エスポワール》」を、あるいは「鳥の羽根《ペンヌ》」で「苦悩《ペーヌ》」を、「おだまき《アンコリー》」で「憂愁《メランコリー》」を意味させた気になっている、と。*2

その他、恋にからめた、小意気な遊戯のかずかずがあった。嘘《うそ》いわぬ王とか、愛の城、愛の売り立て、売りもの遊びなど。たとえば、娘が花かなにかの名をあげる、若者は、韻をあわせて、いんぎんにそれに答えなければならない。クリスチーヌ・ド・ピザンによれば、こんなふうに。

お売りするのは、立葵《たちあおい》。
——美しい人よ、あえては申しますまい、
愛の、御身のかたへとわたしを動かすを、
申さずとも、おわかりのものを。

愛の城という遊戯は、『ばら物語』のアレゴリーをかりての、一種の問答遊びであった。

愛の城について問う。
礎石はなにか、言え！
――誠実な愛。

では、主壁はなにか、あげよ、
城をりっぱに強く堅固にする！
――賢き隠匿《いんとく》。

言え、はざま、窓、
また、窓ガラスはなにか！
――心をそそるまなざし。

友よ、門番の名をあげよ！
――中傷する危険。
門扉《もんび》をあける鍵《かぎ》は？
――礼にかなった乞《こ》い求め。

南仏吟遊詩人のむかし以来、宮廷での会話にはばをきかせていたのは、愛の決疑法《カズイスティク》であった。これは、いってみれば、好奇心と他人のあらさがしとを、文学の形式にまで高めたものであった。ルイ・ドルレアンの宮廷では、「よき書物、ディ、バラッド」[*3]と並んで、「みやびの問答歌」が、食事に興をそえたという。優劣の判定は、まず第一に、詩人にゆだねられた。だから、ある貴婦人、貴人の集まりが、詩人マショーを中心に、「愛とその冒険、あれかこれか」問答を楽しんでいるのである。

マショーといえば、かれはそれ以前すでに、『愛の裁判』なる書をあらわし、そのなかで、恋人に死別した女性は、誠実さを欠く恋人を愛するものよりも、嘆くことよりすくなし、との命題を弁護したことがあった。すべて、愛に関することがらは、こんなぐあいに、きびしい規範にそって論議されたのである。

「殿御よ、どちらをお望みですか、あなたさまの愛するおかたをひとは悪くいい、あなたさまご自身はよいおかたとお思いになる、それともこう、ひとはよくいい、ご自分はよくないおかたとお考えになる」。この問いかけに対する答えは、高度に形式化された名誉の観念、愛するものの社会的名誉を守らなければならないという強い義務感情の命ずるところ、こうでなければならなかったのだ、「ご婦人よ、望むところはこうです、かの女のよい評判をきくこと、かの女に欠点をみようとも」

貴婦人が、その愛人に捨てられたとする、いったい、かの女が、もっと誠実な愛人を新たにもつことは、愛の誓いを破ることになるだろうか。騎士の想わせびとが、その嫉妬ぶかい夫によってとじこめられてしまった。かの女に会うという望みを断たれた騎士は、新しい愛を求めてもよいものだろうか。騎士が、その愛する女性から、より高い身分の女性へと心をうつし、拒まれて、ふたたびもとの女性の好意を求めたとき、その騎士をゆるすことは、かの女の名誉にかなうことだろうか。

このような決疑法《カズイスティク》をさらに一歩すすめれば、すなわち、マルシアル・ドーヴェルニュがその『愛の判例集』でみせたような、徹底して訴訟形式による愛の問答遊びとなる。

このようにさまざまな、愛にからむ社交の作法は、いまはただ、文学に定着されたものを通じてのみ、わたしたちの知るところである。だが、当時、それらは現実の生活のものであった。宮廷ふうのものの考えかた、規則、作法をもりこんだ礼式集のたぐいは、たんに作詩の手引きとして作られたのではない。貴族の生活にあって実際に役にたつよう、もっとひかえめにいえば、会話の手引きとして作られたのである。

だが、詩歌のヴェールをすかして、当時の生活のさまをみようとするのは、たいへん困難なことである。というのは、現実におこった恋愛が、可能なかぎり忠実に描写されているかのようにみえる場合でさえも、その叙述は、なお、既成の理想を追いかける思いこみからけっして自由ではなく、愛とはこれこれこうだとの流行の概念一式にひきずりまわされ、文学にあってはあたりまえの様式化にしばられていたのであったから。

ある年老いた詩人と十四世紀のマリアンネ[*4]ともいうべき少女とのあいだに芽ばえた恋の、あまりにも冗長な物語の場合が、たとえばそれである。ギョーム・ド・マショーの『真実なる物語の書』。たぶん、かれが六十歳のころだったと思われる、ペロンネル・ダルマンチエールなる、シャンパーニュのさる貴族一門の、十八歳になる未知の少女が、一三六二年のこと、自作の小詩《ロンデル》をかれにおくりとどけてきた。かの女は、まだあったこともないこの著名な詩人に心をささげ、愛の詩書簡をとりかわそうと、かれのほうから求めるようにしむけたのである。

病身で片目はめしい、痛風に悩んでいたみじめな老詩人の心に、ほのおが燃えあがった。かれは、かの女の小詩にこたえ、詩書簡の往復がはじまった。ペロンネルは、この詩友としての関係を誇りにし、はじめから、このことを秘密にしようとはしなかった。かの女は、自分たちの愛の物語の嘘偽りのないところを、手紙や詩までもはさみこんで、本にしてくれと詩人にたのんだのである。詩人は、その仕事を、喜んでひきうけた、「そなたの栄光とほめたたえに、よき想い出となるようなものを作りましょう」

また、別の書簡に、かれは書いている、「わがいとしのきみよ、わたしたちの知りあったのがおそすぎたと怒っておいでなのですか。〔いったい、もっと早くなんてことがありえたのか?〕神かけて、わたしも残念に思います。〔それはそうでしょう。たくさんの理由から〕だが、これもとりかえしのつかないことではない。おくれをとりもどすには、こうです、時と場合のゆるすかぎり、楽しく喜ばしい生活を送りましょう。そうすれば、失った時間をとりかえすことができる。百年ののちまでも、わたしたちの恋は語られることでしょう、めでたくも誉れにつつまれて。たとえ不幸が襲っても、神さまにさえもそれをひめ隠し、じっと耐え忍ぶことが、そなたにはできるでしょうから」[*5]

マショーが、手紙と詩とを組みあわせて作ったこの物語は、当時、名誉にかなった愛といえば、どういうものと理解されていたかを教えてくれる。かれは、かの女の肖像画を乞いうけ、それを敬うこと、この世のおのれの神に対するがごとくであった。かれは、はじめてかの女に会うとき、からだの欠陥のことをたいへん気にやんでいたのだが、若い恋人はかれをみて、いっこうしりごみする様子もみせず、かれは、かぎりない幸福感につつまれたのであった。かの女は、桜の木の下で詩人の膝《ひざ》にもたれてまどろんだ、あるいは、眠ったふりをしたという。

かの女は、もっと大きな好意をかれに与えた。大市《ランディ》のひらかれているサン・ドニへの巡礼行が、数日のあいだ、いっしょに過ごす機会を作ったのである。とある昼さがり、一行は、喧噪《けんそう》と夏の暑さに死ぬほどくたびれてしまった。六月中旬のことである。ひとであふれた町なかで、避難所をさがしていた一行に、ある人が、ベッドふたつつきの部屋を提供してくれた。

かれらは、部屋を暗くして午睡をとった。ベッドのひとつにはペロンネルの義妹が眠り、もうひとつには、かの女じしんと侍女とが横になった。そして、かの女は、はにかむ詩人を強要して、自分たちふたりのあいだに横にならせたのである。かれは、かの女のじゃまをすまいと、まるで死人のように横たわっていた。やがてめざめたかの女は、接吻《せっぷん》するようかれに命じたという。

旅行も終りに近づき、かれの悲しみを察したかの女は、別れを告げるためにかの女を起こすことを、かれにゆるした。そんな機会のことを語るかれは、なお、「名誉」だの「誠実」だのをうんぬんしてはいるのだが、しかし、かの女が、なおかれになにかを拒みえたとの結論は、このかなりあけすけなうちあけばなしからは、出てこないのである。かの女は、かの女の宝、すなわち、名誉を守る黄金の小鍵を詩人に与え、その宝を心して保管せしめた。だが、むしろ守られるべきであったのは、もしかしたら、世間に対するかの女の美徳であったのかもしれないのである。

これ以上、詩人の幸運は続かなかった。事件の展開がなかったものだから、かれは、本の第二部を、神話からひろい集めた長ったらしいおはなしで埋めている。けっきょく、ペロンネルが、ふたりの関係はもうおしまいにしましょうといってきた、あきらかに結婚するために。詩人は決意するのであった、つねに変わらずかの女を愛し敬い続けよう、ふたりの死後、かの女の魂が栄光のうちにあってなお「いと美しき人」と呼び続けられるよう、神にお願いしよう、と。

当時の風紀、生活感情について教えてくれる点において、『真実なる物語の書』の右に出る恋愛文学はない。この若い娘が、だれはばかることなく享受し、しかもスキャンダルをひきおこすことのなかった自由きままさ。義妹だろうが、侍女だろうが、秘書だろうが、だれがいようとあたりかまわず、どんな内密のことまでも平気でさらけだす、てんでナイーヴな無邪気さ。

たとえば、こんな話にも、そのことはうかがえる。例の桜の木の下での会見のさい、マショーの秘書は、実にうまいはかりごとを思いついた。眠っているペロンネルの唇《くちびる》の上に緑のはっぱをのせ、このはっぱに接吻するようにと、詩人にいったのである。詩人が、ついに思いきって唇を近づけたとき、秘書は、そのはっぱをひいた。かくて、詩人の唇は、かの女の唇そのものに触れることになったのである。

さらに注目すべきは、愛情の問題に宗教性のからんでいることである。もちろんマショーが、ランスの教会の参事会員であって、聖職者の階層に属していたという事実を、あまり重大視してはならない。当時、教会参事会員になるには、下級聖職者の資格でじゅうぶんであり、その叙品にさいしては、独身の誓いは、それほど絶対的には要求されなかったのである。ペトラルカもまた、参事会員であった。

巡礼行が逢引《あいびき》の機会に選ばれたというのも、けっして異常なことではなかった。当時、巡礼行は、恋の冒険に、おおいに利用されていたのである。だが、勘ちがいしてはならない、巡礼という行為そのものは、たいへんまじめに、「いと敬虔《けいけん》に」行なわれたのだ。

それより以前、ふたりは、いっしょにミサをきいたことがあった。ペロンネルのうしろに詩人がすわり、

アグヌス・デイと読誦《どくじゅ》の声ひびき、
聖クルーペにかけるわが信心、
かの女はやさしくわたしに平和《ラ・ペ》の接吻をゆるした、
御堂の二本の柱のあいだに、
わたしはといえばとても平和《ラ・ペ》がほしかった、
わが恋する心がみだれたので、
すぐさまかの女が離れていったので。

平和《ラ・ペ》とは、口から口へと伝えられる平和の接吻のかわりに、次々にまわされて接吻される小板のことであるが、ここでは、むろん、ペロンネルじしんがかれに唇をさしだしたとの意味である。

かれは、庭でかの女を待ちながらお祈りを唱えていたという。また、ちょうどノヴェナ、すなわち同一祈禱文《きとうぶん》の九日間のおつとめのはじまりのときに、教会堂のなかにはいりかけ

たかれは、心にこう誓ったという、九日間のあいだ毎日、最愛の人のために新しい詩をひとつ作ろう、と。こんな誓いをたてているくせに、かれは、お祈りするときのたいへんな敬虔ぶりについてうんぬんして平気なのである。

だが、こういったことすべてが、浮薄で卑俗な心から出たことであると考えてはならない。ギヨーム・ド・マショーは、けっきょくのところ、まじめで高潔な詩人であった。これはわたしたちのほとんど理解しかねるところなのだが、トリエント公会議[*6]以前にあっては、宗教行事が実にフランクに日常生活のなかに編みこまれていて、人びとは、そのことにそれほど偏見をもってはいなかったのである。このことについては、なおのちにふれることにしよう。

この歴史に名高い恋愛事件に関する書簡や記述がわたしたちに語りかける感性は、やさしく甘く、いささかよわよわしい。感情の表白は、なお、冗長な理づめの考察にひきずられ、アレゴリーをあやつる想像と夢想の衣につつまれていた。だが、ともかくも、この白頭の詩人の心情の深さには、なにかわたしたちを感動させるものがある。その心情の深さこそ、おのれの幸運のすばらしさと「いと美しき人」のすぐれたひととなりを記しながら、この詩人が、実はその「いと美しき人」は、ただ、かれと自分じしんの心とをもてあそんでいたにすぎなかったのだということに気づかなかったゆえんなのである。

マショーの『真実なる物語の書』とだいたい時を同じくして、ある点ではそれと対をなすともいうべき著作が出ている。『騎士ド・ラ・トゥール・ランドリ、娘教育の書』がそれである。これもまた、マショーとペロンネル・ダルマンチエールの物語と同様、貴族サークルの生みだした著作ではある。ただし、前者は、シャンパーニュやパリの内外を舞台としているが、騎士ド・ラ・トゥール・ランドリは、わたしたちをアンジューやポワトゥーに連れていく。それに、語り手は、今度は、恋をしている年老いた詩人ではない。かなり散文的な一個の父親であって、「わが娘たちにロマンスすることを教えようと」、若い時分の想い出、逸話、物語を書き贈ろうというのである。かれのいわんとすることは、こうでもあろうか、娘たちに洗練された恋愛作法を教えようと。

ところが、その教育たるや、まったくもってロマンティックなものではないのだ。この用心ぶかい貴族が、娘たちに示した手本、与えた教訓のねらうところは、むしろ、ロマンティックなたわむれの恋の危険から娘たちを守るというにあったのだ。おしゃべりな人たちには気をつけなさい。かれらのお手のものは、「思い入れたっぷりにじっとみつめる偽りのまなざし、かすかなためいき、いかにも感じいったといわんばかりの顔つき。そして、かれらは、ほかの人たちよりもたくさんの言葉をいつも用意している」

また、かれは教える、あまりなれなれしくしてはいけない、と。まだ若かったとき、かれは父親に連れられて、ある城に出かけていったことがあった。その城主の娘と婚約のことが進められていたので、その娘に会いにいったのである。かの女は、たいへん愛想よくかれを迎えた。かの女のひととなりを知ろうと、かれはかの女といろいろな話をした。はなしたまたま捕虜のことに及び、若者は、この機会をとらえて、おおいに意気ばったお世辞をいった、「姫よ、他のいかなる人の捕虜となるよりも、そなたのとりことなるを選びたく存じます。おもうに、そなたの人屋《ひとや》は、イギリス人どもの牢獄ほどに耐えがたいものではありますまい。すると、かの女は、こう答えた、いましがた、とりこにしたいと思うおかたをみつけたばかりなのです、と。そこで、わたしはきいてみた、そのものを牢屋にいれて苦しめるおつもりか、と。かの女のいうには、けっしてそのようなことはしない、わが身同様だいじにするつもりだ、と。さようにやさしくけだかき人屋にはいるそのものは、実にしあわせものである、そう、わたしはいった。さて、なんといったものだろう？　かの女は、実によくしゃべった。その話しぶりから察するところ、なんでもよく知っているようにみえた。生きいきと快活なひとみの人であった」。別れにさいして、かの女は、またすぐ来てくれるようにと、二度も三度もくりかえし、そのさまは、年来の知己に対するがごとくであったという。

「出立するやいなや、父君はこういわれた、いま会ってきた娘御を、どうお思いかな、意見をきかせなさい」。実は、いかにも待っていましたといわんばかりの、かの女の態度ものごしが、もっと近づきになりたいという気持を、すっかりこの若者から奪いさってしまっていたのである。だから、かれはこう答えた、「父君、あのかたは、美しく、よい人だと思います。けれども、わたしは、いまより以上あのかたに近づこうとは思いません、ご異存なければ」。婚約のことはとりやめになった。かれとしては、じゅうぶん、そのことを後悔しない理由をもっていたのである。

このように、実際の生活の想い出を書きつづり、当時、現実の風儀と理想とがどんな対照をみせていたかを教えてくれるような文章は、わたしたちが問題にしている数世紀についていえば、不幸なことに、きわめてすくないのである。騎士ド・ラ・トゥール・ランドリにしても、もっとかれじしんの生活について語ってくれればよかったのに。かれの著述にしてからが、その大部分は、一般論の考察なのである。

かれが娘たちのために第一に考えていたことは、正しい結婚ということであった。そして、かれの考える結婚とは、愛とはほとんど無関係なのであった。かれは、その妻とたたかわせた、恋愛、すなわち「愛ゆえに愛する行為」が娘たちにふさわしいかどうか、いわばその合法性をめぐる、ややこしい「議論」を記録している。かれはいう、娘は、ある場合には、どうどうと恋愛してもよい、たとえば「結婚を望んでのことならば」。妻はこれに反対する。娘はどんな場合でも恋をしてはならない、たとえ相手が許婚者であっても。恋は真の信仰から娘を遠ざける。

「なぜって、わたし、まだ若いとき、恋をしたおおぜいの人からききました、教会におまいりしているとき、考えや、もの想いに沈んでしまって、しめつけられるような、楽しい恋の想いにばかりふけってしまって、神さまへのおつとめなんか、そっちのけなのです。恋するって、おつとめのときだっていうのに、だから司祭さまが、主御方《おんかた》を祭壇の上で祭っていらっしゃるというのに、ごちゃごちゃっとした想いに沈みこむってぐあいなのですって」。実に深い心理学的考察ではないか。マショーもペロンネルも、この言をうけがうことができたであろう。

だが、それにしても、詩人と騎士と、このふたりの考えかたのちがいはどうだろう！　そして、後者の考えかたが一般に謹厳であるとしても、いったい、その謹厳さは、この父親が、そのきわどい内容からみて『新百話』のなかにいれてすこしもおかしくはないと思われる小噺《こばなし》のたぐいを、ためになるからといって、くりかえしくりかえし、娘たちに勧めているという事実と、いかにして和解しえていたのであろうか。

宮廷風愛の理想を映す美しい作法と、婚約と結婚の現実とが、ほとんどすこしの結びつきももっていなかったがゆえにこそ、すべてこれ洗練された愛の生活に関する遊戯、会話、文章の諸要素は、なんらの制約もうけずに展開されえたのであった。愛の理想、誠実と献身の美しい虚構《フィクション》は、結婚、とりわけて貴族の結婚につきものの、まったく物質的な思惑《おもわく》の局外に立っていた。この理想は、ただ、ひとを魅了し、ひとの心を高める遊びというかたちでしか、体験されえなかったのである。トーナメントは、このロマンティックな愛の遊びを、ヒロイックなかたちで示した。羊飼いの理念は、愛の理想に田園詩の形式を与えたのである。

〔1〕『ガルガンチュワ物語』第九章。（続く第十章に、ラブレーは、白と青について蘊蓄をかたむけている）

（1）ホイジンガは「デ・ドーフィン」とだけ書いている。王家の家督相続予定者の意味だが、一四一四年の時点でそうだったのは当主シャルル六世の長子ルイだった。ルイはその翌年に死んだ。なおこの挿話はジュヴェナル・デジュルサンに出る。

（2）「エスポワール」はこの時代の発音表記で「エスプエール」、「ペンヌ」と「ペーヌ」はともに「ペーン」である。音と意味の両方で振り替えになっている。

（3）ディをふつう「物語」と訳す。しかし、商人の触れ売りの声をディと呼んでいる場合もある。一般に、中篇程度の「物語」の呼称がディであり、『ばら物語』のように長いものがロマンと考えてよい。

（4）六十歳を越した老齢のゲーテに詩の霊感を与えた女性マリアンネ・フォン・ヴィレメアのことを指す。『西東詩集』（一八一九年）はかの女との交情の記念であった。

（5）文中〔　〕内はホイジンガの独白である。

（6）一五四五年、チロル山中トリエントに召集された公会議。一五六三年まで断続して三回開催され、プロテスタンティズムの攻勢に対処するべく、ローマ・カトリック教会の制度と教義に関する議論がたたかわされた。カトリック教会に関してみるならば、この会議は、近代カトリック教会の体制への出発点となったのである。

X　牧歌ふうの生のイメージ

騎士道にのっとる生活形式は、審美、徳性、社会有用の三理想をしょいこみすぎていたのである。フィリップ・ド・コミーヌをそのひとりとする、さめた現実感覚の持ち主のみるところ、この誉れも高き騎士道も、無益なまやかしもの、作りあげられた見世物、笑うべき時代錯誤《アナクロニズム》にすぎず、人びとをつきうごかし、国家社会の命運を決する現実の力は、この騎士道の世界の外にはたらくと観ぜられたのであった。

騎士道理想の社会的効用が、極度に低下してしまっていたのである。それだけに、いっそう、騎士道理想の標榜《ひょうぼう》してきた倫理性、徳の実践ということも、しだいにその声を低めてしまっていた。一個の道徳志向としてこれをみるとき、貴族の生活は、それすなわち、罪と虚栄の生活であったのだ。

しかも審美的観点に立ってこれをみても、騎士道理想は、あきらかに破産していたのである。この理想にのっとった生活形式の美は、四方の否認の声にさらされていた。ときとして、騎士の生活は、市民の目に好ましいものと映じたかもしれぬ。だが、貴族のあいだにさえも、大いなる倦怠《けんたい》と欲求不満の声があがっていた。美しい遊戯と化した宮廷生活、多彩にすぎる、嘘《うそ》もいいところだ、せわしなさすぎる。求めよう、苦心になったせっかくの生活芸術を捨てて、よりたしかな単純さと憩《いこ》いとを。

ここに、騎士道理想から遠ざかるふたすじの道があった。現実に活動する生活、近代の探求の精神への道、他方には世俗否定への道である。この後者の道は、ピタゴラスのY*1の字のごとく、さらにふたすじに分かれていた。本道は、霊の生活へとまっすぐに通じ、脇《わき》道《みち》は、世俗の外縁をまわり、なお、その楽しみを去らない。美しい生活を求める気持はなかなかに強く、宮廷の生活、闘争の生活のむなしさ、いとわしさをじゅうぶん承知しながらも、なお、どこかに抜け道があって、俗世の生の美しさに、明るく甘美な夢に通じているると、ひとは考えたのであった。

羊飼いの生活という古風な幻想は、いまもむかしと変わらず、自然の幸福を約束するかのごとく、テオクリトス*2以来輝ききたった光を集めて光り輝いていた。大いなるやすらぎが、争わずして手にはいるかのようにみえたのである。むなしい栄誉位階をめぐる、憎しみとねたみに満ちた争いから離れ、ものものしくも度をこした贅沢三昧《ぜいたくざんまい》、恐ろしくも危険に満ちた戦争から身を遠ざけ、ただひたすらに逃げることによって。

簡素な生活礼讃《らいさん》は、中世文学がすでにはやく、古代からうけつぎきたったテーマであった。だが、そのテーマのあるところ、つねに田園詩が生まれるとは限らない。同一の感情の表白にも、積極的と消極的とがある。田園詩に描かれたのは、宮廷風生活に対する積極的な対立の立場であり、消極的なあらわれが、すなわち、宮廷逃亡であり、「黄金の中庸《アウレア・メディオクリタス》」礼讃である。いかにして、どこへ逃げるのか、学問へか、孤独の憩いへか、労働へか、それは問わない、ただ、貴族主義的な生活理想に背を向けるのである。

むろん、積極的と消極的と、このふたつのモティーフは、つねにあい交わっていた。すでに十二世紀、ジョン・オブ・ソールズベリとウォルター・マップとは、宮廷生活の悲惨というテーマで、それぞれ『宮廷人のたわむれごと』という表題の本を書いている。[*3]十四世紀フランスの音楽家であり詩人であった、モーの司教、フィリップ・ド・ヴィトリの詩、ペトラルカに称讃《しょうさん》された『フラン・ゴンチエ物語』において、このテーマは、古典的表現を獲得した。田園詩のモティーフとの結合は、ここに、じゅうぶんに認められる。

緑の葉かげ、ここちよい草の原、
さざめく小川にそって、きよらな泉のほとり、
わたしはみた、そこに小屋が立っていて、
ゴンチエと妻エレーヌが食事中、
新鮮な乾酪《チーズ》、乳《ミルク》、牛酪《バター》、乳酪《クリーム》、
よおぐると、りんご、くるみ、ぷらむ、なし、

にんにくにたまねぎ、ねぎをきざんで、つぶして、
焼いたパンの皮にのせ、荒塩そえて、たっぷり水を飲む。
食事のあと、かれらは接吻《せっぷん》をかわす、「口にも鼻にも、なめらかなのと髭《ひげ》もじゃらなのと」。そして、ゴンチエは、森に木を切りにいき、妻エレーヌは洗濯《せんたく》に出かける。

わたしはきく、ゴンチエは、木を倒しつつ、
たしかな生を神に感謝する、
知らぬ、かれはいう、大理石の柱、
輝く柄頭《つかがしら》、絵に飾られた壁、それがなんだか。
おそれはしない、おもて飾って裏にたくらむ
裏切りを、毒をもられはしまいかと、
金のうつわで。暴君の前で、
帽子をとらず、膝《ひざ》を屈することもない。
門番の鞭《むち》に追われることもない。
なぜって、強欲、野心、餓鬼《がき》の欲が、
宮廷へと、わたしをひいていかしめないからだ。

労働は、喜ばしい自由のうちに、わたしを養う、
わたしはエレーヌを愛し、エレーヌまた、たしかにこたえる、
それでじゅうぶん。墓のことは思いわずらわぬ。
きいたわたしはいう、ああ、宮廷の奴隷など、一文の値うちもない、
それにくらべてフラン・ゴンチエは、金台細工の宝石だ。

続く数世代、人びとは、ここに描かれた生活に、単純な生活という理想の古典的表現をみいだした。ここには、安定と自立とがあり、節制、健康、労働、自然質朴《しつぼく》な夫婦愛の喜びがあった。

ユスタシュ・デシャンもまた、これにならって、たくさんのバラッドに、簡素な生活礼讃と宮廷嫌悪《けんお》とを歌っている。そのなかには、『フラン・ゴンチエ物語』をすっかりまねたものがある。

長らくとどまった、
主君の宮廷よりの帰途、
茂みのかげ、泉のほとり、
自由の人ロバンに出会った、帽子をかぶり、

花の帽子を、かれはかぶり、
頭の上に、そしてかれの愛するマリオン……

かれは、このテーマをさらにおしひろげ、戦士や騎士の生活に対する嘲笑《ちょうしょう》をもりこんでいる。心からまじめに、かれは、戦争の悲惨と残酷とをうったえる。戦士ほど、悪性の身分はない。七つの大罪が、かれの日常の仕事であり、貪欲《どんよく》とむなしい栄誉欲とが戦争の本性である。

いまよりのち、わたしは生きよう、
ふつうの身分に、そうわたしは心にきめた、
戦いを捨て、労働に生きよう、
戦う、これは破滅だ。

また、ある詩では、かれは、かれに挑戦《ちょうせん》しようとした男を、嘲《あざけ》り、呪《のろ》っている。また、別のところでは、かれの想わせびとのことでしかけられた決闘に関し、そんなことには応じなさるなと、その想わせびとにはっきりいわせている。

だが、多くの場合、デシャンの好んだテーマは、「黄金の中庸」のテーマそのものであ

った。

神に願い求めるは、ただ次のこと、
この世にあって神に仕え、神をたたえ、
一本立ちで生きること、お与えください、
上着と胴着、畑をたがやす馬一頭、
平々凡々に身を処して、
神のめぐみにつつまれて、ひとをねたまず、
もつに多すぎず、パンを乞《こ》うこともなく、
今日という日が、いちばんたしかな生なのだから。

名誉欲、所有欲は、悲惨をもたらすのみ。貧乏人は、心満ち足り、しあわせであり、安心のうちに長生きする。

はたらくもの、貧しい馬車ひきは、
みなりかまわず、ぼろをつけ、破靴《やれぐつ》でゆく、
だが、はたらきながら、仕事を楽しみ、

喜びのうちに、仕事を終える。
夜の眠りも安らけく、かくも務めに忠実な心のものは、
四人の王のその治世の終りをみとどける。

質朴な労働者が、四代の王よりも長生きするという、この着想は、たいへんデシャンの気にいったとみえて、かれは、くりかえしこれを使っている。

ところで、このような傾向の詩は、がいしてデシャンの詩のなかでも最良のもののうちにはいるのだが、すべてこれ、かれの晩年の作であると、デシャンの詩を編集したガストン・レイノーはいっている。官を解かれ、ひとに忘れさられ、幻滅を味わったかれが、宮廷生活のむなしさをつくづくと考えた時期のものだ、というのである。いうなれば、悔恨の詩である、ということか。

そうだろうか？　むしろ、反動だったのではないか？　倦怠感のあらわれとみるべきではないのか？　わたしの考えはこうだ、貴族じしんが、過度にはしりがちな情熱の生活のただなかにあって、この種の詩作をかれらのおかかえ詩人に求め、これを楽しんでいたのだ。他方、また、あるときには、その同じおかかえ詩人が、貴族たちの笑いを好む粗野な本性を満足させるため、これとは別趣向の詩を作りもし、その才能を安売りしていたのである。

一四〇〇年ごろ、早咲きのフランス人文主義《ユマニスム》を育てたサークルもまた、宮廷生活断罪のテーマを培養した土壌《どじょう》であった。このサークルは、一四一四年にはじまったコンスタンツの公会議、いわゆる改革大教会会議に活躍した改革派と密接な関係に立っていた。偉大な神学者であり教会政治家であったピエール・ダイイその人が、『フラン・ゴンチエ物語』と対をなす作品を作ろうと、つねになにかを恐れ、奴隷にも等しい生を送る暴君のイメージを、詩に歌っているのである。

ピエール・ダイイの仲間たちは、当時復活したラテン語書簡の形式を使って、このテーマを論じている。たとえば、ニコラ・ド・クレマンジュと、その書簡交換の相手、ジャン・ド・モントルイユ。オルレアン侯の書記官であった、ミラノの人、アンブロシウス・デ・ミリイスもまた、このサークルの一員であって、ある宮廷人が宮廷づとめにはいろうとする友人に警告を与えるという内容のラテン語書簡を、ゴンチエ・コルあてに書いている。この書簡の筆者のことは、やがて忘れられてしまったが、書簡そのものは、フランス語に翻訳されて、有名な宮廷詩人アラン・シャルチエの著作集にはいっている。実際にかれが訳したのかどうかは不明だが、『宮廷人』と題され、のち、人文主義者《ユマニスト》ロベール・ガガンによって、ふたたびラテン語に訳されている。

また、このテーマは、これを、シャルル・ド・ロシュフォールなるものが、『ばら物語』スタイルの比喩《ひゆ》詩のかたちで、取り扱っている。その詩、『宮廷でだまされたもの』は、ルネ王の作とされてきた。
この世紀の終り、なお、ジャン・メシノーは、先人たちを忠実にまねて歌っている。

宮廷は海、傲慢《ごうまん》の
波はよせ、ねたみの嵐《あらし》に荒れる。
怒りは、いさかいと乱暴をまねき、
しばしば舟をくつがえす。
裏切りがその役を演ずる。
楽しみたければ、よそで泳げ。

十六世紀にはいってもなお、この古いテーマは、その魅力を失いはしなかったのである。安定、憩い、自立、これの悪かろうはずはない。これを求めて、ひとは宮廷を離れ、自然のただなか、労働と節制の簡素な生活に赴《おもむ》こうとする。これ、すなわち、理想の消極面である。だが、理想の積極面は、ただに労働の生活、簡素な生活を喜ぶにとどまらず、自然のままの愛を楽しむにある。
田園詩《パストラル》は、一個の文学ジャンル以上のものであることを、その本来の意義とする。素朴、自然の喜びに明け暮れる羊飼いの生活を、たんに描写するのみではない。それを追体験しようとする志向がそこにはあった。つまり、これは「模倣(イミタティオ)」なのだ。羊飼いの生活にこそ、愛本然《ほんねん》の姿がそのままに実現されている、これはひとつのフィクションであった。ひとは、このフィクションにそって、羊飼いの世界に逃げこもうとした、現実のことではないにせよ、せめては夢のなかででも。

一再ならず、この羊飼いの理想は、ひとの心をしめつけ、けいれんさせる愛の教義、愛の公式のふくれあがった体系から、人間精神を自由にし、これを癒《いや》す薬として処方されたにちがいなかった。人びとは、誠実だの奉仕だのといった、息のつまるような騎士道風諸概念から、アレゴリーの多彩な道具立てから、解放されたいと願っていた。しかし、同時に、現実の社会の愛の営みにみる、粗野、我欲、もろもろの罪からの解脱をも、また、望んでいたのである。

汚れなき自然の喜びにつつまれて、ほどよく心満ち足りた素朴な愛、これがロバンとマリオンに、ゴンチエとエレーヌにわりあてられた生の分け前だと考えられたのである。なんとかれらは、しあわせなうらやましい連中ではないか。かくて、いやしめられていた農民が、ここでは、理想の姿とされるのだ。

けれども、後期中世は、なお、極度に貴族主義的な時代であり、美の幻想に対しては、まったく無抵抗であったのだから、美しく飾ることをしない自然のままの生活を求める気持も、強力なリアリズムにまではついにいたらず、ただ、技巧をこらして宮廷風俗を飾るにとどまったのであった。十五世紀の貴族は、たしかに羊飼い、羊飼い女の役を演じはした。けれども、その演技の内容たるべき、真実、自然への尊敬、質朴と労働への讃嘆《さんたん》は、なお、きわめて微弱だったのである。

三世紀ののち、マリー・アントワネットは、ヴェルサイユ宮庭園内の小トリアノン館で、乳をしぼり、バターを作った。すでにそのころには、重農主義者の本気の願いが、この理想にこめられていたのである。自然と労働とは、この時代、眠れる大神たちであったのだ。だが、なお、貴族主義的文化は、これを遊びと化してしまったのであった。

一八七〇年ごろ、ロシアの若い知識人たちが、民衆のなかにはいり、農民のために農民として生きようとしたとき、この理想は、極度の真摯《しんし》さにまで高まっていた。にもかかわらず、この理想の実現は、けっきょくは幻想にすぎなかったのである。

ところで、固有の意味での田園詩と現実との、いわば接点を切る詩の一形式があった、すなわち、パストゥレルであって、これは、騎士と田舎《いなか》娘との軽い恋の冒険を歌った短い詩である。この短詩は、むきだしのエロティシズムを新鮮優雅なその詩型につつみこんで卑俗さから救い、しかもなお、その生《き》のままの魅力を失わしめない。ギイ・ド・モーパッサンの短篇のいくつかとくらべることができるのではあるまいか。

真に田園詩の感情世界がひらけるのは、恋するものがおのれじしんを羊飼いと観じたときである。そのとき、現実との連関は消え去る。宮廷風愛の観念は、全要素あげて一様に、牧歌風恋愛観に移し変えられる。日の光のさんさんとふりそそぐドリームランドが、フルートの調べ、鳥のさえずりの気配のうちに、恋のうずきをつつみこむのだ。なんという喜ばしい気配だろう。愛の悲しみ、捨てられたものの嘆きの声、心の痛みも、この甘い音色のうちにとけいってしまう。

エロティシズムにとって、自然との接触はぜったいに必要であり、その絶えざる接触の場を田園詩が提供していたのであった。だからこそ、田園詩は、自然についての感情表現の文学が発展する場ともなったのである。はじめから、自然美の描写が試みられたというのではない。最初の段階では、夏の太陽、木陰の清水、花や鳥などに肌《はだ》で感じた喜びを、そのままにいうにとどまっていた。自然の観察、描写は次の段階をまたねばならず、田園詩のねらいは、もともと、愛の夢の記述にあり、魅力ある自然描写《リアリズム》は、すべてこれ、副産物にすぎなかったのである。クリスチーヌ・ド・ピザンの詩『羊飼い女物語』にはじまる田園生活の描写は、ひとつの文学ジャンルの出発を意味したのであった。

ひとたび、宮廷人の理想としてうけいれられるや、この、いわば羊飼い道は、騎士道と並び、宮廷人の仮装遊びのもうひとつの仮面となった。すべてが、田園茶番狂言のスタイルにあわせられる。田園詩と騎士道ロマンティシズムと、ふたつの幻想世界が重なりあう。トーナメントの催しも、羊飼いの仮装遊びとなる。ルネ王の催した、「羊飼い女の果たし合い」

だが、当時の人びとにとっては、このような茶番狂言も、そうかんたんにはみすごすことのできぬなにかをふくんでいたのではなかったか。どうもそうらしいのである。シャトランは、ルネ王の羊飼いきどりの生活を、世界のふしぎのひとつにかぞえている。

わたしの会ったシチリア王は、
羊飼いの姿に身をかえて、
その身いやしからぬその妻も、
同じ仕事にたずさわり、
弁当袋を腰にして、
杖《つえ》を手に、頭巾《ずきん》をつけて、
荒野を家として、
羊の群れのかたわらに。

また、ある場合には、田園詩は、鋭い中傷に相手党派をやっつけようとする諷刺《ふうし》に、その詩型を貸し与えることもあったのだ。『ル・パストラレ』[†1]と題された、ながながしい田園詩がある。これほど異様な作品は他にあるまい。この作者はブルゴーニュ方にくみするもので、田園詩という、なんとものびやかなスタイルをかりて、ルイ・ドルレアンの殺害事件を語り、ブルゴーニュ侯ジャン無怖侯(サン・プール)の非行を弁護し、もって、ブルゴーニュ側のふつふつ煮えたぎるような憎悪の党派感情に、はけぐちを与えようとしたのであった。羊飼いレオネがブルゴーニュ侯、トリスチフェルがオルレアン侯にあたり、ダンスと花の飾りの幻想が、すばらしい展開をみせる。アザンクールの戦いすらも、牧歌調で描かれている。田園詩の要素は、およそ宮廷祝典に欠かしえない。それは、祝宴に興趣をそえる余興《アントルメ》としての仮装舞踏会によくなじむ。とりわけ、田園詩のイメージは、政治のアレゴリーにまことにふさわしかったのだ。君侯が羊飼いで民衆が羊の群れというイメージは、すでに別の関係で、人びとの知るところとなっていた。すなわち、教会草創期の教父たちは、国家の起源が牧羊の制にあったと教えている。イスラエルの族長たちは、羊飼いであった。統治するものの真の職権は、世俗のそれであれ、教会についてであれ、支配することにはない、保管することにある、というのである。

領主よ、おまえは神の羊飼い、
神の羊の群れを忠実に守れ、
野に導き、果樹園におけ、
だが、けっして失うな、
労苦には、よいむくいがあろう、

よく守るならば。守らなければ、
神の羊飼いの名をうける時を失おう。

これは、ジャン・メシノーの『王侯たちの眼鏡《めがね》』の一節であるが、ここには、牧歌調の仮装遊びということは出てこない。けれども、ひとたび目にみえるかたちで観客の前に示そうということになれば、この種の政治的田園詩も、もちろん、仮装劇のかたちをとるのであった。

一四六八年、ブリュージュで催された婚姻の祝典は*4、歴代のブルゴーニュ侯妃を、「かつて、この地の羊の群れを養い守ったけだかき羊飼い女たち」と祭りあげる余興《アントルメ》を出している†2。一四九三年、オーストリアのマルガレーテが、フランスから帰国したのを迎えて*5、ヴァランシエンヌでは、いかにして国土がその荒廃からたちなおったかというテーマの仮装劇が上演された。「すべてこれ牧歌調で」と、モリネはコメントを加えている。周知のように、フォンデル*6の『レーウェンダレル』は、ウェストファリア条約締結を祝った政治的牧人劇《パストラル》である。

羊飼いとしての王侯というイメージは、すでに古く、『ウィレムの歌*7』にもうかがえる。

わたしのあわれな羊たちに休息を、

かれらは苦しみあえいでいる、
あなたの羊飼いは眠ってはいけない、
たとえあなたの心はここにはなくとも。

実際の戦争においてさえも、羊飼いのイメージがもてあそばれたのである。グランソン包囲陣にすえられた石投器《ボンバルド》は、「羊飼いと羊飼い女」と名づけられていた。モリネの伝えるところによれば、フランドル人は羊飼いが分相応、戦争の役にはたたないとフランス人にののしられたというので、フィリップス・ファン・ラフェステインは、羊を追う杖を手に、弁当袋を腰にぶらさげた羊飼いそっくりのいでたちの貴族二十四名をひきつれて、戦場へ向かったという。

宗教劇におけるベツレヘムの羊飼いのテーマの上演に、田園詩のモティーフがいりまじったのは、これは当然のことであったといえる。ただし、その場合、なにしろ神聖なテーマであっただけに、愛を強調することは控えられ、したがって、ここでは、羊飼い女はあらわれず、羊飼いだけが登場する。

『ばら物語』の考えかたに対するに、誠実、騎士道ふうの愛ということが、エレガントな文学論争のたねを蒔《ま》いたのと軌を一にして、この、いわば羊飼い道理想もまた、この種の論争のテーマとなったのである。だが、ここでもまた、あまりの嘘《うそ》がぴりぴりと舌をさし、羊飼い道理想は嘲笑の的となったのであった。だいいち、誇張のうえに誇張を重ねた人工の、けばけばしいまでに多彩な後期中世の貴族たちの生活と、自然のただなかでの単純、自由、だれはばかることもないまことの愛の理想と、この関係は、なんと不釣合《ふつりあ》いではないか。

黄金時代の素朴《そぼく》さの典型ともいうべき、フィリップ・ド・ヴィトリの『フラン・ゴンチエ物語』のテーマは、数限りない変奏《ヴァリエーション》を生みだした。そのほとんどが例外なく、うらやみ、あこがれるのは、木陰の草の上、妻エレーヌとともにするフラン・ゴンチエの食事であり、その献立、チーズ、バター、クリーム、りんご、たまねぎ、そして黒パンであり、楽しげな木こり仕事、自由な心、屈託のなさであった。たとえばデシャンは歌っている。

パンはよし、身なりをかまう要もなし、
水は清く、つい飲みたくもなる、
暴君も毒も、わたしには心配無用。

だが、ときには、与えられた役をおりての発言もきかれた。ロバンとマリオンの生活を歌い、自然のままの単純さと労働の生活を、くりかえしくりかえし讃美している、このユスタシュ・デシャンにしてからが、宮廷の人たちが、「かのけだものじみた人間たちの使う楽器」たる風笛の音にあわせてダンスをする、といって嘆いているのだ。

　けれども、この美しい生活という夢の嘘偽りのすべてをみぬくには、フランソワ・ヴィヨンの人並みはずれて深い感受性と鋭い懐疑精神が要求されたのである。かれのバラッド『フラン・グンチェに異議あり』には、仮借のない嘲笑がこめられている。ヴィヨンは、この気苦労を知らず、「おくびの強く出る」たまねぎの食事をとり、ばらの花かげに恋を語るといった、理想の田園野人の生きかたに対比せしめるに、いかにもこれはシニックなやりくちだが、でっぷりふとった教会参事会員の気楽な生きかた、暖炉、美酒、やわらかいベッドつき、きれいに飾りつけられた部屋《へや》のなかで、きずいきままに恋を楽しむという生活ぶりをもってくる。フラン・グンチェの焼きパンと生水《なまみず》だって？「ここからバビロンまで、三千世界のカラスが集まったって」、こんな食物《くいもの》では、ひと朝だってヴィヨンをひきとめることはできやしないのだ。[*8]

　なにも、騎士の意気地のみはてぬ夢には限らない。愛の生活を文化にまで高めようとする、その他いくつかの夢のかたちもまた、けっきょくは、嘘偽りのものとの断罪をまぬかれることはできなかった。騎士道にいう高貴誠実の愛の、狂信の理想、『ばら物語』の説く、きびしく洗練された官能の愛、田園詩の、甘くほどよい愛の幻想、実生活の側からふきつける嵐《あらし》には、これらの夢想もついに抗しかねたのである。

　嵐は四方からふきつけた。聖職者の口からは、恋はすべてこれ、世を滅ぼす罪であるとの呪詛《じゅそ》がきかれた。モラリストは、『ばら物語』の壮麗な酒杯の底に、どすぐろくよどむにがい澱《おり》をみた。ジェルソンは叫ぶ、「いったい、これはどういうわけだ、私生児は、嬰《えい》児《じ》殺しは、堕胎は、夫婦のあいだの憎みあいは、殺しあいは」

女性の側からも、抗議の声があがった。これら因襲的な愛の諸形態は、すべてこれ、男性側の作りだしたものである。なるほど理想主義の鋳型にはめられているとはいうものの、その実、このエロティシズムの文化は、すべてこれ、あげて男性の利己心の上に築きあげられている。結婚ということについて、女性の弱点、その不実と虚栄ということについて、くりかえし女性を侮辱する男性側の言行は、けっきょくのところ、かれらじしんの利己心を隠すマントでなくてなんであろう。こういった侮辱に対しては、ただこうお答えするのみです、とクリスチーヌ・ド・ピザンはいう、これらの本を作ったのは、女ではありません、と。

実際、中世のエロティシズム文学、宗教文学、そのいずれをみても、女性への共感、そのかよわさ、恋ゆえにかの女たちを襲う危険と悲嘆とに対する同情は、ほとんどその痕跡《こんせき》だにみいだされないのである。たしかに、処女救出という騎士道理想のひとつのテーマのうちに、女性への同情ということは定式化されてはいたのだが、しかし、もともとこれは、男性の官能を刺激し、自己満足を誘うテーマであったにすぎぬ。『結婚十五の楽しみ』の著者は、上品におさえた調子の諷刺のうちに、女性の弱点をいろいろかぞえあげたあとで、それでは今度は女性の権利の侵害について書きましょうといいだしているのだが、けっきょく、かれは、なにも書いてはいないのだ。やさしい女性感情の表白にふれようには、クリスチーヌその人にたずねるほかはない、たとえば、こんなふうにはじまる詩句に。

甘きものよ、結婚は、
この身でたしかに知りました……

だがせっかくのひとりの女性の声も、低俗な放縦無頼と説教とが調子をあわせての嘲《ちょう》弄《ろう》の合唱の前には、なんとよわよわしくきこえることか。けっきょくのところ、説教に説かれる女性蔑《べっ》視《し》と、散文的な色好み、居酒屋じこみの処世知をふりまわしての理想の愛の乱暴な否定と、この両者のあいだには、実はたいしたちがいはないのである。

美しい愛の遊戯は、生をかたどる形式としてなお続く。あるいは騎士道のスタイルで、あるいは田園詩ふうに、あるいはまた、くふうをこらした、「ばら」アレゴリーの図柄のうちに、ひとは遊び続けた。これを因襲としてしりぞける声が処々方々からあがろうとも、なおこれらの形式は、生の価値、文化の価値を、中世をこえて長く保持し続けたのであった。というのも、ひとたびある時代の愛の理想の表現をになうにいたった形式というものは、あらゆる時代を通じて、ごくわずかしかないからである。

〔1〕田園詩という形式と政治的意図とが結合しているという点で、この詩の作者は、おのれに並びたつものを他にみいださない。わずかにアリオストがいる。アリオストは、一五〇六年、アルベルティーノ・ボスケッティの謀叛にさいして、かれの保護者たる枢機卿イポリト・デステを弁護すべく、二、三、田園詩ふうの作品をものしているのである。この枢機卿の立場はジャン無怖侯の立場よりも楽だったとはいえないし、アリオストの態度は、このブルゴーニュ与党の無名氏の態度とくらべて、それほど同情的であったとはみえない。

〔2〕このことを報告しているのはオリヴィエ・ド・ラ・マルシュだが、他方、ジャン・モリネは、『ふしぎなことの回想、マキシミリアン王がブリュージュで捕虜になったこと』のなかで、「羊たちが、囲い場に羊飼いをとじこめた」と歌っている。

(1) 正確にはギリシア語字母ε（イプシロン）。ピタゴラスは、この字母のかたちをもって、悪徳と美徳、ふたすじへの分かれになぞらえた。

(2) 前三世紀のギリシアの詩人。シチリア島シラクサの人。田園詩（牧歌）は、かれにはじまるとされている。

(3) ジョン・オブ・ソールズベリの著作は、正確には『ポリクラティクス、あるいは宮廷人のたわむれごとと哲学者の足跡について』。ウォルター・マップは、ヘンリー二世の宮廷で書記として活動し、後年、オックスフォード教会の助祭になった人。著作の題はそのまま。

（4）シャルル突進侯が、イギリス王エドワード四世の妹マーガレット・オブ・ヨークを、めとった婚姻の祝典。

（5）マルガレーテは神聖ローマ帝国皇帝マキシミリアンとマリー・ド・ブルゴーニュ（シャルル突進侯の娘）とのあいだに生まれた娘。一四八三年、三歳にしてフランス王太子、のちのシャルル八世の許嫁としてフランスに赴く。一四九一年、婚約は解消され、一四九三年、マルガレーテはネーデルラントに帰った。なお、のち一五〇七年、マキシミリアンは、当時まだ幼かった、のちのカール五世のネーデルラント摂政にかの女を指名している。

（6）周知のようにとホイジンガは書くが、それはオランダ人にとってで、日本人にはわからない。これは十七世紀の黄金時代のオランダの詩人ヨースト・ファン・デン・フォンデルの作品で、ウェストファリアの和議を背景に置いている。

（7）ホイジンガが出典を示していないので、よくわからないが、おそらくこれは、「ガラン・ド・モングラーヌのジェスト」群に属する『ギヨーム（ウィレム）の歌』（十二世紀前半）の古オランダ語版（引用された詩句は古オランダ語）と思われる。

（8）『遺言の歌』のうち。わたしの「ヴィヨン遺言詩注釈Ⅳ『遺言の歌』下巻」をごらんください。

XI　死のイメージ

十五世紀という時代における ほど、人びとの心に死の思想が重くのしかぶさり、強烈な印象を与え続けた時代はなかった。「死を想え《メメント・モリ》」の叫びが、生のあらゆる局面に、とぎれることなくひびきわたっていた。ドニ・ル・シャルトルーが、その著『貴族生活指導の書』のなかで、貴族たちに説きすすめていうには、「ベッドに横になるとき、想《おも》うがよい、いまこうしてベッドに横たわっているように、じきにこのからだは、他人の手で、墓のなかに横たえられることになるのだと」

もちろん、キリスト教会は、すでにはやくから、たえず死を想えと、熱心に教えてはいた。けれども、初期中世の教会関係の論述は、すでにこの世を捨てた人びとの手にしかわたらなかったのである。托鉢《たくはつ》修道会の成立以後、ようやく民衆説教が盛んになり、それにつれて、死を想えとの勧めの声もしだいに高まり、ついには、あたりを圧する大合唱にまでふくれあがって、おもおもしいフーガのうねりのうちに、とどろきわたるようになったのである。

中世末期になると、説教師の言葉に加えて、この思想の新しい表現形態が登場した。すなわち、木版画であって、これがしだいに、社会各層に普及したのである。だがこのふたつの大衆むけ表現手段、説教と版画とは、人びとの心に直接はたらきかける、単純素朴《そぼく》きわまりないひとつのイメージにおいてのみ、鋭くはげしく、この死の思想を表現しえたのであった。

これまで以前、修道士たちが死について瞑想《めいそう》しきたったところのことすべてが、いまや、言葉そのままにプリミティヴ、ポピュラー、そしてまた、いわば碑文ふうの、ひとつのイメージのうちに凝集された。死の思想は、そのイメージのうちに、言葉とかたちとをとり、大衆の前に示されたのである。

この死のイメージ、これは、およそ死ということに関連して実にたくさんある、さまざまな考えのうち、たったひとつを表現するものにすぎなかったのである。すなわち、無常の観念を。あたかも、中世末期の精神は、ただ、人生無常との観点からしか、死を考えることを知らなかったかのようなのだ。

すべて、この世のおごりには終りがあるとの、永遠につきない嘆きをかなでる三つのメロディーがあった。第一のメロディーをかなでるのは、かつてその栄光一世を風靡《ふうび》した人びとは、いまいずこにある、というテーマ。第二のメロディーをかなでるのは、ひとたびは、この世の美とうたわれたもののすべてが、腐り崩《くず》れていくさまをみて恐れおののくというテーマ。そして、第三に、死の舞踏のテーマ、この世のなりわいを問わず、老幼の別なく、死はすべての人をひきずりまわす、という。

後二者のテーマの、胸をしめつけるような恐ろしさにくらべれば、むかしの栄華、いまいずこ、というテーマは、悲歌ふうの軽い嘆息にすぎないのだ。

このテーマは、古くから、キリスト教世界、イスラム教世界の全域に広く知られていた。教会の教父たちも、これを知っていた。十四世紀ペルシアの詩人ハフィズにもみられ、十九世紀のバイロンもなお、これを扱っている。だが、中世末期の一時期、とくにこのテーマは、異常なまでに愛好されたのである。

一一四〇年ごろ、クリュニー派修道士バーナード・オブ・モーレーの、重い韻をふんだ六脚韻詩《ヘクサメトロス》*1は、まずこのテーマから歌いはじめている。

バビロンの栄華は、いまいずこに、いずこにありや、かの恐るべき
ネブカドネザル、力みてるダリウス、また、かのキルスは。
力もて押されてまわる車輪のごと、かれらは過ぎゆきぬ、
名は残り、たしかに知られるも、かれらは腐りはてぬ。
今は昔ぞ、カエサルの議場*2、また凱旋《がいせん》。カエサル、汝《なれ》も失《う》せにき。
あらあらしくも世界に力ふるいたる御身なりしが。

……………

いまはいずこ、マリウス、また廉直の士ファブリキウス[*3]は。
パウルス[*4]のけだかき死、その称《たと》うべき軍功《いさお》は。
デモステネスの神の声、またキケロの天よりの声は。
市民へのカトー[*5]の祝福、また、逆徒への怒りは。
レグルス[*6]、いまいずこに、また、ロムルスは、レムス[*7]は。
きのうのばらはただその名のみ、むなしきその名をわれらは手にする。

バーナードの詩よりも学をてらうこと、よりすくなく、その形式もより単純でありながら、なお、どうどうたる韻をふむ六脚韻詩《ヘクサメトロス》にまさるともおとらぬひびきを伝える、十三世紀、フランチェスコ派の精神風土に生まれた詩『なぜに世の人は、むなしい栄光のために戦うのか』にもまた、同じテーマの展開がきかれる。この詩の作者は、おそらく、あらゆる可能性からみて、「神の遊芸人」ヤコポーネ・ダ・トディ[*8]であって[†1]、かれは、一連の詩句に無常のテーマを歌う。

いえ、ソロモンはいずこ、その昔、いとけだかき、
また、サムソンいずれにありや、無敵の将、

また、美貌《びぼう》のアブサロム、[*9]その面《おもて》ふしぎ、
はたまた、情愛ふかき、やさしきヨナタン[*10]は。
カエサル、いずこいきしや、帝権いや高き。
朝食の奢《おご》りに知られたる、かの富豪[*11]は。
いえ、いずこ、雄弁で知られたるトゥルリウス・キケロ、
また、アリストテレス、知性の王者は。

デシャンも、いろいろな機会に、この無常のテーマを歌っている。ジェルソンは、あるときの説教にこれを語り、ドニ・ル・シャルトルー、また、その『ひとの四終について』のなかで、これを論じている。シャトランの長篇の詩『死の鏡』は、ただこのことだけをながながと歌い、ただそのことだけで終わっている。[†2]

そして、ここにヴィヨンいでて、このテーマに、新しいアクセントが導入された。『むかしの女たちのバラッド』は、やわらかな哀愁こめてリフレインをかえす、

ささて、去年の雪がいまどこに

ところが、そのかれが、これと並ぶ『むかしの男たちのバラッド』のなかでは、皮肉を

きかせて、この静かな情趣に水をさしているのだ。当代の国王、法王、諸侯の名をあげるかれに、突然、想い浮かぶのは、

ああ、またあのボンな王、エスペーン、
なんて名だか、おれは知らんけど、どこいった[*12]

この諧謔《かいぎゃく》の調子は、その『貴婦人の凱旋《がいせん》のパレード』において、当代の死せる王侯妃たちへの悲歌を、このおなじみのテーマにのせて歌っている、実直な廷臣オリヴィエ・ド・ラ・マルシュの許容するところではなかった。

ひとの世の美とおごりとから、いったいなにが残るのか。記憶と名のみ。だが、この時代、ひとは死の前にはげしく戦慄《せんりつ》したいと望み、その望みを満たすには、この哀愁に満ちた想いでは不足だったのである。だから、この時代は、目にみえる恐怖、約言すれば無常性そのもの、すなわち肉体の腐敗を映す鏡を前にすえたのであった。

世俗を否定した人びとは、すでにはやくから、好んで、ちりあくた、うじ虫のことをうんぬんしてきた。現世蔑視《べっし》を説く教会関係の論説は、ずっと以前から、肉体腐敗の恐怖を人びとの心に想い起こさせていた。だが、そのイメージの細部は、その表現を後代にまったのである。十四世紀も終り近くなってようやく、造形美術がこのモティーフを手がけは

じめた。彫刻にしろ絵画にしろ、これを適切に表現するには、それ相当に、ある程度の写実的描写能力が必要なのだが、一四〇〇年ごろには、その能力もいちおうの段階にまで達したのであった。それと同時に、もともとは教会文学のものであったこのモティーフも、広く普及して、民衆のものとなったのである。

十六世紀もだいぶおしつまるまで、墓石には、はだかの死体の恐ろしげな姿がさまざまに描かれていた。腐りはてたのもあり、ちぢみあがったのもある。手足は、けいれんしたように硬直し、口をぽっかりとあけ、むきだしの内臓には、うじ虫がからみあっている。この時代、死の思想は、ついにこの恐怖のイメージにとらわれたかの観があった。さらに一歩を進め、腐敗それじたいもまた過ぎゆく現象であり、いつかは土となり、花とも姿を変えると観じることは、当時の人びとのよくなしうるところではなかった。これは実におかしなことではないだろうか。

かくも執念ぶかく、厭《いと》うべき死の地上的局面にこだわるとは、これは、いったい、真に敬虔《けいけん》な信心のあらわれなのか。それとも、極度に官能偏重の生活態度への反動なのだろうか。生の衝動を麻痺《まひ》させる官能も、こうすることによって、ようやくその魔力をとくというのか。それとも、この時代、人びとの心を強くとらえていた生の不安のあらわれなのか。そこにうかがえるのは、悔いなく戦い、勝利を得たもののみの知る、真の諦念《ていねん》へと志向しながらも、なお、生身《なまみ》の人間の情念にぴったりとよりそっている感情、幻滅と落胆の気持なのだろうか。死の思想を表現するこのイメージには、これらすべての感情要素が、渾然《こんぜん》として一体化している。

生の不安、それは、美と幸福とを否定しようとする気持である、美や幸福には悲惨と悲嘆とがつきものだから、というので。この感情を表現するキリスト教中世のやりかたは、古代インド、とくに仏教世界でのやりかたに、実によく似ている。古代インドにおいても、やはり、老衰、病気、そして死への嫌悪《けんお》が語られ、腐敗は、色も毒々しく描かれたのであった。

ある修道士は、肉体の美の皮相さを指摘して、次のように述べたが、かれは、もちろん、これを適切な発言と信じていたのである。

「肉体の美は、ただ皮にのみ存している。なぜというに、皮の下にあるものを、ちょうど、ボエオティアの山猫《やまねこ》がそうするといわれているように、みることができるならば、ひとは、女をみて、おぞけをふるうことになろうではないか。女の魅力は、ただ、粘液と血液、体液と胆汁《たんじゅう》とに存する。いったい、考えてもみるがよい、鼻の孔《あな》にはなにがあるか、喉《のど》の奥にはなにが、腹のなかにはなにが隠されているか。みつかるのは、ただ、汚物のみ。その痰《たん》だの糞《ふん》だのには、指一本だに触れようとはしない、そんなわれわれだのに、いったいどうして汚物袋を抱きたがるのか」[†3][*13]

落胆の気配の濃い俗世蔑視《べっし》のリフレインは、すでに以前から多くの論説にきかれたところである。とりわけ、イノケンティウス三世の『俗世蔑視について』が知られているが、これがもっとも広く普及したのは、中世もようやく終りに近づいたころであったと思われる。権力至大にして幸運に恵まれたペテロの座の政治家、この世のことごと、利害のからまりにまきこまれ、すすんでそれに没頭したこの人物が、ふしぎなことに、その青年時代、俗世をさげすむ趣旨のこの論説をものしていたのだ。

「女は、汚濁と悪臭のうちに子を孕《はら》み、悲しみと悩みのうちに生み、困苦と労働をもって育て、不安と恐怖のうちに子を守る」

それでは、母親としての喜びはどうなのだ。そんなものには、一文の値うちもないというのか。

「たれか、かつて、一度でも、まるまる楽しい一日を、おのれの喜びとしたろうか。……つまりは、みるもの、きくこと、また、なんらかの打撃が、そのものを傷つけるということなしに」

これが、キリスト教の知恵というものだったのか。むしろ、甘やかされた子供のすねたいいぐさではないか。

こうした俗世蔑視の声のうちには、疑いもなく、恐ろしいまでに唯物主義的な精神がひそんでいる。それは、美の終りを説く思想を生むにとどまらず、美そのものまでをも疑わしめずにはおかないのだ。まあ、考えてもみるがいい、これは、文学に多くみられ、造形美術にはすくないケースだが、どんなふうに女性の美のむなしさが嘆かれているかを。死を想え、地上の美のうつろいやすさを想えとの宗教のいましめと、美のおとろえを知り、もはやその愛人に美を与えることのできないわが身を嘆く、年老いた女の悔恨とのあいだには、ほとんど境界の線がひけないのである。

一例をあげてみよう。ここでは、なお、説教調の警告が前面におしだされている。アヴィニョンにあるセレスタン派[*14]修道院に、大革命のときまで伝えられていた絵があった。伝承は、これを、その修道院の寄進者、諸芸に秀《ひい》でたルネ王じしんの手になるものとしている。そこには、直立した女性像が、エレガントな髪飾りをつけ、白衣につつまれた姿で描かれていた。うじ虫が、そのからだを食いあらしている。絵のなかに書きこまれた詩句の最初の数行は、こうよみとれたという。

かつてはわたしも美しく、女すべてにまさっていたのですが、
死によって、こういう姿になりました。
わたしの肉はとてもきれい、新鮮でやわらかでした、
それがいまでは、きれいさっぱり、灰になりました。
わたしのからだは、とてもかわいらしく、ひとを楽しませました……
わたしはよく絹を身にまとっておりました、

それがいまでは、当然ながら、まったくのはだかという定め。
グレイの、りすの毛皮に身を飾っておりました……
望みどおりの大宮殿に、わたしは住んでおりました、
それがいまでは、住むところは、このせまい柩《ひつぎ》のなか。
わたしの部屋《へや》は、きれいな壁掛けに飾られておりました、
それがいまでは、くもの巣に、わたしの墓はつつまれている。

この警告が、すくなからぬ効果をもったということは、そののち、これにからんでおのずから形成された、次のような伝説が示している。すなわち、この王侯芸術家ルネ王、比類なき生と美の嘆美者たる王そのひとが、その愛する人を墓に葬ってから三日後、その墓をあばき、死体をみ、それから、この絵をかいたというのである。

ところで、この場合のように、いとわしい他人の死体に照らして人生の無常を想えと教示するというのではなく、現に生きている人に対し、そのからだはいまはまだ美しいが、まもなくうじ虫の餌食《えじき》になるのだと説いているケースでは、なにかその調子に微妙なちがいがあり、いささか現世的官能の匂《にお》いが感じられるのだ。オリヴィエ・ド・ラ・マルシュは、女の衣装についての教訓臭の強いアレゴリー詩『貴婦人の凱旋のパレード』をしめくくるに、死神を登場させ、美とそのむなしさを映す鏡をそれにもたせている。

この甘いまなざし、ひとの喜びのために作られた目、
よく考えるがよい、いずれは輝きを失うのだ、
鼻も、眉《まゆ》も、よく動く口も、
いずれは、腐るのだ……

ここまでは、まだ、まっとうな「死を想え」である。だが、いつのまにやら詩想は変わり、未練たらしく現世に執着し、近づく老衰をおそれる利己的な嘆きになってしまっている。

もしも、天与の生を終りまで生きようならば、
その六十年は、じっさい、とても長いのだ、
あなたの美しさは、醜さに変わり、
あなたの健康は、暗い病に変わり、
あなたは、この世のじゃまものでしかなかろうよ。
娘があるならば、あなたはかの女を陰《かげ》らすものとなろうし、
娘は乞《こ》われ、求められ、

母親などは、だれからもみすてられようよ。

ヴィヨンの歌うバラッドには、宗教臭、教訓臭は、これいっさい縁遠い。往時、パリの遊女兜屋《かぶとや》小町が、男の心をとろかした昔日の魅力を、いまは老いさらばえたからだの、おぞましい衰えにくらべてしのんでいる。

どうなったのか、あのつややかなひたい、
ブロンドの髪、三日月の眉、
眉間《みけん》はひろく、愛らしい目元、
どんなにかはしこい男も射すくめる、
まっすぐとおった鼻筋、高からず低からず、
かわいらしい耳も、品よくピッタリと、
あごにえくぼの、ととのった顔立ち、
そうして、あのきれいな朱色の唇は

いまは、しわよるひたい、灰色の髪、
抜け落ちた眉、くぼんだ両の眼[*15]、

……………

肉のからだの解体をはげしく忌む気持の裏側には、たとえばヴィテルボの聖ローザ[*16]の場合のように、聖者の死体が腐らずに残されたという事実を、おおいに高く評価したいという要請があった。聖母マリアのからだは、昇天によって地上の腐敗からまぬかれえた、ここにこそ、聖母の至尊の栄光のひとつのあらわれがあると、たとえばモリネは考えている。こう考えているのは、けっきょく、どうあっても肉体のことを考えずにはいられない唯物主義の精神である。

　ときとすると、死体が、異常なまでの配慮をもって取り扱われることがあったが、そのことのうちにも、この精神のはたらきが認められるのだ。高貴の人が死んだ場合、その死の直後に、顔の輪郭を顔料でなぞり、埋葬のときまで腐敗のさまがみえないようにするという習慣があった。ピエール・ド・リュクサンブール[*17]の場合が、それを証《あか》している。

　パリの牢獄《ろうごく》で、判決のおりるまえに死んだテュルリュパン派異端[*18]の某説教師の遺体は、十四日間、石灰の樽《たる》につめられて保存された。ある異端女といっしょに焚刑《ふんけい》に処するためであったという。

　これは当時、一般にひろまっていた風習であったが、その生地から遠く離れたところで貴人が死ぬと、その遺体はこまぎれにされ、肉が骨から分離するまで、気ながに煮つめられる。そして、骨はきれいに洗われて、箱につめられ、故郷に送られて、おごそかに埋葬される。一方、内臓と煮だし汁《じる》とは、その地に葬られるのである。このやりかたは、十二、三世紀に大流行し、国王はもちろん、司教についてもしばしば行なわれた。

一二九九年、さらに重ねてその翌年、ボニファチウス八世は、この風習に対し、きびしい禁令を発している。これは、「すくなからぬ数の信者によって、無思慮にも、恐るべきやりかたをもって実修されている、忌むべき野蛮の悪習」である、と。だが、十四世紀には、この禁令に関する法王特免がしばしば出されているし、十五世紀にはいってもなお、イギリス、フランスにおいては、この風習は、いぜん重んじられていたのである。アザンクールの戦いに倒れたイギリス側の貴顕、エドワード・オブ・ヨーク、サフォーク伯マイケル・ド・ラ・ポールたちの遺体は、この方法で処理されている。そもそも、ヘンリー五世その人についてもこのことが行なわれたし、ジャンヌ・ダルクのオルレアン解放にさいして溺死《できし》したウィリアム・グラスデール、また、一四三五年、サン・ドニの攻防戦に戦死した、ジョン・ファストルフ卿の甥《おい》の場合もそうであった。[*19]

「死」そのものの姿は、何世紀もまえから、造形美術に、文学に、さまざまなかたちで描かれてきた。たとえば、地に折れ伏した人間の群れの上を疾駆する黙示録《アポカリプス》の騎士[*20]として。また、ピサのカンポ・サント墓地[*21]にみられるように、こうもりの翼をつけてまいおりる復《ふく》讐《しゅう》の女神メガエラのイメージで。あるいは、大鎌《おおがま》ないし弓矢をもつ骸骨《がいこつ》が、ときには牛にひかせる車にのり、ときにはその牡牛《おうし》ないしは牝牛《めうし》にまたがった姿で。[†4] だが、この時代の想像力は、これら擬人化された「死」の姿に満足するほど貧弱なものではなかったのである。

マカーブル、いや、もともとのかたちではマカブレというふしぎな言葉があらわれたのは、十四世紀のことであった。「わたしは、マカブレのダンスをした」、ジャン・ルフェーヴル[*22]は、一三七六年に、こう書いている。この言葉の語源については、ずいぶん議論されたものだが、要するにこれは一個の固有名詞なのだ。はじめに、ラ・ダンス・マカーブル、すなわち「死の舞踏」といういいまわしがあり、のちになってマカーブルという形容詞が分離して、微妙なニュアンスの意味をもつ言葉になったのである。そのニュアンスは、たいへん鋭く、独特のものであって、わたしたちは、この言葉を使って、後期中世の死のヴィジョンを、あますところなく表現することができるほどなのだ。

死についてのマカーブル的理解は、今日なお村の墓地に行けば、これをみいだすことができる。そこでは、なお、絵や言葉が、昔日の余韻をひびかせている。実に、これは、中世末期という時代の文化の生んだ、ひとつの偉大なアイデアであったのだ。空想を妖《あや》しく刺激する新たな要素が、死のイメージを、いっそうゆたかにしたのである。これに接したものの、おもわずおぼえる戦慄《せんりつ》は、ちょうど幽霊をみたときの背筋も凍るような恐怖、じめじめした陰性の驚愕《きょうがく》に発する。

すべてを律しようとする宗教思想は、このマカーブルのアイデアをもその倫理のうちにとりこみ、これを、「死を想え」の想念に合致せしめようとした。とはいっても、教会は、このイメージの奇怪な性格のもたらす、戦慄を誘う暗示の効果を、けっこう利用してはいたのである。

「死の舞踏」のほかにも、これを中心として、なおいくつかの、これに似た、死に関連するイメージのグループがあった。いずれも、これと同様、人びとの心に恐れの念をよびさまし、警告を与える役割を果たしていた。「三人の死者と三人の生者」の物語が成立したのは、死の舞踏のイメージ形成よりもはやかったのである。

すでに十三世紀に、この物語は、フランスの文学に登場している。その骨子は、三人の若い貴人が、たまたま、恐ろしげな三人の死者に出会う。死者は、若者たちに、かつては貴顕の座にあったこの世での前身を語り、遠からぬ先に、かれら若者たちを待ちうけている死のことを教える、というのである。

ピサのカンポ・サントのフレスコ壁画にみられる印象的な群像は、このテーマが造形美術に表現された最古の例である。それから、パリのイノッサン墓地の教会堂入口の浮彫りにも、同じテーマがみられたが、これは、現在、残っていない。これは、一四〇八年にベリー侯が作らせたものである。十五世紀には、写本飾り絵《ミニアチュール》や木版画がこのテーマを一般に普及させ、壁画にもよく描かれて、人びとの親しむところとなったのである。

「三人の死者と三人の生者」のイメージは、恐ろしい腐敗の図と、「死の舞踏」に描かれた、死のまえにはだれしも平等であるとの思想とをつなぐ鎖の環《わ》の役割を果たしていた。このテーマの展開を芸術史にどう位置づけるかは、これからの議論の問題である。「死の舞踏」についてもそれは同じことで、どうやらその起源の地はフランスであったらしい、ということぐらいしかわかってはいない。いったい、どういうぐあいに成立したのか、実際にこれは劇として上演されたのか、それとも、絵にかかれたのが最初だったのか。

十五世紀に流行をみた、これらのモティーフの絵画芸術としての表現は、一般に、上演されたドラマをみて、それから想をかりきたったものであるとのエミール・マールの主張は、周知のごとく、普遍妥当性をもつ陳述としては批判に耐ええぬものであり、その点は、異論のないところである。だが、こと「死の舞踏」に関してだけは、その否認にも例外を認めてよいのではあるまいか。たしかに、「死の舞踏」の場合には、上演が描画に先んじていたのではなかろうか。

そのあとさきは、ここでは問うまい。いずれにせよ、「死の舞踏」は、絵にかかれたり、木版画に刷られたりしたと同様、舞台に上演されたのである。たとえば、ブルゴーニュ侯は、一四四九年、ブリュージュの館《やかた》で、これを上演せしめている。ほんのちょっとでもいい、上演のありさまを想像してみるがいい。その色彩、その動き。踊る人びとの上に、光と影とが交錯する。そのとき、わたしたちは理解するのである、「死の舞踏」が当時の人びとからひきだしたはげしい恐怖の感情を。ギュヨ・マルシャン、あるいはホルバインの木版画にそれをみるだけでは、とうてい理解できない、当時の人びとの心の動きを。

一四八五年、パリの印刷業者ギュヨ・マルシャンが『死の舞踏《ダンス・マカーブル》』初版本に付した木版刷り飾り絵は、一四二四年に作られて、当時もっとも有名であった「死の舞踏」図、パリのイノッサン墓地の回廊の壁画を写したものであることに、ほぼまちがいはない。この壁画の下方には、詩が書きそえられていたが、これも一四八五年の版に収録されている。この詩は、おそらく、ジャン・ルフェーヴルの、いまは伝えられていない詩にもとづいているのだが、だいたい、その原詩からして、すでに、あるラテン語の詩を手本にしていたらしいのだ。それはともかく、イノッサン墓地の「死の舞踏」図は、のち、十七世紀に回廊がとりこわされたので、いまはもうこれをみるよしもないが、中世という時代の生んだ、もっともポピュラーな死のイメージであったのだ。

何千という人びとが、毎日毎日、この異様な死《マカーブル》の広場たるイノッサン墓地にやってきて、くっきりと描かれた死の群像を眺《なが》め、かれらのよく知っている格言で各節をとめた、とてもわかりやすい詩句をよみ、死の前での平等という考えになぐさめられ、あるいは、目前にせまる死を恐れたのである。猿《さる》そっくりの死の絵姿が、こうまでしっくりとその場になじんでいる例は、ほかにはみあたるまい。くすくす笑いながら、年老いてからだの堅くなったダンス教師のような足どりで、法王を、皇帝、貴族、日雇人夫、修道士、幼児、白痴を、その職業身分を問わずあらゆる人びとを、こっちへこいと、いざない連れていく。

前述の一四八五年版の木版刷り飾り絵は、実のところ、この有名な壁画の印象をほとんど伝えてはいないのである。だいいち、人物の服装にしてからが、これが半世紀もまえの作品の忠実なコピーであると証言してはいないのだ。イノッサン墓地の「死の舞踏」図が、みる人の心にどんな印象を与えたかを、いくらかでも正確に知りたい人は、むしろ、ラ・シェーズ・デュー教会の「死の舞踏」図をみるべきだ。これは、未完成に終わった絵なのだが、かえってそれゆえに、妖気《ようき》せまる効果が高められている。

どこからともなくあらわれては生者を連れさる、これを四十回ほどもくりかえす死の絵姿は、もともと死神ではない、死んだ人なのだ。下方に記された詩句では、これは「亡者《ル・モール》」と呼ばれている。女たちの「死の舞踏」図の場合には、だから、「亡者女《ラ・モルト》」と呼ばれる。したがって、これは亡者たちのダンスなのだ、死神の踊りではない。

そういうことなのだから、ここでもまた、腐敗図の場合と同じく、死のイメージは骸骨ではない。たちわられてうつろな腹をぽっかりとあけた、まだすっかり肉の落ちてはいない死体である。ようやく一五〇〇年ごろになって、主役の踊り手、死は、骸骨のかたちをとるようになった。ホルバインの版画から、そのことは知れる。

そうこうするうちに、この死のイメージは、だれでもよい、現在生きているものがやがて死んだときの、その死の姿を写しているのだという考えがしだいに変質し、要するにこれは、現に人間のかたちをして動きまわり、ひとの生命を絶つもの、「死神」である、ということになってしまった。「われは死神、すべて生けるものにたしかにのぞむ」、十五世紀末スペインの、ひじょうに印象ぶかい、ある「死の舞踏」詩は、こうはじまっている。疲れを知らぬこの踊り手は、もともとは、「死神」などではなかった。それは、実に、現に生きているものの近い将来なるべき姿なのであった。かれという存在の恐るべき分身、鏡に映してみる、かれじしんの映像なのであった。こう考える人もいよう、すでに死んでしまった、同じ身分、同じ位の人間の姿だ、と。それはちがう、そうではないのだ。「これが、おまえじしんの姿だ」、この言葉、この想念、まさにこれこそが、「死の舞踏」というイメージに、みるものをして戦慄せしめる力を与えたのである。

アンジェーの教会堂にあった、ルネ王とその妻イザベルの廟《びょう》の円天井にも、「死の舞踏」図のフレスコ画が描かれていたが、あきらかに、そこには、ルネ王じしんの画像が認められたという。一個の骸骨が、長いマントにくるまり、黄金の玉座にすわっている。その足は、司教帽《ミトラ》や王冠、地球儀や書物をけちらしている。しなびた腕に頭をもたせかけ、その手は、ずりおちそうな王冠をささえている。おそらく、この骸骨のかわりに、もともとは、一個の死体が描かれていたのではないかと思われるのだ。

もともと、「死の舞踏」には、男だけが姿をみせていた。このイメージには、この世の無常とむなしさへの警告と、社会的平等の教えとを結びつけようとする意図がふくまれていたため、ことの性格上、社会における位階職業の担《にな》い手である男性が、前面に押しだされる結果になったのだ。「死の舞踏」は、信心に出る無常の警告であったばかりではない、社会諷刺《ふうし》でもあったのであり、絵図に書きそえられた詩句には、皮肉な反語すら、かすかにではあるが、よみとれるのである。

ところが、ここに、女性版「死の舞踏」図があらわれた。前述のギュヨ・マルシャンが続けて出版したもので、マルシアル・ドーヴェルニュが、木版画にそえる詩文を書いている。原画をかいた無名の画家は、男性版を手本にしている。できあがったものは、とうてい手本には及ばなかった。かれじしんのくふうといえば、もっとものすごいかんじの骸骨にしようと、しゃれこうべに女の髪の毛を二筋三筋はわせた程度のことであった。

女性版「死の舞踏」の詩文には、すでに朽ちはててしまった美への嘆きというテーマをつらぬいていた、あの官能的要素が、ふたたびあらわれている。これは、当然のことではあるまいか。女性の職業と位階といっても、あげるに足るものは、男性の場合のように、四十もありはしない。王妃とか貴族の妻とかの高貴な身分、宗教関係の職務ないし地位が若干、修道院長とか修道女とか、それに、物売りとか乳母《うば》とかの、ほんのひとにぎりの職業、これでたねはつきてしまう。これではとうてい足りない。しかたがないから、女性がその一生のうちに経過するさまざまな段階をかぞえあげたのだ、処女、恋人、花嫁、新妻、身重、と。だから、ここでもまた、すでに遠く過ぎ去った昔日の喜び、あるいはまた、ついに知ることのなかった生の喜びを惜しみ、美のうつろいを嘆く声がきかれることになったのである。そして、その嘆きが、「死を想え《メメント・モリ》」の調べを、いっそう高く鋭くひびかせたのである。

なお忘れてはならない、恐怖に満ちた死のイメージがあった、臨終のそれである。当時、臨終の恐怖を、まざまざと人びとの心に想い起こさせるに、ラザロの話ほどに適切なものはなかった。[*23] ラザロは、いったん生きかえってからというもの、ひとたび身をもって体験した死に対する恐怖ほどのはげしい恐れを知らなかった、といわれていたのである。ラザロのような正しい人さえも、それほど恐れなければならないのか。それならば、罪人は、いったい、どういうことになるのか。

死との闘いという想念は、「四終」の筆頭におかれていた。「四終」とは、すなわち、死、最後の審判、地獄、天国であり、これをたえず想うことが、人間にとって有益である、とされていた。だから、もともと、臨終の苦しみという想念は、来世に関するイメージ群のひとつである。だが、当時、人びとの心は、ただもう、肉体の死という想念にとりつかれていたのである。

「四終」のテーマと密接に関連するものに「死亡術《アルス・モリエンディ》」というのがある。これは、十五世紀に着想されたテーマであって、「死の舞踏」と同様、印刷に付され、木版画に刷られて、なまなかなお説教などはとうてい及びもつかぬほどの影響力をみせたのである。「死亡術」は、悪魔が、死にかけている人間にしかける誘惑のわなのことをテーマにしている。それは、数にして五つ、すなわち信仰への疑惑、おのれの罪を想っての絶望、この世の財貨への執着、魂の救いについての懐疑、最後に、おのれをもって徳高しとする傲慢《ごうまん》である。だが、かならず天使がその場にあらわれて、臨終の人間をなぐさめ、悪魔のわなに陥らぬよう守ってくれるという段取りになっているのだ。

臨終の苦悶《くもん》そのものの描写は、すでに古くから宗教文学の取り扱ってきたテーマであって、「死亡術」のなかでのその記述についても、そのモデルとなった手本を、いろいろと指摘できるのである。

以上、死のモティーフを、いろいろとみてきたわけだが、それらのモティーフすべてを集めているのが、シャトランの『死の鏡』である。この人特有の、なんとも猛烈な冗長さにもかかわらず、なかなかの効果をあげている、ある心うたれる語りから、この詩ははじまる。いまわのきわの女が、恋人をそのかたわらに呼んで、とぎれとぎれの声でいうには、

いとしいかた、わたしの顔をみて。
ごらんなさい、悲しい死のしわざを、
けっしてお忘れなされるな、

あなたにあれほど愛された、これがその顔なのです。
あなたのものだったこのからだ、いまはおぞましくも汚れはて、
永遠にあなたの失うこのからだは、
悪臭はなつお食事です、大地に、
うじ虫に、投げ与えられるでしょう。
無情の死に、美しいものすべては滅びる。

このエピソードを機縁として、いよいよ詩人は『死の鏡』を歌いはじめる。まず最初のテーマは、かつて世にありし偉人、いまいずこ。だが、これは冗長にすぎ、いささか学校教師ふう。ヴィヨンの詩に感じられる、そこはかとなきメランコリーなど、そのかけらもない。続いて、「死の舞踏」のプランの、そのまた下書きみたいなもの、迫力ともなわず、想像力にとぼしい。最後に、「死亡術」。臨終の苦悶を描写して、かれは歌う。

手足、からだに、くされ臭いの
臭わぬところとてない、
魂、からだを離れるまでは、
心臓、からだをはりさかんものと、

高なり、胸もちあげて、
その胸、いまにも背骨にくっつかんばかり。
顔は色なく、あおざめて、
両眼くぼんで、網目がかかる。
ものいう術《すべ》も失われる、
舌が上顎《うわあご》にひっついたから。
脈はふるえて、呼吸もあえぐ。
…………………
骨は、処々方々でがたがたになり、
神経は、はりつめてちぎれんばかり。

ヴィヨンは、これだけのことを半節にまとめ、しかもいっそうの感動を与える。モデルが同じであることは、だれの目にも明らかだ。

死は身体を震わさせ、色蒼ざませ、
鼻を押し曲げさせ、血管を膨らまさす、
首を腫れさせ、肉をたるませる、

関節をきしらせ、筋を緩《ゆる》ませる

そして、これに続く詩句に、またしても、この種の戦慄のイメージをつらぬいて、一瞬きらめく官能の想念。

女体よ、かくもやわらかな、なめらかに甘く、
かくもたっとい、おまえでさえも、この禍事《まがごと》に
耐えねばならぬか、そうだ、そうでなければ、
生きたまんま天国へいく羽目になるではないか[*24]

死をまざまざと眼前に想い浮かばせるものが、これほどまでにしっくりとひとつに集められていた場所は、パリのイノッサン墓地をおいてほかにはない。ここにやってきた人びとは、死の恐ろしさ《マカーブル》を、腹の底まで味わったのである。すべてが、この場所に、暗々たる神聖さ、思わずそうけだつ恐ろしさを与えるためにあった。この雰囲気《ふんいき》をこそ、後期中世は、ひたすら求めていたのである。

そもそも、この墓地とここの教会とは、キリストの身代りに虐殺されたという「罪なき子ら《レ・ジノッサン》」に奉献されていたのであって、したがって、ここの守護聖者たちは、その

悲しい殉教ゆえに、民衆の心に強い感動をよびおこし、はげしい共感を集めていたのであり、それがまた、時代の感性によくなじんでいたのである。

まさにこの十五世紀という時代こそは、「罪なき子ら」崇拝が、強く前面に押しだされた時代であった。人びとは、「罪なき子ら」、すなわちベツレヘムの嬰児《えいじ》たちの遺物を、ひとつならず所蔵していたという。ルイ十一世は、その嬰児たちに奉献された教会、つまりイノッサン墓地の教会に、大きな水晶の厨子《ずし》に収められた「罪なき子、一体」を献納している。

イノッサン墓地は、だんぜん人気があった。だれしもが、ここで永遠の眠りにつきたいと願っていたのである。あるパリの司教などは、ここに埋葬されることができないからというので、この墓地の土をひとつかみ、自分の墓のなかに入れさせたという。貧乏人も金持も、ここにいっしょに眠っていた。だが、その眠りも長続きはしなかった。なにしろ、二十もの教区が、この墓地での埋葬権をもっていたものだから、墓の使用頻度《ひんど》はきわめて高く、そのため、ある期間たつと、骨は掘りだされ、墓石は処分されてしまうというのが実情だったのだから。

当時のうわさでは、ここに葬られた死体は、九日後にはもう骨になるとのことであった。その頭蓋骨《ずがいこつ》、その他の骨は、墓地の三方をとりかこむ回廊上部の納骨棚《のうこつだな》に積みあげられ、むきだしのまま、幾千もの人の目に公然とさらされて、万人平等の教えを説いていたのである。回廊の下方には、「死の舞踏」の絵図と詩文がかかれていて、人びとは、その教えを絵にもみ、言葉にもよんだのであった。*25

この「美しき納骨堂」建立《こんりゅう》にあたっては、他にさきがけて、かのけだかき騎士ブシコーが献金している。ここを永遠の憩《いこ》いの地にと欲したベリー侯は、「三人の死者と三人の生者」のイメージを、教会入口に刻ませている。なお、その後、十六世紀には、巨大な死神の像が、この墓地に建てられた。これは、現在ルーヴル美術館にあり、かつてこの地にあったすべてのものをしのばせる、ただひとつの遺物となっている。

十五世紀のパリの人びとにとって、この場所は、ちょうど一七八九年の凄絶なパレ・ロワイヤルのようなものだった。埋葬と掘り返しがたえまなく行なわれているというのに、この墓地は、かれらの遊歩場であり会合の場所であったのだ。納骨堂の脇には、商人が店を出し、回廊には、いかがわしい女がたむろしていた。教会堂の脇には、壁囲いした女隠者の姿のみえないときはなかった。

托鉢《たくはつ》修道会の説教師がやってきて、説教することもあった。だいたい、この場所じたいが中世風説教そのものだといってもよい景色だったのだ。祭列に出かける子供たちが集まることもあった。その数一二、五〇〇、とパリの一市民は報告している、それぞれ手にろうそくをもち、「罪なき子、一体」を奉じて、ここからノートル・ダーム寺院までを往復したというのだ。*26 お祭りさえも、ここで催されたという。かくのごとく、ここでもまた、戦慄を呼ぶものが、日常茶飯事《さはんじ》になってしまっていたのである。

死を、直接、目にみえるかたちに表現したいという欲求のもとでは、目にみえるかたちに表現しきれぬ部分は切り捨てられてしまい、ただ、死の荒けずりな局面のみが、意識の強迫となって残る。死のマカーブル的ヴィジョンは抒情《じょじょう》を知らず、悲歌もまたこれには無縁である。その根底にあるのは、死に対する、きわめて現世的、利己的な関心である。愛するものの喪失を嘆くというのではない、せまりくるおのれの死、ただもう恐るべき禍としか考えられないおのれの死を恐れるのである。

死をなぐさめと考えることもない、苦しみの終り、待ち望んだ休息と思うこともない、生涯《しょうがい》の仕事を終えたとの思い、中道に倒れたもののあきらめもない、この死《マカーブル》の想念には、甘い回想もなく諦念《ていねん》もないのである。「悲しみのこうごうしき深み」といったようなものは、すこしも感じられないのである。

ただいちどだけ、しんみりと語る声が、わたしたちの耳にはいる。ある「死の舞踏」詩のなかで、死は、農夫に語りかけて、こう歌う、

農夫よ、不安と労苦のうちに、
おまえはこの日までを生きてきた。
死なねばならぬ、これはたしかなことだ、

しりごみしてもむだなこと、得《とく》にはならぬ。
死を喜びとしなさい、死ねば、
もろもろの心のわずらいから解かれるのだから。

だが、この農夫にしてみれば、ときには死を待ち望むことはあっても、やはり生命は惜しいのである。

マルシアル・ドーヴェルニュは、その女性版「死の舞踏」詩のなかで、死に手をひかれる少女をして、その母親に向かい、こう叫ばせている、「わたしのお人形とお手玉と、それからわたしのきれいなお洋服を、だいじにとっといて！」

とはいえ、このように心うたれる、子供の生命を惜しむ声は、後期中世の文学からは、ほんのまれにしか、きこえてはこないのだ。重苦しくもぎごちなく、壮大なスタイルの当時の文学には、子供をいれる余地なぞ、なかったというのか。はっきりいって、子供のことは、教会文学、世俗文学を問わず、当時の文学の知るところではなかったのだ。

アントワーヌ・ド・ラ・サルの『なぐさめ』に書かれている話だが、息子をなくしたある貴婦人をなぐさめようとしたかれは、人質として殺されて、若い生命を失った、もっとかわいそうなある少年の話をしてやったという。それがいちばんのなぐさめになると、かれは考えたのだ。そして、かの女をはげまし、悲しみを克服させようとして、かれのやったことといえば、この世のことに執着するなとお説教するだけのことだったのである。

だが、ラ・サルは、それに続けて、わたしたちのよく知っている話をつけ加えている。死んだ子供が母親のところにやってきて、これ以上泣いてくれるな、経帷子《きょうかたびら》が乾《かわ》かなくてこまるから、とたのむ、経帷子の民話である。このとき、わたしたちは、内なる声のひびきを耳にする、幾百幾千の声にくりかえされた「死を想え《メメント・モリ》」の叫びには、ついにききとれなかった、深いひびきである。民話や民謡こそは、当時の文学の、ほとんどあずかり知らなかったさまざまな情感を、よく保持していたのではなかったろうか。

後期中世は、死に関して、ふたつの極端な考えかたしか知らなかった。権勢、栄誉、享楽、諸行は無常、美もまた過ぎゆくとの嘆きと、至福のうちに救われる魂を想っての喜びと。この両極のあいだにあるものは、すべて無視された。「死の舞踏」と恐ろしい骸骨の完璧《かんぺき》なイメージのうちに、生きた心の動きが石と化している。

〔1〕この詩は、以前は、ベルナール・ド・クレールヴォーの作とされていた。また、ウォルター・マップの作とする人もいた。

〔2〕ただし、表題は『死の歩み』となっている、詩の本文のなかでは「死の鏡」なのだが。なお、ピエール・ミショーも『死の歩み』という題の詩を作っている。その詩には、死の貴婦人のたたずむ涙の泉のかたわらでの果たし合いのことが出てくる。

〔3〕オドン・ド・クリュー（クリュニー修道院二代院長。修道会の実質上の創設者。九四二死）の『文集』第三巻。このモティーフの展開は、すでに古く、ヨハネス・クリソストムス（四世紀後半、コンスタンティノープル教会大主教）の『女と美について』にみられる。

〔4〕牡牛にまたがった死神という表象の起源を、ピエール・ミショーの詩『盲人たちのダンス』に求めるみかたがあるが、これは完全にまちがっている。というのは、このイメージは、それよりはやく、すでに一三二三年のアミアンのミサ典文に、そしてまた、一四〇〇年ごろの『農夫』（ボヘミアのヨーハン・フォン・テプルの詩『ボヘミアの農夫』のこと。一農夫と死神との対話詩）にあらわれているからである。

（1）ヘクサメトロスはホメロスの叙事詩の韻律。ひとつの長音節とふたつの短音節よりなる単位（脚）を五つと、それに長音節と長あるいは短音節よりなる脚ひとつを加え、合計十七音節を一行とする詩型。このかたちの脚をダクテュロスといい、また、ふたつの短音節をひとつの長音節で代用したもの、つまり、ふたつの長音節よりなる脚をスポンディオスといい、このほうが当然重い感じになる。ホメロスはダクテュロスを多く使い、したがって軽快なテンポの早い感じがその叙事詩の持ち味であったが、この詩型を踏襲したウェルギリウスなどローマのラテン叙事詩人は、スポンディオスを濫用し、重厚な韻律を得意とした。中世のラテン詩人は、このローマ型の韻律を好んだ。だから、ホイジンガは、「重い韻をふんだ」と形容しているのである。

（2）カエサルの議場 curia Julia は、ユリウス・カエサル（シーザー）の建てた元老院議場の建物。

(3) ガイウス・ファブリキウスはエピルス王ピュロスとの戦いを指揮したことで知られるローマの将軍。紀元前二八〇年、ヘラクレアの戦いののちピュロスと捕虜交換の交渉をしたが、そのさいピュロスは、かれの廉直ぶりに心うたれて、身代金をとらずに捕虜を返したという。

(4) ルキウス・アエミリウス・パウルス(前一六〇死)。ローマの将軍。マケドニアとの戦いに勝利し、この地を属州とする(前一六八)。mors nobilis「けだかき死」とあるが、その死は病死であった。

(5) カトーはふたりいるが、おそらくこれはマルクス・ポルキウス・カトー・ウティケンシス(前九五～前四六)のほうであろう。カエサル、ポンペイウス、クラッススの、いわゆる第一回三頭政治に抗して、共和制の伝統をあくまで守ろうとしたひとり。収賄政治に対し、はげしい憎しみをぶつけ、ローマ市民の支持を集めていた。カエサルの政権掌握後、アフリカに引退し、その地で自殺した。

(6) マルクス・アティリウス・レグルス(前二五〇ころ死)。第一次ポエニ戦争のさい、アフリカでカルタゴ軍と戦ったローマの将軍。捕虜となり、和平締結のことを元老院に説得すると約束してローマに帰されながら、逆に戦争継続を説いて、ふたたびカルタゴにもどり殺されたとの伝承があり、後世、共和制期の英雄像のひとつとなった。

(7) ローマ建国伝説の双生児の主人公。狼に育てられたという。ロムルスの名からローマの国名が出たという。

(8) 後半生をフランチェスコ派の修道士として送ったイタリアの詩人(一二三〇～一三〇六)。反ボニファチウス八世法王の言説で知られる。

(9) ダヴィデの息。反逆して殺される。「さて、全イスラエルのうちにアブサロムのように、美しさのためほめられた人はいなかった」(「サムエル記下」一四の二五)

(10) サウルの息。ダヴィデを愛し守ろうとした。父サウルとともに討たれ、その死を嘆いて、ダヴィデは歌う、「わが兄弟ヨナタンよ、あなたのためわたしは悲しむ。……あなたがわたしを愛するのは世の常のようではなく、女の愛にもまさっていた」(「サムエル記下」一の二六)

(11) ホイジンガは、これに注を付して、クラッスス（第一回三頭政治に、カエサル、ポンペイウスとともに一役買ったローマ一の大金持）のことを暗示しているのではないかと推測している。

(12) 両詩行とも『遺言の歌』から。「むかしの女たちのバラッド」「むかしの男たちのバラッド」は一五三一年に『フランスェ・ヴィオン作品集』を刊行したクレマン・マロが与えた題辞である。写本には「バラッド」としか出ない。「なんて名だか、おれは知らんけど」はほぼ直訳です。諧謔があやうく悪ふざけに堕しかかっている。わたしの「ヴィヨン遺言詩注釈II『遺言の歌』上巻」をごらんください。

(13) この発言はアリストテレスを写した六世紀のボエティウスの『哲学のなぐさめ』第三章が元らしいが、「ボエオティアの山猫」のところ、アリストテレス－ボエティウスは「リュンケウス」と書いていて、これは千里眼で知られたギリシア神話の人物です。それが十三世紀の『ばら物語』は「リンクス」と書いている。これは「山猫」です。ホイジンガの引く文章は九世紀のクルーニー修道院長オドーのだから、引用にまちがいがないとすると、十三世紀をまたず、すでに九世紀に「リュンクス」が「リンクス」にかわっていたことになる。

(14) 南イタリアのアプリアの隠修士で十三世紀なかごろ「聖ダミアン隠修士団」という修道院を

設立したピエトロ・デル・モローネが、それから半世紀後、一二九四年、ローマ法王に選挙された。八十歳のころである。法王名をケレスティヌスという。修道院はその後この法王名をとって呼ばれることになった。フランス語で「セレスティン」だが、近代語の発音で「セレスタン」とふつう呼んでいる。ちなみにかれは法王在位わずか五か月間にして、枢機卿団の圧力で退位した。これを継いだのがボニファティウス八世である。

(15)『遺言の歌』五二節と五四節の最初の二行。「兜屋小町」は四七節の二行目に「兜屋の女だった美女」と読めるのを受けてクレマン・マロが「ラ・ベレオーミエー」と呼んだのを訳したものである。「ヴィヨン遺言詩注釈II『遺言の歌』上巻」をごらんください。

(16) 十歳の年から、フランチェスコ派第三会の会員として、準修道生活を送り、かずかずの奇蹟で知られた聖女(一二三三〜五一)。一四五七年列聖。なお、第三会は、正規の修道誓願をたてない男女信徒の会組織であり、フランチェスコ修道会の外郭組織としての機能を果たした。一二三〇年ごろ、正式に成立したとみられている。

(17) ルクセンブルク(リュクサンブール)家の一員であるアルトワのサンポール領ならびにバーのリニイ領の伯で、ブルゴーニュ侯に近侍したヴァレラン・ド・リュクサンブールの弟で、一三八四年にメッツ(メス)司教になっている。死後、福者に列せられた。このエピソードは一三九〇年に行なわれた列福審査の記録からということである。

(18) トゥルルピン(テュルリュパン)異端については、デュカンジュが『中世ラテン語辞典』で紹介しているプロヴァンスの異端審問官に対する支払い調書(一三七三年)しか史料が残っていない。それもかなり問題のある史料である。ホイジンガは十九世紀前半に出版されたサン・

ドニ修道院の年代記から情報を拾っている。

(19) ホイジンガはジュヴェナル・デジュルサンとパリ一市民の日記からこれらのエピソードを拾っている。エドワード・オブ・ヨークはエドワード三世の第五子エドマンドの息子で、ヨーク侯家を相続したエドワードを指す。これはエドワード・プランタジネットとあだなされた。ウィリアム・グラスデールと「ジョン・ファストルフ卿の甥」の話はパリの一市民が死体処理の手順の解説つきで報告してくれている。「サン・ドニの攻防戦」というのは一四三五年八月から九月の事件で、まだランカスター王家がパリとノルマンディーを支配している。サン・ドニの町は王太子シャルルの側に立っていて、それをイギリス方が攻撃したという話です。

(20) 「ヨハネの黙示録」六の八参照。

(21) イタリア語で「カンポ・サント」は墓地を意味する。ピサのカンポ・サントはドゥオーモ(首座教会堂)の北に十二世紀以来設けられた墓地で、十三世紀に四囲を納骨堂の回廊で囲われた。以下はそこに描かれたフレスコ壁画のことをいっている。

(22) 顧問官としてシャルル五世の宮廷に仕えた聖職者(一三九〇死)。一三八〇年以降、シャルトルの司教になり、『日記』を残している。

(23) 「ヨハネによる福音書」第一一章参照。

(24) 『遺言の歌』第四一節。

(25) イノッサン墓地はサン・ドニ大通り沿いにあり、西側が市場だった。墓地は三メートルの高さの壁で囲われていて、その内側に沿って回廊が設けられていた。「三方」はまちがいで、「四方」です。フレスコ画が南側の回廊の東よりの区画の壁画に描かれていた。全面ではない。

「ダンス・マカーブル」は一四二五年の四旬節に完成したとパリの一市民が報告している。イノッサン墓地とその回廊については「ヴィヨン遺言詩注釈Ⅳ『遺言の歌』下巻」をごらんください。

(26)「パリの住人の日記」に、イノッサン墓地にそんなに大勢のこどもたちが集まった話など書いていない。ホイジンガはこの件についてピエール・シャンピオンの著述(六五ページを参照)を参考文献にあげているが、じつはシャンピオンが書いていることも当たっていない。それになぜだか人数がちがう。このあたり情報が混乱している。

XII すべて聖なるものをイメージにあらわすこと

死のイメージは、後期中世の思考一般の特質をよく示している一例だと思う。なにかこう、思想が絵のなかに流れこみ、流れこんだ砂のように、そこを埋めつくしてしまった、というかんじなのだ。思想生活の全内容を、すべてイメージにあらわそうとしたのである。地金を、すべて、小薄片に鋳こんだのである。

すべて聖なるものをイメージにあらわしたい、信心にかかわる、ありとあらゆる想念に、なにかある完結したかたちを与えたい、そのひとつひとつの想念が、いわば鮮明な刷りの小さな版画として、頭のなかに、はっきりと刻みつけられるように。この欲求は、ほとんど制御不能であった。そして、まさしく、このイメージ形成への志向ゆえに、すべて聖なるものは、硬直し、外面化する危険に、たえずさらされていたのである。

中世も段々と深まると、民衆の神信心は外面化する傾向をますます強める。いったいどうしてなのか。このことのわけは、もうこれ以上は望めないほど簡潔に、ヤーコプ・ブルクハルトの次のような言葉のうちにいいつくされている。『世界史的省察』の一節である。

「強大な宗教は、生活のあらゆる事物に浸透し、精神の動き、文化のあらゆる要素を、それ一色にそめあげる。ところが、時がたつにつれて、今度は、それらの事物が宗教に反作用を及ぼす。さよう、それら事物の概念群、イメージ群にかこまれて、宗教固有の核が窒息してしまうこともありうるのだ。もともと、それら概念群、イメージ群は、宗教がこれをおのれの領域にひきずりこんだものだというのに。生の諸関係を、すべてこれ神聖なものとみるということ、このことにはなにかしら宿命的な一面がある」

そしてさらにまた、

「かつて、その民族、その時代の文化と完全に離れて、宗教はありえなかった。宗教が、その聖経典の言葉どおりの読みにたよって時代に君臨し、みたところすべてを律するならば、宗教が、いわば生活全体とからみあうならば、生活のほうも、まちがいなく宗教に影響を及ぼし、宗教に、いわばからみつくであろう。だが、そうなると、そのような文化との内的からみあいは、宗教の側になんの益をもたらさず、かえって危険をもたらすことになるのだ。とはいえ、宗教というものは、それが現実にはたらく力であるかぎり、つねにそのように行動するのである」

中世キリスト教社会にあっては、生活のあらゆる局面に、宗教的観念がしみとおり、いわば飽和していた。すべての事物、すべての行為が、キリストに関連し、信仰にかかわっていたのである。つねにそうであった。つねに、事物すべての宗教的意味を問う姿勢がみられ、かくて、内面の信仰はひらかれて、おどろくほどゆたかな表現を展開する。

だが、この信仰の飽和状態にあっては、霊の緊張、真正の超越、現世からの解脱ということは、かならずしもみられない。緊張がとける、すると、ほんらい霊の意識を刺激するはずのものが、すべてその力を失い、恐るべき日常卑俗事に堕し、彼岸のふうをよそおいながら、その実、おどろくほど現世的なものになってしまう。

ハインリヒ・ゾイゼのように、かたときたりとも霊の緊張に欠けるところのなかった卓越した聖人にあっても、わたしたち、もはや中世の心を知らぬものたちのみるところ、崇高と卑俗滑稽《こっけい》との差は、それほど大きくはないのである。マリアへの愛ゆえに、この世にただひとり愛する女の意を迎えんとひたすら献身をつくす騎士ブシコーよろしく、女性すべてを敬うゾイゼ、泥道《どろみち》に行きなやむ乞食女を助けるゾイゼ、これはたしかに崇高である。実際、かれは、世俗の愛の慣習に従い、誕生日とか五月のはじめの日とかには、かれの花嫁たる「知恵」を祝い、花環《はなわ》を編んだり、歌を作ったりしている。また、恋歌をきけば、すぐ、それは「知恵」の讃歌《さんか》だ、と考えたりしている。

それはそれでいい。だが、こんな話はいったいどう考えたらよいのか。食事のとき、ゾイゼは、いつも、ひとつのりんごを四つに切り分けて食べたという。三切れは、聖三位一体《さんみいったい》の名において、四つ目は、「天なる御母《みはは》がそのやさしき御子《みこ》イエスにりんごを食べさせたもうた、その愛《ミンネ》において」。だからかれは、四つ目は、皮をむかずに食べたという。なぜって、小さな子供たちは、よくりんごを丸ごと食べるではないか。クリスマスを過ぎてしばらくのあいだは、かれは、四つ目の切れ端を食べなかったという。つまり、りんごを食べるには、幼児《おさなご》イエスは、まだ小さすぎる、というわけなのだろう。自分では食べないで、御子にさしあげてくださいと、マリアにささげたという。

飲みものを飲むときには、主の五つの傷にあやかって、五口《いつくち》で飲むことにしていたという、ただし、主の脇腹《わきばら》からは、血と水とが流れたということにちなみ、最後のひとくちは、二度に分けて。「生の諸関係の神聖視」も、ここにきわまれりというものだ。[†1]

さしあたり内面性の度合いは問わず、ただ、かたちにあらわれたところだけをみてのはなしだが、後期中世の神信心には、なにか、宗教生活をおかす危険な腫瘍《しゅよう》がいっぱいできていた、というかんじなのだ。ただし、この腫瘍という言葉は、宗教改革論対カトリック教義という対立の意味あいにおいて使われているのではない。当時、教会では、儀式慣例、用語がむやみにふえ、当然それにともなう質的変化のことはともかく、まず第一に、その量的変化こそが、まじめな神学者たちをおびやかしていたのである。十五世紀の教会改革論者たち[*1]が対したのは、このように新しく出てきた慣習だの用語だのにみられる不信心ないし迷信的傾向ではなかった。かれらは、信仰そのものが、教会それじたいが荷を負いすぎている、と批判したのである。

神の恩寵《おんちょう》のしるしは、いつでもお役にたちますと、ますますその数をます。秘蹟《ひせき》の執行には、いたるところ、祝福の祈禱《きとう》がつけ加えられる。遺物では飽き足らず、お守り集めに熱中する。祈禱の力は、数珠《ロザリオ》のなかにこめられている、ということにされる。聖者のいならぶ柱廊は、ますますはなやかに、にぎやかになってくる。

神学者は、秘蹟と準秘蹟との厳密な区別を熱心に説いた。けれども、そういう努力は、いったい、呪術《じゅじゅつ》のにおいがし、表面はなやかに飾りたてられているものとみれば、すぐそれにとびつき、信心にわれを忘れる民衆の心の動きを押えることができたのだろうか。ジェルソンがオーセールで会ったある男は、教会や修道院で十二月に催される愚者の祭り[*2]は、マリア御孕《おんみごも》りの祝いと同じくらい神聖なものだ、と主張したという。

ニコラ・ド・クレマンジュは、新たに祝祭日をたて、それを祝うことに反対する論説を書いている。そのなかには、とかれは述べている、ほとんどその全典礼が外典に由来するもの、つまり正しい聖書にもとづかぬ祝祭がある、と。そして、ほとんどの祝祭日を廃してしまったオーセールの司教の名をあげ、かれに賛意を表している。

ピエール・ダイイは、その著『改革について』のなかで、教会、祝祭、聖者、安息日を際限なくふやすことに反対し、聖像や絵が多すぎる、礼拝儀式がおおげさになりすぎている、祝祭の礼拝式文を外典からとっている例があると批判し、新しい讃歌、祈禱文など、思いつきをむやみに採用すること、夜の礼拝、読経《どきょう》、断食、精進をきびしくし、回数をふやすことに抗議している。

当時、聖母崇拝に出るあらゆることがらに、特別の礼拝式を結びつけようとする傾向があった。のち、教会はこれらを廃したが、いろいろな特別ミサがあったのだ。すなわち、マリア信心のミサ、マリアの七つの悲しみ[*3]のミサ、全マリア祝祭のミサ、マリアの姉妹であるヤコブの母マリア[*4]とマリア・サロメ[*5]のミサ、大天使ガブリエル[*6]のミサ、主の誕生の系統樹を作る聖者たちのミサというぐあいである。

十字架の道[*7]、五つの傷[*8]、朝夕のアンジェラスの鐘[*9]、これらの信仰も、中世末期にはじまったものである。

それに修道団体が多すぎる、とアイイはいっている。このことが典礼慣行の相違をひきおこし、排他と自負とを生み、それぞれの修道会がみずからをもって他にまされりとする、むなしい対立心をまねく、と。とりわけ、托鉢《たくはつ》修道会は制限すべきだ、とかれはいう。その存立は、ハンセン病を病む人たちのための施設、病院、また、「もの乞《ご》いする真正の資格と権利をもつ、真に貧しく、あわれなる人びと」に迷惑をかけることになる、と。

贖宥符《しょくゆうふ》を売り歩く説教師を教会から追放することも、また、アイイの願いであった。かれはいう、「そのものたちは嘘《うそ》を並べて教会を汚し、笑いものにしてしまっている」、と。また、こうもいっている、ろくな資産もない女子修道院が、次々に建てられているが、これはいったいどういうことになるのだろう、と。

ピエール・ダイイが攻撃しているのは、あきらかに量的な悪であって、質的な悪ではないのだ。瀆宥符説教に対する嘲弄《ちょうろう》の論調はともかくとして、かれは、こういったことすべてが、いったい敬虔《けいけん》な信心に出るものなのか、どうなのか、その点に疑いの目を向けているわけではないのだ。かれの心を悩ますのは、それが際限なくその数をますこと、そのことじたいである。かれの目に映る教会は、特殊瑣末《さまつ》のことがらの重荷におしつぶされて、窒息しかけていた。

アラーヌス・デ・ルーペが、ロザリオ信心会の結成を提唱したとき、かれの直面した反対の声は、やはり、それが新しく結成される会であることじたいに向けられたのであって、会の性格のことはそれほど問題にされなかったのである。反対するものは、こういったという、アラーヌスが考えているような大きなお祈りの会を作れば、民衆は、その活動にすっかりたよりきってしまって、懺悔《ざんげ》の義務をなおざりにするようになるだろう。聖職者は聖職者で、定刻の祈禱を無視するようになる。もしもこの会が、フランチェスコ派ないしドメニコ派の教会にばかり集まるようになれば、教区教会はからになってしまう。ひとが集まれば、党派争いや陰謀さわぎもおこるだろう。それに、なにかたいへんな、おどろくべき啓示でもあったかのように、この会のことを売りこむなんて、と、反対するものたちは非難の声を結ぶ、夢想か幻想、年寄りのたわごともいいところだ、と。

こういった宗教慣習は、厳格な権威がこれを断固として押えることがなかったところから、ほとんど機械的に増殖する傾向をみせていた。そのもっともいい例が、毎週のことになってしまった、「罪なき子ら」崇拝の行事である。十二月二十八日のこととされるベツレヘムの嬰児《えいじ》虐殺の想い出には、その無惨な殉教によせるセンティメンタルな同情とともに、冬至に関係する、なかば異教的な迷信がいろいろ結びついて、その日は厄日《やくび》とされていた。ところが、十五世紀にはいると、この慣習はそんなことではすまなくなり、前年のその日が何曜日にあたったかによって、年間とおして毎週その曜日を厄日とする、ということになってしまったのである。

人びとは、この曜日には仕事をはじめず、旅だつこともしなかった。この曜日は、この祝祭じたいの名をそのままに、「罪なき子ら」《レ・ジノッサン》と呼ばれていた。ルイ十一世は、細心に、この慣習を守った。エドワード四世の戴冠式《たいかんしき》は、二度行なわれた、最初のがこの厄日に催されたからという理由で。ルネ・ド・ロレーヌは、予定された戦闘をとりやめにしなければならなかった。その日が「罪なき子ら」の厄日にあたるというので、傭兵《ようへい》たちが戦うことを拒否したからであった。[*10]

ジャン・ジェルソンは、この慣習をとりあげ、もって迷信一般を批判する論説執筆の機縁としている。かれは、このようなたぐいの信仰の妄想《もうそう》がはびこることは、教会にとって危険であると、はっきりみぬいていた人びとのうちのひとりであった。かれの鋭く、どことなく冷酷でさえある精神は、こういった妄想のよってきたる心理学的基盤ともいうべきものを、あるていどみぬいていたのだ。

それは「ひとえに、人間の空想《ファンタジー》、メランコリックな想像《イマジネーション》に由来」している。想像力の退廃現象だというのだ。それはといえば、脳内障害からきている。なぜ障害がおこるかといえば、悪魔につかれるからだ。というわけで、ここでもいぜん、悪魔がひと役買わされている。

無限のものを有限性のうちにひきこもうとたえず試み、奇蹟《きせき》をその構成分子に分解しようとするプロセスがみられたのだ。船板につく貝殻《かいがら》のごとく、神聖をきわめる秘蹟という秘蹟に、信仰の外的要素がへばりつき、成長し、秘蹟を汚す。聖餐《せいさん》の秘蹟の深い感動も、表面に流れて、しらじらしくも物質主義にこりかたまった迷信に移し変えられる。ミサにあずかった日には、盲人になることはない、卒中の発作《ほっさ》をおこすこともない、とか、ミサにあずかっているかぎり、その間は年をとらないといったたぐいである。

教会は、神がこの地上にひきおろされてしまうようなことにならぬよう、たえず警戒していなければならなかった。だから、教会は、キリストの変容[*11]のさい、ペテロ、ヨハネ、ヤコブの三人は、神の姿をはっきりとみた、いま、天でそうしているように、と主張するのは異端である、と言明したのだ。また、パリの一市民の報告によれば、ジャンヌ・ダルク模倣者のひとりは、長い白衣をつけ、その上に赤い外套《がいとう》をまとった神をみたと主張し、これまた、神を冒瀆《ぼうとく》する説とされたという。

だが、神学上決定されている、こまかな区別を知らなかったからといって、どうしてそれが民衆のあやまちだろうか。教会じしんが、民衆の想像力に多くの材料を提供していたというのに。

ジェルソンその人にしてからがそうである。かれは、かれの攻撃する悪習から、けっして自由ではなかったのだ。かれはある論説のなかで、好奇心はむなしいと重ねていっている。好奇心とは、その場合、自然を、その最奥の秘密にいたるまで究《きわ》めたいという探求の精神のことだ。ところが、そのかれが、実につつしみのない好奇心を発揮して、神聖なことがらを、どうでもいいようなつまらぬことにいたるまで、根ほり葉ほりほじくっているのである。

ジェルソンは、聖ヨセフをことのほか崇拝し、その祝祭を盛んにすることに労を惜しまず、ヨセフのことについてすべてを知りたいという気持にかりたてられていた。かれは、ヨセフのマリアとの結婚生活について、なにからなにまでことこまかにせんさくしている。いかにかれは欲望を押えたか、いかにかれはマリアの懐胎のことを知ったか、かれは何歳だったか。当時、絵や文学は、ヨセフを戯画化する危険な傾向にあった。デシャンが歌い、メルキオール・ブルーデルラムが描いたような、いやいやながら働く年老いたヨセフのイメージを、ジェルソンは認めなかった。ヨセフは、まだ五十にもなっていなかった、そうかれはいっている。

これとは別の論説で、ジェルソンは、洗礼者ヨハネのからだのつくりについての考察までもあえてしているのだ。かれは述べている、「からだが作られる素《もと》になる精液は、それほど堅くはなく、かといって、あふれ流れるほどやわらかすぎもしなかった」

有名な民衆説教師オリヴィエ・マイヤールは、前置きを述べたあと、いつもきまって「なにかすてきな神学上の問題」をもちだして、聴衆の関心をひきつけたという。たとえば、こんな問題。聖処女は、真に神の母と呼ばれるに値するほど、それほど能動的に、キリストの懐胎に関与したか否か。復活ということが介入しなかったならば、キリストの肉体は灰に帰していたかどうか。

マリアの処女懐胎についての論争では、神学上の議論と胎生学的考察とが、すっかり混同されてしまっている。聖処女は、はじめから原罪をまぬかれていた、これが民衆の自然な感情からする意見だったが、ドメニコ教団は、これに反対する一派を形成していたのである。いずれにせよ、信仰に役だつ議論ではない、そうわたしたちは考える。ところが、謹厳一途《いちず》な神学者たちは、この議論の重要性をかたくなに信じこんでいたのだ。だからこそ、かれらは、なんのためらいもなく、おおぜいの聴衆を前にしての説教に、この議論をもちこんだのである。

謹厳な神学者にしてからが、こんなふうであった。してみれば、広い世間の人びとが、神聖な事物をいちいちこまかくせんさくし、その結果、それを日常性のうちに解体させてしまったとしても、それはしかたのないことではなかったか。人びとがこの日常性から離れ、奇蹟に接しての戦慄《せんりつ》を味わったのは、もはや、ときおりの発作でしかなかったのだ。

日常生活において人びとが神に親しみをもっていたということは、これをふたつの面から考えてみなければならない。ひとつには、これは、信仰のゆるぎなさと直接性とを語っている。だが、ひとたび、この親しみということが、風俗のなかに根づいてしまうとなると、そこに危険が生じてくる。いつの世にもいる不信心者はいうまでもなく、信心ぶかいものでさえも、霊の緊張のゆるむそのときどきには、この親しさにすっかり慣れてしまって、多かれ少なかれ意識的に、故意に、信仰を汚すことになるのだ。

深奥の秘蹟、聖餐すら、この危険にさらされたのだ。そもそも、カトリック信仰の情《じょう》緒《ちょ》にあって、聖別されたパンにおける神の直接的、本質的現存という観念ほど、強く、深い効果を及ぼすものはほかにないといってよい。中世といわず、いまといわず、聖餐こそが、宗教感動の中核にあるのだ。ところが、中世の素朴《そぼく》な大胆さは、神聖の極にある事物についても親しげに語る。聖餐さえも、ときには冒瀆《ぼうとく》ともみえる慣用句のモティーフにされてしまったのである。

旅人が馬からおりて村の教会にはいっていく、「通りすがりに神に会っていこうと」。司祭が聖体を奉じて、ろばにゆられていく、これすなわち「ろばにのった神」だ。病の床にふす女について、騎士ド・ラ・トゥール・ランドリはいう、「かの女は死にとらえられたと悟り、いとしの君、神を連れてこさせた」、と。「神をみる」、これはよく使われたいいまわしで、聖体が奉戴《ほうたい》されるのをみる、との意味であった。

　これらの諸例にみられる神という言葉の慣用は、それじたいとしては、なんら神を汚すものではない。ただ、ほかの言葉といっしょになって全体として不敬の意味を作る、ないしは、無思慮に使われる結果、神を汚すことにもなるのであって、かくては、奇蹟の趣も、もはや感じられなくなってしまうのだ。

　かくして、このような言葉の慣用は、なんという瀆神をもたらしたことか。ここからくだって、次のような諺にみえる無思慮なれなれしさにいたるあいだには、ほんのわずかな落差しかなかったのである、いわく、「神に勝手にさせておこう、かれも年寄りなのだ」。フロワサールも、こういういいかたをしている、「そこで、かれに手をあわせてたのんだ、なにしろ、神に等しくえらい人なのだから」

　聖体を「神」と表現することがあった。ふつうには考えられないことだが、この慣用が信仰を汚す結果をまねいた場合もあったのだ。以下は、その好例である。クータンスの司教が、サン・ドニの教会でミサを執行したときのこと、いよいよ主のからだ、すなわち聖体が奉戴される段になって、人びとは、それまで、ミサがあげられていたあいだじゅう、会堂のなかを歩きまわっていたパリの代官ユーグ・オーブリオに対し、礼拝するようにと注意した。ところが、当時知られた自由思想家《エスプリ・フォール》たるかれは、誓いをたてて、こう答えた、とサン・ドニの修道士は報告している、宮廷に住んでいるような司教のささげる「神」なんか、だれが信じるものか、と。

神聖なものに慣れ親しみ、それをイメージにあらわしたいと望む気持は、ついにたいへんなものを作りだす。どうも、わたしたちの目には、大胆すぎるとしかみえないのだが、べつに、嘲弄の意図あってのことではなかったのだ。それはなにかといえば、「酒倉のハンス」と呼ばれる古オランダの酒杯にそのかたちを残している、小さなマリア像である。これは、たくさんの宝石に飾られた金の小像で、腹のところがひらくようになっていた。ひらけば、腹のなかの「三位一体」が目にはいるというしかけであった。

ブルゴーニュ侯家の宝物庫にも、これがひとつあった。[†2] ジェルソンは、パリのカルメル派[*12]修道院で、これをみかけている。そして、ジェルソンは、この種のマリア像を排斥しているのだが、それは、このような粗野なやりかたで奇蹟を表現するのは不敬である、と考えたからではない。三位一体を、そっくり、マリアの胎内にみのったものとして表現するのは異端である、と考えたからであった。[†3]

生活の全体が、宗教に浸されていたのである。だから、うっかりすると、聖と俗との境界のみうしなわれる危険があったのだ。ある場合には、宗教がすべてをつつみこみ、日常生活がそっくりそのまま、聖性の高みにまでもちあげられる。また、ある場合には、聖なる事物が、日常生活と分かちがたく結びついて、日ごろみなれた事物の領域へと押しさげられてしまうこともある。

パリのイノッサン墓地、そしてそこに積みあげられ、群衆の目にさらされていた死者の骨の演ずる、恐るべき死の祝祭については、すでに述べたところである。この戦慄の舞台にそそりたつ教会の壁に小屋掛けしていた女隠者の暮らしぶりほどに、すさまじい光景が、いったい考えられるだろうか。それなのに、当時の人びとは、いったいどんなふうにうわさしていたか。パリの一市民が伝えるところをきいてみよう。いわく、女隠者たちが、そこに狭い小屋を建てて住んでいる。かの女たちは、すばらしいお経で、壁のなかに封じこめられたのだ。かの女たちは、年金八リーヴルを八回に分けて王からうけている。なにか、そこらの救貧院の女の話をしているような調子なのだ。いったい、どこに信仰の熱情《パトス》が感じられるのか。*13

ほんとうに、その熱情は、どこにいってしまったのか。贖有《しょくゆう》の義務に、日ごろやりつけた家事仕事が課せられているのである。かまどを準備するとか、牛の乳をしぼるとか、壺《つぼ》をみがくとか。一五一八年、ベルヘ・ノプ・ソーンで催された富くじ会では、「多額の賞金」と贖有符とが、交互に当たったという。*14

王侯の入城ともなると、町角には無言劇の舞台が立ち並び、なかには、異教風ヌードの出しものもあった。そのあいだにまじって、祭壇が設けられ、その町の貴重な聖遺物箱が、きれいに飾られて安置され、王侯も列席しての礼拝式が執行され、人びとのうやうやしい接吻をうけたのである。†4

聖、俗それぞれの領域は、とうていこれを明確に境界づけることはできなかった。世俗の歌のメロディーが、そっくりそのまま、教会聖歌に使われたケースのあること、また、その逆もありえたという事実が、そのことをもっともよく示している。ギョーム・デュファイ*15は、世俗の歌曲、たとえば、「わたしは、とても楽しい」とか、「色あおざめているのは」、「武装した男」とかの主題《テーマ》を使って、ミサ曲を作っている。

宗教用語と世俗の言葉づかいとのあいだにも、たえざる交流があった。世俗の事物を表現するのに、宗教用語をかりる、あるいは、その逆をやるのだが、それを気にするものなどいなかったのだ。リールの侯家勘定部屋の入口扉の上には、こんな詩句がれいれいしく書かれていたという。これをよむものをして、ああ、いつの日にかは、神の前で、天からうけたものを清算しなければならないのだな、と想わしめずにはおかない詩句である。

そのとき、ラッパが鳴りひびき、神は、
広く大いなる勘定部屋の扉をひらかれるであろう。

これとは逆の関係を示しているのが、荘重なトーナメント召集状である。まるで、トーナメントが、贖罪の儀式ででもあるかのようにいっているのだ。

きけ、きけ、名誉のほめ歌を、
剣による、大いなる罪のゆるしを。

この時代、たまたま、ラテン語の「ミステリウム」と「ミニステリウム」とが、フランス語の「ミステール」という言葉のなかで、いっしょになってしまっていた。このことは、必然的に、この言葉にふくまれている「神秘」という意味内容を弱め、日常慣用においては、なんでもかんでも、「ミステール」と呼ばれる風潮を作りだしたのである。たとえば、オリヴィエ・ド・ラ・マルシュは「涙の泉の武芸試合」で使われた小道具、一角獣だの、楯《たて》、人形のたぐいまでをもそう呼んでいる。[*16]

キリスト教の象徴主義は、俗世の事物、地上の歴史を、神性の表徴、神の国の予示《よし》と解する。これとまったく対照的に、王侯への頌辞《しょうじ》が、信仰の比喩《ひゆ》をかりることがみられたのである。現世の権勢に畏怖《いふ》の念をおぼえるとき、中世の人びとは、その感情の表白に、神崇拝の言葉づかいをかりたのだ。十五世紀の王侯に仕えるものたちは、これを瀆聖《とくせい》としてためらいはしなかったのである。

モンストルレによれば、ルイ・ドルレアン殺害事件に関する審問にさいして、特別弁護人は、殺されたオルレアン侯がわが子に語りかけるというかたちをかりて、こう述べている、「わがからだの傷をみよ。とくにそのうち五つの傷は深く、致命的であった」、と。つまり、この犠牲者をキリストにみたてているのだ。

ブルゴーニュ側も負けてはいない。シャロンの司教ジャン・ジェルマンは、オルレアン側の復讐《ふくしゅう》に倒れたジャン無怖侯《サン・プール》を、なんのためらいもみせずに、神の子羊、すなわちキリストに比している。

モリネは、その息マキシミリアンをネーデルラントに派遣し、ブルゴーニュ侯女マリーをめとらせた皇帝フリードリヒ三世を、御子《みこ》を地上に送りたもうた父なる神にくらべ、この件を叙するに、惜しみなく敬虔ないいまわしを使っている。のち、皇帝フリードリヒが、マキシミリアンとその幼い息子、のちのフィリップ美侯とを連れて、ブリュッセルにやってきたときのこと、モリネにいわせれば、市民たちは、涙にむせびながら、くちぐちにこういったという、「ごらん、三位一体のお姿だよ、父と子と聖霊だよ」。また、モリネは、マリー・ド・ブルゴーニュの死をいたむ詩文集を作っているが、そのなかでかの女をほめあげて、いわく、聖母マリアに生きうつしだ、「処女性という点ではともかくも」

「わたしは、けっして、王侯たちを神格化しようとするものではない」、そう重臣モリネは述べている。たしかに、モリネの言葉づかいは内容空虚な修辞であって、はっきりと阿《あ》諛追従《ゆついしょう》を意図したものではなかったと思われる。むしろ、もともと聖性をあらわす表現が、日常茶飯《さはん》に使われた結果、本来の価値を減じてしまっていたということの、これは例証なのである。

実際、ジェルソンにしてからが、かれの説教をきく王侯貴族連中に対して、かれらには、他の人びとの守護天使にくらべて、より上位の階層にあり、より高次の職能をもつ守護天使がついている、と保証したりしているのである。†5 どうして、宮廷おかかえのへぼ詩人だけを非難することができようか。

これはすでにいささかふれたことだが、宗教用語は愛の表現にも使われたのである。こうなると、問題の様相は、すっかり変わってくる。まごうことなき不敬と嘲笑《ちょうしょう》の要素が、ここには姿をあらわしている。これは、これまでみてきた慣用の諸例には認められぬところであり、聖俗混同の慣用と聖愛混同の慣用と、この両者を結ぶ共通性は、ただ、両者とも聖性への過度の親しみから結果した現象であるという点にのみ、求められるにすぎないのだ。

『結婚十五の楽しみ』の著者は、マリアの喜びにならって、この表題をつけたという。愛するとは、いわば、信仰の戒律を遵守することだという考えかたについては、すでに述べたところである。『ばら物語』を弁護するものは、信仰の用語を使って、「肉体の恥ずべき部分、汚れたる、醜き罪」を表現したが、こうなると、問題はいっそう重要性をはらんでくる。ここには、まさに、宗教感情とエロティックな感情の危険な関係が認められるのだ。教会は、このようなかたちでこの両者が結びつくことを、ひじょうに恐れていたのである。

おそらく、現在、アントワープ美術館にあるジャン・フーケの『聖母子像』ほどにはっきりと、この傾向を示している作例は、ほかにはあるまい。これは、もと、ムーランの聖母教会内陣の二折小祭壇画《ディプティク》を構成していた一枚であって、もう一枚のパネルには、これを寄進した王家財務役人エチエンヌ・シュヴァリエと聖エチエンヌの像が描かれていて、これは、現在、ベルリンにある。

十七世紀の考証学者ドニ・ゴドフロワによって記録された古い伝承によれば、この聖母は、シャルル七世の愛妾《あいしょう》アニェス・ソレルの相貌《そうぼう》を写したものであり、シュヴァリエは、かの女に対し恋情をいだき、それを隠したりなどはしていなかったという。

実際のところ、技巧のさえはともかくとして、これは、まさに、当世風の「いきな女」なのだ。きれいに剃《そ》られて、まるみをおびたひたい、大きくひろげられた胸もとの珠《たま》のような乳房《ちぶさ》、ウエストは高く、すらりとしている。その玄妙不可思議な顔の表情。まわりをとりかこむ、かちっとしたかんじの赤の天使、青の天使。すべてこれらの効果の合するところ、なにか、信仰を知らぬデカダンスの霧が、この絵にはただよっている。もう一枚のパネルに描かれた、がんじょうなからだつきの寄進者とその守護聖者の画像にくらべて、まったく対照的だ。

ゴドフロワがみたところによると、この絵の幅広の額縁にはりつめた青いビロードの上には、金銀の紐《ひも》を比翼結び《ラ・ダムール》に結んでつないだ真珠で、頭文字《かしらもじ》のEが飾りつけられていたという。全体としてみて、なにか瀆聖の趣のある大胆さが感じられはしないか、ルネサンスの精神も、ついに知らなかったほどの。

不敬の傾向は、日常の教会生活全般に、広くひろがっていた。モテットという楽曲形式は、三声部それぞれに異なる歌詞を歌いあわせることをもって原則とする。これが、しだいに堕落してきて、この時代、とんでもない組みあわせが、平気でうけいれられるようになっていた。ミサ曲のなかに、「接吻してちょうだい」とか「赤鼻」とかの世俗歌謡が組みこまれ、ミサの最中、典礼歌詞にまじって、そんな歌の文句が鳴りひびくという事態が出てきたのである。*17

フィリップ善良侯《ル・ボン》の庶子ダヴィッド・ド・ブルゴーニュが、ユトレヒト司教として町入りをしたときのこと、かれは、アーメルスフォールトからかれを出迎えに出てきた、同じく庶出の弟のひきつれる貴族の従士隊にとりかこまれ、かれじしん、鎧兜《よろいかぶと》に身を固め、そのさまは、「さながら国土の征服者、世俗の王侯そのままであった」と、あきらかに非難の口調で、シャトランは評している。その恰好《かっこう》で、かれは、教会堂に馬をのりつけ、旗指物《さしもの》と十字架の行列を組ませてなかにはいり、大祭壇を前に祈りをささげたという。

こんなぐあいのブルゴーニュ一族の増上慢といい勝負なのが、ロドルフス・アグリコラ*18の父、バフロの司祭の、なんとも憎めない厚かましさだ。かれは、セルウェルトの修道院長に選挙された、ちょうどその日に、内妻が男の子を生んだとの知らせをうけ、こういったという、「きょう、わたしは、二度も父親になった。神の祝福あらんことを」

当時の人びとは、教会に対する不敬の風潮が、ますますひろがるのをみて、これは、最近における徳義の退行現象だ、と考えた。たとえば、デシャンは、こう嘆いている。

むかしの人は、いつでも、
教会のなかではおとなしく、
うやうやしくひざまずき、
祭壇近くに身をよせて、
つつましやかに帽子をとって。
それが、近ごろは、けだもののよう、
祭壇に近づく人のほとんどが、
帽子、頭巾《ずきん》をつけたまま。

ニコラ・ド・クレマンジュは、こう嘆いている。祭日にミサをききにいくものは、ほんのすこししかいない。ききにいっても、おしまいまではきいていない。聖水にちょっと手をふれるか、ほんのしばらくひざまずいて聖母マリアにご挨拶《あいさつ》するか、その へんの聖者の絵姿に口づけするかして、それでことたれりとする。聖体が奉戴《ほうたい》されるまでいようものなら、まるでキリストに対し、たいへんな善行でもしたかのように、自慢する。朝や夜の礼拝に出ているのは、ほとんどいつも、司祭とそれを助ける人たちだけだ。

騎士ド・ラ・トゥール・ランドリの証言によると、村の顔役で教会のパトロンの旦那《だんな》衆《しゅう》ともなると、自分と女房とが起きだして、身支度《みじたく》をととのえるまで、ミサの開始をおくらせ、司祭をそのまま待たせておいたという。

祝祭のなかの祝祭、クリスマスさえも、と、これはジェルソンの証言である、カルタはやる、ひとはののしる、ききぐるしいことはわめきちらすと、放縦無頼《ほうしょうぶらい》のうちに過ぎるのであった。これをとがめると、民衆は、貴族や聖職者のお歴々をひきあいに出し、かれらだってやっているではないか、とがめられもしないで、と口答えしたという。

祭日前夜の教会堂では、礼拝が行なわれているそのかたわらで、と、今度はニコラ・ド・クレマンジュが証言する、卑俗な歌にあわせてダンスが行なわれた。司祭たちじしん、夜番のつとめをなまけて、さいころ遊びや悪口雑言にうつつをぬかし、もって範を示していた、と。

これら道徳家《モラリスト》たちの証言には、あまりに事態を暗くみすぎているきらいが、たしかにあろうかもしれない。だが、文書類もまた、こうした暗いみかたを、一再ならず保証するのである。たとえば、シュトラスブルクの市参事会は、聖アドルフ祭日の前夜、大聖堂で「眠らず、祈りながら」夜を過ごすものたちのために、ということで、毎年、一、一〇〇リットルのぶどう酒を給していたのである。

ドニ・ル・シャルトルーはこんな話を伝えている。ある町の役人が、かれのところにやってきて、自分の町では、毎年、聖遺物を奉じて祭列が催されるが、それがきっかけで、とんでもない放縦無礼、酒の飲みほうだいという騒ぎがおきてこまる、そんな騒ぎをおこさせないようにする手段《てだて》はないものか、とかれに悩みをうちあけた。そして、なおいうには、町当局としては、祭列を中止するまでにはなかなかふみきれない。なぜなら、祭列は、町に利益をもたらすからだ。祭礼に集まった人びとは、町でその夜を過ごし、食べたり飲んだりする。それに、これはもう慣習になっていることなのだ、と。ドニには、そのことがよくわかっていた。かれは知っていた、祭礼となると、いかに人びとは、勝手きままにふるまいだすか。がやがやしゃべり、笑い、つつしみもなくあちこちのぞきまわり、酒を飲みたがり、野卑な遊びにうち興じることか。かれは、よく知っていたのである。

このようなドニの嘆息は、シャトランの伝えるガンの市民の祭列のことを考えるとき、いかにももっともだと思われるのである。これは、ガンの市民たちが、聖リーフィンの聖遺物を奉じ、聖者の殉教の地ハウテムで催される祭礼に運ぶ行列である。[*19] シャトランはいう、むかしは、名士たちが「いとおごそかに、いとうやうやしく」聖遺体をかついだものだった。それがいまでは、「雑な連中、悪童ども」だ。こいつらは、聖遺体をかつぎながら、かなきり声をあげ、どなり、歌ったり、踊ったり、むやみやたらと雑言をはき、おまけに全員、酔い痴《し》れている。しかも、かれらは武器をもっている。そして、まかり通るところ、天下御免だとばかりに、勝手ほうだいなことをする。なにか、この日は、聖なるお荷物のおかげで、かれらがなにをしようが、いっさいがゆるされているといったかんじなのだ、と。

教会まいりは、社会生活の重要な一要素をなしていた。人びとは、教会にやってきては、きれいな衣服をみせびらかし、地位身分をひけらかし、宮廷風作法、礼儀正しさをきそったのだ。たとえば「平和《ラ・ペ》」への接吻ということが、きまって、わずらわしいかぎりの礼儀争いをひきおこしたが、その間の事情については、すでに述べた。司祭が聖体を聖別し、会衆はひざまずいてお祈りをささげている。そこへ、貴公子がはいってくる。すると、貴婦人が立ちあがり、かれの唇《くちびる》に接吻したものだという。これは、コルドリエ修道会の説教師ミシェル・メノーの伝えるところだが、してみると、ミサの最中、しゃべったり、歩きまわったりすることは、あたりまえのことだったにちがいない。その証言は、実にたくさんある。

教会は、若者たちが娘たちをみにやってくる集会所になっていた。こんなあたりまえの慣習にショックを感じたのは、道徳家《モラリスト》たちだけであった。若者はめったに教会にこない、とニコラ・ド・クレマンジュは叫んでいる、きても、高くまきあげた髪型や襟元《デコルテ》のひろがりをみせびらかす女たちを眺《なが》めるだけだ、と。

しとやかなクリスチーヌ・ド・ピザンは、ことさら非難するでもなく、ただたんたんと歌っている。

しげしげと教会まいりをするというのも、
みんな、きれいな女をみようがため、
咲きたてのばらのように新鮮な。

おまいりのとき、いくらでもそのチャンスがあった、ちょっとした愛人サーヴィス、たとえば、恋人に聖水をとってやるとか、「平和《ラ・ペ》」を手わたす、かわりにろうそくの火をつけてやる、よりそってひざまずくとかのことは、実はたいした問題ではない。合図しあったり、目くばせしたりすること、これもたいしたことではない。

教会堂のなかにまでも娼婦《しょうふ》がお客をさがしにきたという。教会堂のなかだというのに、聖者の祝祭日だというのに、若者を堕落させる、いかがわしい絵が売られていた。百の説教も、この悪習に対してはむだであったという。教会堂や祭壇が、いかがわしい行為で汚されたことも、一再ならずあったという。

日ごろの教会まいりと同様、巡礼もまた、あらゆる楽しみという楽しみ、とくに、愛のお楽しみに場を提供したのであった。文学では、よく、いつもの物見遊山《ものみゆさん》という調子で取り扱われている。娘たちに醇風《じゅんぷう》美俗を教えこもうとまじめに考えていた騎士ド・ラ・トゥール・ランドリは、好んでトーナメント見物や巡礼に出かけたがる、遊び好きの貴婦人の話をし、恋人と会うための口実として巡礼行を計画した女たちの例をひき、いましむべきことだ、と語っている。「だから、これがいい例である、わずかなばかげた楽しみのために、聖なる旅に出かけようなどとしてはならぬのだ」

ニコラ・ド・クレマンジュも、これと同様の意見である。かれはいう、祭日になると、みんな、遠くの教会におまいりにいく。その教会の聖者にかけた誓いを果たそうがためではない。それだけのんびりと道草がくえるからである。まこと、巡礼は、過誤の泉である。聖地には、厭《いと》うべきやりてばばあがうろついていて、若い娘を誘惑しようとかかっている、と。

若い女が、ちょっと気晴らしをしたくなった。そこで、夫をまるめこもうとしていうには、子供が病気になった、それというのも、その子を生むときに誓った巡礼の誓いを、まだ果たしていないからだ、と。これは、『結婚十五の楽しみ』に出ている話だが、こんなのは、この本のなかでは、ごくありきたりのおはなしの部類にはいる。

シャルル六世とバイエルン侯女イザベラとの婚儀の支度は、まず、巡礼の催しからはじめられたという。「新しい信仰《デヴォーティオ・モデルナ》」派のまじめな人びとは、巡礼の効用をほとんど認めなかったが、それもべつにふしぎではない。しばしば巡礼にいくものは、めったに聖者にはなれない、そうトマス・ア・ケンピスはいったと、サンクタ・アグネス修道院の年代記[*20]は伝えている。フレデリク・ファン・ヘイローは、とくに、この問題について、論説『巡礼者に反対する』を書いている。

宗教を、つつしみもなく罪の生活にまみれさせ、もって信仰を汚しているこれらの事例は、実は、宗教に対する素朴な親しみに発していたのであって、そこに、正面きっての不信仰をみることはできないのである。およそ、すみずみまで宗教性のしみとおっているような社会、信仰をなにか自明の原理としてうけいれている社会だけが、こういったすべての行き過ぎ、退廃を知っている。このように、なかば堕落した宗教実修の毎日毎日のくりかえしにただ従っている人びとと、説教壇上の修道士の炎の言葉をうけ、突如、信仰の激情にとらえられる人びとと、実はこれは同じ人びとだったのだ。

呪《のろ》うという、なんともさえない罪でさえ、強い信仰あればこそなのだ。というのは、呪《じゅ》詛《そ》は、もともとはっきり意識された誓いであり、神は現存し、その力はどんなささいな事物にも及ぶという観念のあらわれなのである。ただ、いまこそ天に挑戦《ちょうせん》するのだという意識が、誓いとしての呪詛に、罪の魅力を与えていた。やがて、この誓うという観念がうすれ、また、呪いの実現を恐れるという気持もにぶってくるとき、呪詛は、後代の一本調子な粗暴さへとすべりこむのである。

中世末期、呪詛はまだ、傲慢《ごうまん》不遜《ふそん》の魅力を失ってはいなかった。これは、いわば貴族のスポーツだったのだ。ジェルソンの報告によれば、貴族が農民に向かっていうには、「なんだと。おまえが悪魔に魂をくれるだと。神を否認するだと。貴族でもないおまえがか」。デシャンはデシャンで、呪うという習慣が、下層民衆のあいだにもひろがったむね、指摘しているのだ。

細民たちのあいだでは、こういわぬものとていない、
神とその母とを否認する、と。

人びとは、いきのいい呪詛の言葉をひねりだそうと競争する。いちばんすごい呪いを発したものが、師匠として尊敬される、と、これはジェルソンの言である。フランスじゅういたるところ、とデシャンはいう、人びとは、まず、ガスコンふう、イングランドふうに呪う、次いでブルトン・スタイルで、それからブルゴーニュふうに呪う、と。デシャンは、当時流行の呪詛を集めてバラッドをふたつ作り、それら呪いの言葉に敬虔《けいけん》な意味を与えようとしているのだが、ブルゴーニュふうの呪詛が、いちばんひどいとかれはいっている。「おれは神《デュー》を認めない」という呪詛のことをさしているのだが、これは、調子をやわらげて、「おれは長靴《ボット》を認めない」ともいわれていたのである。*21

ブルゴーニュ人は、大呪詛師の異名をちょうだいしていた。実際、とジェルソンは嘆いている、フランスという国は、キリスト教の信仰あつき国だのに、この恐るべき罪に苦し

むこと、他の国々にくらべて、はるかにはなはだしきところである。まこと、この罪こそは、疫病、戦争、飢餓の原因なのだ、と。修道士さえも、軽い呪詛をいつも口にしていたという。そこで、ジェルソンは、全公権力、全身分が一致協力し、きびしい禁令と、実際に実行可能な程度の軽い罰則とをもって、この悪を根絶すべく努力しようと呼びかけているのである。

そして、実際に、一三九七年、呪詛禁止の勅令が出ることは出た。だが、これは、一二六九年および一三四七年の禁令の更新であり、実際に執行可能な軽い刑罰など規定されてはおらず、唇を切り裂くとか、舌を断ち切るとか、以前のままのおどかしがもりこまれていたのであって、要するに、これは、瀆神《とくしん》に対する聖なる怒りの表現にとどまっていたのである。

この勅令の記載されている登録簿の欄外余白に、こういう文字がよみとれる、いわく、「ここにいう呪詛の風は、現在、一四一一年、王国じゅうになお盛んである。罰をうけることもない」。ピエール・ダイイも、コンスタンツ公会議の席上、この悪習と戦うべきことを、声を大にして説いている。

ジェルソンは、呪詛の罪の振幅の示す両極端のふたつのケースを知っていた。聴罪司祭としての経験から、無垢《むく》、単純、純潔でありながら、神否認、瀆神の言葉をはきたいとの強い誘惑に苦しむ若者たちのことが、かれにはよくわかっていた。かれは、あまりひたむきに、神と聖者のことを想うのはよせ、とかれらを教えさとしている。かれらは、まだ、それに耐えうるほど強くはない、というのである。

また、ブルゴーニュ人のような、いわば呪詛常習犯のことも、ジェルソンにはよくわかっていた。かれはいう、かれらの行為には、まこと憎むべきものがある。けれども、かれらを偽誓の罪に問うことはできぬ。なぜならば、かれらには誓うという意図がぜんぜんないからだ、と。

いったい、信仰にかかわる事物を、このようにかるがるしく取り扱うという習性が、はっきりした無信仰へと移行したのはいつか。その時点は、なかなかにきめがたい。疑いなく、中世の末期には、敬虔な信心と敬虔な人びとを嘲笑《あざわら》うという傾向が強く認められる。人びとは、好んで「自由思想家《エスプリ・フォール》」をきどり、信仰を冗談にしてしまおうという風があった。物語作者は、軽薄かつ大胆にやっている。たとえば、『新百話』のなかのある話はこうだ、ある司祭が、死んだ飼犬を聖別した地面に埋め、こう話しかけた、「わが愛犬よ、神のゆるしあれ」。すると、犬は、「まっすぐに犬の天国に」かけあがったという。

人びとは、偽りの信心、軽佻《けいちょう》浮《ふ》薄《はく》な信心をことのほかきらった。だから、偽信者《にせしんじゃ》、偽《ぎ》善者《ぜんしゃ》を意味する「パープラール」という言葉が、いつも口にされていたのである。当時、広く流布していた格言、「若い天使から、年寄りの悪魔」、あるいは、この学校ラテン語版「天使の若者も、年老いれば、悪魔と化す」、ジェルソンは、この格言を目のかたきにしている。したり顔して偽善をあげつらう、こんな格言が、かえって若者を堕落させている、というのだ。かれはいう、子供が恥知らずな顔つきをし、うすぎたない言葉をはき、呪詛を口にし、すれた目つき、ふるまいを示せば、かえってほめられるという始末。いったい、こんなふうに悪魔を演じる若者が白髪の老人になったとき、なにをかれに期待できるというのか、わたしにはわからない、と。[*22]

聖職者や神学者のなかにもいろいろある、とジェルソンはみる。ひとつのグループは、頭がからっぽなくせにおしゃべりで、けんかずきな連中。かれらにとっては、宗教の話題は、ただもうめんどうであり、お伽噺《とぎばなし》であるにすぎない。霊の出現、啓示があったとかれらに報告するものがいると、かれらはそれを笑いとばし、あげくのはては、変なことをいうなと怒りだす。もうひとつのグループは、これと正反対。頭の軽い民衆の空想、夢想、病人、狂人のたわごとを、ぜんぶほんものの啓示と信じこむ手合いである。

不信と狂信と、この両極端にはさまれて、民衆は、中庸の道に立つことができないでいた。かれらは、予言者、占い者と称するものの言を、かるがるしく信じこむ。かとおもえば、いくたびか真正の啓示を得たまじめな聖職者が、ひとたび民衆の期待を裏切れば、民衆はこぞって、聖職に従う人びとすべてを嘲笑《ちょうしょう》し、かれらをいかさま師、「パープラール」と呼び、かれらは悪意に満ちた偽善者なのだからといって、もはや、聖職者の言に耳をかたむけようとはしないのである。

このように、不敬の風潮を嘆く声は大きかったのだが、けっきょくのところ、その風潮をあらわす個々の事例をみるに、ほとんどの場合、問題は、内容、形式ともども宗教に飽和した思考の風土にあって、霊的緊張が、突然、断ち切られてしまうという事態にあったのだ。

かならずしも、神学的考察の上に立った、教会教義の忌避とは考えられず、なにか、衝動的な反動として自然に出てきた無信仰の例は、中世全期を通じて、数多く知られる。詩人や歴史叙述家たちが、時代の罪深しとみて、もはや人びとは天国も地獄も信じてはいない、と叫んだとしても、その言には、それほど深い意味がこめられていたわけではなかった。けれども、すくなからぬ数の人びとにあっては、しだいに不信の感情が意識の表面に浮かびあがり、たしかな無信仰のかたちをとるにいたり、ついには宗教無用の思想として、広く知られるようになり、また、公然とそれを標榜《ひょうぼう》するものも出るようになったのである。

フロワサールは伝えている、「諸卿よ」、と、死を前にした隊長ベティサックは、同僚たちに向かっていう、「わたしは、いままで仕事一途《いちず》にやってきた。どうも、考えてみるに、神をたいそう怒らせてしまったのではないかと思う。というのは、わたしは、信仰にそむいて迷うことすでに久しく、三位一体《さんみいったい》などということはすこしも信ぜず、神の子が、あえて身をおとし、天よりくだって女人のからだにはいったなどとは、とうてい信じられず、死ねば魂などないと信じもし、いいもするのだから。わたしは、もの心ついてよりこのかた、そう考え続けてきた。最後まで、この意見は変わらない」

パリの代官ユーグ・オーブリオは、札つきの坊主《ぼうず》ぎらいであった。かれは、聖体の秘蹟を信ぜず、それを嘲笑い、復活祭を祝わず、懺悔《ざんげ》にも行かなかった、とサン・ドニの修道士は報じている。ジャック・デュ・クレルクは、かれに向かって神を信じないと明言し、臨終にさいし、明晰《めいせき》な意識をたもちながら、最後の秘蹟を拒んだ貴族たちのさまざまなケースを紹介している。

リールの代官ジャン・ド・モントルイユは、ある学識ある友人にあてて、敬虔な調子というよりは、むしろ新しい光をあびた人文主義者の軽やかな調子といったかんじの手紙を書き、その一節に、こういっている。「あなたは、われらの友アンブロシウス・デ・ミリイスをご存知でしょう。かれが宗教というものをどう考えているか、信仰、聖書、教会法規等々について、どんなふうに考えているか、あなたは、なんどもおききになったことがおありと存じます。なんといいますか、かれがカトリックならば、エピクロス[*23]もカトリックと呼ばねばならぬ、といったかんじでした。ところが、この男、いまはまったく改心しております」。それでは回心するまえのアンブロシウスは、敬虔な信仰に満ちた初期人文主義者のサークルにうけいれられてはいなかったのかといえば、それがそうでもなかったのである。

こうした自然発生的な不信仰の諸事例の一方の側に、ルネサンスの文学にあらわれた異教精神と、すでに十三世紀、アヴェロエス[*24]がその名を指摘して以来、多くのサークルに広くもてはやされた、洗練された、用心ぶかいエピキュリズム、快楽主義が位置している。さらにまた、他方の側には、貧しく無学な異端の大衆の、情熱の教会否定があった。まこと、この、それがテュルリュパン派異端と呼ばれようが、自由精神兄弟団と名をとろうが、異端の人びとだけが、教会の神礼拝から汎神《はんしん》論への境界線をふみこえていたのである。

だが、このへんの事情は、なお後段の話題としなければならない。さしあたりは、なお、信仰表現の世界、そのあらわれである事物習慣の領域にとどまらねばならない。

大衆の日々の意識にあっては、目にみえる像があれば、それで足りた。描かれたものの真実性に関する知性の立証は、まったく必要なかったのである。眼前にみる、色とかたちに描かれた事物、たとえば、三位一体の三個の姿態、燃える地獄、多くの聖者たち等々と、それら事物への信仰とが直接むすびつき、その間には、いったいこれはほんとうのことだろうか、というような問いかけのはいる余地は、まったくなかったのである。

これら、三位一体、地獄、聖者といった信仰の諸概念は、直接、イメージとして、人びとの信じるところとなったのである。それら諸概念は、人びとの心のなかに、くっきりと輪郭づけられ、多彩に描かれていて、その現実性《リアリティ》には、信仰はかくあるべきだとの教会の要請に、じゅうぶんこたえうるものがあった、いや、それ以上のものがあったのだ。

けれども、信仰が、民衆の心を直接とらえる画像表現にたよっている場合には、信仰のさまざまな要素の聖性の種類、程度に、質的な区別をつけることはほとんどできない。あれもこれも等しくリアルで畏敬《いけい》さるべき画像ということになる。神のみを礼拝すべく、聖者はただ崇敬さるべしという原則も、イメージじたいは、これを教えない。だから、教会は、たえず教義問答を通じて、民衆に対し、このことに関する警告を発し続けなければならなかった。実際、聖者崇拝の領域におけるほど執拗《しつよう》に、多彩なイメージがはびこり、宗教思想を圧倒しそうになったケースは、他にみられなかったところである。

この問題に関する教会の立場は、あくまで厳格な線をくずさず、調子の高いものであった。死後もなお個人は存在し続けると考える以上、聖者崇拝は自然であり、異論のあろうはずはなかった。かれら聖者たちを敬いたたえることはゆるされる、「それにまねび、神のもとにかえることにおいて」。同様に、聖像、聖遺物、聖地、奉献された事物への崇拝も、また、ゆるされている。ただし、けっきょくは、神御方の崇拝につながるというかぎりにおいて。

また、聖者に列せられたものと、列聖はされないまでも宣福され聖徒に加えられたものとの制度上の区別、公的な列聖式による聖徒制度の標準化、これは、たしかに危険な公式主義のあらわれであったかもしれないが、ともかく、キリスト教の精神と相矛盾するものではなかった。教会は、列聖と宣福とは、もともと同質のものであると考えていたし、また、聖徒選定には、かならずしも手落ちがないわけではないと認めてもいたのだ。ジェルソンはいっている、「聖徒に列せられたもの以外にも、数かぎりないほど多くの聖者たちが、かつて死んだし、今日もまた死んでいくと信じられるのである」

聖像の認容は、十誡《じっかい》の第二誡[*25]の明快な言葉にそむいているわけだが、教会は、その正当性を次のような論法にうったえて論証したのである。すなわち、キリスト化肉の前には、この禁令は必要だった、神御一方《かみおんひとかた》のみが霊であったのだから。キリストが、その降誕によって、またそのゆえに、この古い掟《おきて》を廃されたのである、と。だが、第二誡のうちのこの言葉、「それにひれ伏してはならない、それに仕えてはならない」、この言葉はこれを無条件に守るようにと教会は望んだのである。「わたしたちは、像を礼拝するのではない。そこに描かれたもの、すなわち神もしくは聖者たちに崇敬をよせるのだ。そのイメージがすなわちこれである」

聖像は、ただ、聖書のよめない単純な人びとに、なにを信ずべきかを教えるためにのみある。イメージは、無知な人びとの書物なのだ。この考えかたは、ヴィヨンが、『遺言の歌』のうち、母親のために作った「聖母祈禱のバラッド」からもきこえてくる。

わたくしまずしい女でございます、年老いた女でございます、
なにもわたくし存じませぬ、わたくし文字ひとつ読めませせぬ、

教会堂で絵を見ます、わたくしおまいりのたびに絵を見ます、
天国が描かれております、竪琴が見えます琵琶が見えます、
こちら地獄の絵には、地獄に堕ちた人たちが煮られております、
これはわたくしをこわがらせ、あれは喜ばせます楽しませます[*26]

多彩なイメージの書物をひらいてみせておくということは、信仰のじゅうぶん固まらぬ人びとに、教会の教えから離れるきっかけを与えることになったろうし、また、自己流の聖書解釈に材料を供給することにもなったであろうに、教会は、たいしてそれを心配してはいなかったのである。教会は、無知と単純とから、聖像礼拝の誤りに陥った人びとの罪に対しては、つねに寛大にのぞんでいた。かれらが、とジェルソンはいう、聖像崇敬ということに関して、教会のなすところに従ってなそうとする意図だけでももっていれば、それでじゅうぶんだ、と。

いったい、聖者を誓願のたんなるとりつぎ役とみなさず、願いをかなえてくれる存在と考え、聖者のみを対象としてこれに崇敬をよせたり、はなはだしきはこれを礼拝するという風習に対する禁令を、教会は、どこまでゆがめずに遵守しえたかという純粋に教義史的な問題は、ここではそのままに残しておく。民衆をそのあやまちに陥らせまいとする仕事に、教会はどれだけ成功したか、これが、文化史の立場からする問題提起である。いいか

えれば、こうだ、後期中世の民衆の宗教意識にあって、聖者は、どのようなリアリティ、どのような表現価値をもっていたか。

答えはひとつしかない。聖者たちは、たいへんリアルな、たいへん具体的な、たいへんなじみぶかい姿で、日々の信仰生活に生きていた。だから、日々の意識の表面に流れる感覚的な宗教衝動のすべてが、聖者に結びついていたのである。内奥の情念の流れは、キリストとマリアに向けられていたが、日々の生活のやさしく素直な宗教感情は、聖者崇拝に集まって、美しく結晶したのである。

すべてが、民衆のなじみの聖者たちにそのリアリティを与え、生活現実のただなかにかれらを登場させるにあずかって力があった。民衆の想像力は、聖者をすっかり自分たちのものにしてしまっていた。聖者は、民衆になじみの顔かたち、特徴をそなえていた。聖者は、かれらの恐ろしい殉教のこと、おどろくべき奇蹟のことをよく知っていた。聖者は、民衆と同じような衣服をつけ、だれもがもっているようなものを手にして、出歩いていた。いつでも、どこかのペスト患者の、巡礼の群れのなかに、聖ロッホさん、聖ヨハネさんの顔をみかけることができたのだ。

いったい、いつごろまで、聖者の服装はそのときどきのモードと歩調を合わせていたか、これはなかなかおもしろい問題だと思う。たしかなところ、十五世紀いっぱいまでは、まだそうであった。だが、教会芸術が、生気にあふれた民衆の想像力から離れて、修辞学調の衣を聖者たちにまとわせるようになった、その時点はいつか。それは、たんに、古い時代の服装に対するルネサンス趣味の問題というにはとどまらない。民衆の想像力じたいが、もはや聖者たちを、いわば、かまわなくなったのである。あるいはこういおう、民衆の想像力は、もはや教会芸術の枠には、はまらなくなったのだ、と。対抗宗教改革の時代、聖者たちは、何段階も高い位置によじのぼった、民衆の生活との接触を断って。教会がそれを望んだのだ。

イメージに描かれることによって、聖者は肉体を獲得したわけであるが、この、聖者もまた肉の身であるという考えを助長したのは、聖者のからだの遺物について、教会は、これの崇敬を認め、かつ、勧めさえもしていたという事情であった。この物質への執着、遺物崇敬の影響するところ、信仰の物質主義化は、いわば必然であり、ときとすると、それは、おどろくほどの極端さをみせたのである。

中世の強烈な信仰は、こと聖遺物に関するとあれば、どんな興ざまし、どんな瀆神に出会おうとも、恐れるようなことはなかったのだ。一〇〇〇年ごろのこと、ウンブリア山中の民衆は、聖ロムアルドゥス[*27]をなぐり殺そうとした。その骨がほしかったからだという。一二七四年、トマス・アクィナスは、ローマの南のフォッサノーヴァ修道院で死んだ。その修道士たちは、高価な聖遺物の散逸を恐れ、このけだかい師のからだを、文字どおり、加工保存したという。頭を切り離し、煮て、調理してしまったのだ。

一二三一年に死んだハンガリーの聖エリザベート[*28]の遺骸《いがい》が、埋葬のため安置されていたときのこと、一群の信者がやってきて、かの女の顔をつつんでいた布の切れ端を、切りとったり、ひきちぎったりしたばかりか、髪の毛は切る、爪《つめ》は切りとる、はては、耳たぶのはしや乳首までもむしりとっていったという。

サン・ドニの修道士の報告によれば、一三九二年、ある盛大な祝宴の席上でのこと、シャルル六世は、その先祖、聖王ルイの肋骨《ろっこつ》を列席者に分け与えたという。ピエール・ダイイ、叔父《おじ》にあたるベリー侯、ブルゴーニュ侯には一本ずつ。聖職者たちには、あとで分けるようにと、まとめて一本。かれらは、宴ののち、それを分けあった。

ところで、日常現実の世界では、具体的な肉体のかたちをとり、生きいきとしたイメージをみせていた聖者たちも、いざ、超自然の経験の領域ということになると、ぜんぜん姿をあらわしてはこなかったのである。視霊、前兆、幽霊の出現などの領域は、聖者崇拝のイメージ領域と、ほとんど重なりあってはいなかったのだ。

もちろん、例外ということはある。もっともはっきりしている例は、大天使ミカエル、聖女カトリーヌ、聖女マルグリットの三人が、ジャンヌ・ダルクにあらわれて、かの女に助言した、という聖者幻視のケースだが、どうも、ジャンヌは、もともとそうはっきりした聖者幻視とはいえない自分の経験を、しだいしだいに、そういうかたちで解釈するようになった、というかんじが強いのであって、わたしは、かの女がそう考えるようになったのは、裁判の審問の過程においてだったのではないか、と思っている。最初、かの女は、「おつげ《コンセイユ》」とだけ語っていたのであって、聖者の名は、口にしていなかった。のちになって、ようやく、かの女は、特定の聖者と結びつけて、「おつげ」のことをいうようになったのである。

幻覚のなかに聖者があらわれる場合には、たいてい、それは、なにか文学的に粉飾され、解釈された姿をとっている。一四四六年、バンベルクに近いフランケンタールで、若い羊飼いに十四人の救難聖者があらわれた。ところが、かれのみた聖者たちは、聖画像ではきわめて特徴ある姿をしているというのに、その素姓をあらわすおなじみの持物を手にせず、たがいにそっくり同じの十四人の天使の姿をしていたという。ただ、自分たちは、十四人の救難聖者であると、かれらがいったというのだ。

民間信仰の幻想の世界は、天使や悪魔、死者の霊や白衣《びゃくえ》の女で満たされていた。だが、聖者は登場しないのである。ただ、例外として、文学や神学の衣を着せられていない、なまの迷信の領域で、聖者が一役買う場合があった。ガンの聖ベルトゥルフの場合がそれで、シャトランによれば、この聖者は、町になにか重大なことがおこりそうになると、聖ペテロ修道院にあるその柩《ひつぎ》をカタカタいわせたという、「せわしなく、強く」。ときとすると、これに軽い地揺れがともなった。町の人びとはおどろき恐れ、盛大な祭列を催して、えたいのしれない禍《わざわい》をさけようとしたという。

一般に、かたち定かならず、ぼうばくとしたイメージには、しめっぽい恐怖感がつきまとう。教会の壁に彫りこまれ、描かれた聖者の像のように、きまりの持物をもち、なじみのおもだち、ここちよい色の衣装をつけているというではなく、かつて知らぬ恐ろしげな顔つき、もうろうたる白衣につつまれて歩きまわる、あるいはまた、きよらかな天光まばゆくあらわれる、そしてまた、おどろおどろしくも、色あおざめた幻の姿態のうちに、隠れた心のかたすみより浮かびあがるイメージには。

このことは、べつにおどろくにはあたらない。明確なかたちをとっていたからこそ、多くのイメージ素材を集め、これを、いわば、結晶せしめていたからこそ、聖者には、戦慄《せんりつ》を誘う秘密性が欠けていたのである。超自然のものへの恐怖は、イメージの無限定性に発する。まったく予期しえなかったような恐ろしいなにかが、突然、姿をあらわすかもしれないという予感が、恐怖を誘うのである。だから、イメージが輪郭づけられ、限定されると、安定と親しみの感情がわいてくるのだ。

なじみの姿の聖者たちは、ちょうどみしらぬ大都会のまんなかで出会ったお巡《まわ》りさんのように、なにかしらひとを安心させるものをもっていたのだ。聖者の画像表現を根幹とする聖者崇拝は、かたや、神観照の恍惚境《こうこつきょう》、キリストへの愛の甘い戦慄、かたや、悪魔の恐怖の陰惨な幻、魔女幻想、と、この両極端のあいだに立って、おだやかな、そして静かな信仰として、いわば、その中間帯を構成していたのである。

だから、こう提言しても、いきすぎではないと思うのだ、聖者崇拝は、極度の至福感、不安感をみちびき、これをおだやかな感情表現に誘いこむことによって、あらあらしく奔放な中世の精神に、実に衛生的な鎮静作用を及ぼしていた、と。

聖者崇拝は、あますところなくイメージに描きつくされて、信仰生活の外圏をかたちづくっていた。それは、日常生活の意識の流れにのっていたのである。ときとすると、その流れに溺《おぼ》れて、本来の面目を失うことがあった。後期中世に流行した聖ヨセフ崇拝が、そのことをよく示している。

聖ヨセフの面目失墜は、人びとが情熱をかたむけたマリア崇拝の結果ないし反動と考えられる。このキリストの義父に対するつつしみのない好奇心は、処女なるその母への愛と崇敬の、いわば対極にあったのだ。マリアは、ますます高められ、ヨセフは、ますます戯画化された。造形美術がヨセフにふりあてたタイプは、ぶかっこうな、こっけいな農夫というタイプに、危険なまでに近づいていた。ディジョンにあるメルキオール・ブルーデルラムの描いた二折小祭壇画のヨセフが、たとえばそうである。だが、けっきょく、造形美術は、このような冒瀆《ぼうとく》を、最後までおしすすめることはひかえたのである。

文学は、もっと大胆だった。ユスタシュ・デシャンのヨセフの描写は、なんというしらじらしいきまじめさをみせていることか。だからといって、けっしてデシャンその人が、神をおそれぬ嘲笑家であったということではないのだが。ヨセフ、神の母に仕え、その子を育てた人。だれしも考える、およそ死すべき生命をもつものにして、この人ほどに神の恵みをうけたものがまたとあったろうか、と。ところが、デシャンは、労苦にあえぐ、きのどくな亭主《ていしゅ》にかれをみたててよしとしているのだ。

女房、子供に使われる、君よ、
ヨセフのことをいつも想いたまえ、
妻に仕えて、悲しみ嘆き、
イエス・キリストを守っていた、子供のころの、
槍《やり》の柄《え》に荷をつけ、徒歩《かち》あるき、
だって、ほうぼうにそう描かれている、
ろばのかたえに、ふたりに楽をさせようと、
こんなぐあいで、この世には、楽しみなんかなかったのだ。

これが、ただ、高貴な人の先例をひいて、気苦労の多い世の亭主族をなぐさめようということであるならば、多少、表現に品位を欠くところがあっても、まあ、しかたがないといえるかもしれない。だが、デシャンは、ヨセフを、そのものずばりに、家族を養う力をもたぬ男どもへのみせしめとして描くのだ。

なんという貧しさを、ヨセフは、
苦労を、
不幸を、
しょっていたことか、神の生まれたもうたとき。
いくたびか、ともない歩き、
のせ、
心やさしく、
その母ともども、
ろばの背に、ふたりを連れまわした。
わたしのみた、
かれの絵姿はこんなぐあい。
エジプトに、かれは行った。
このお人よしの描かれたさまは、
疲れはて、
その身ごしらえは、
だぶだぶのズボンに、うわっぱり、

首筋に、かついだ杖《つえ》をおしあてて、
老いはて、精もつき、
あとずさり。
この世には、なんの楽しみとてもない、
そのかれを、
ひとはいう、
　これがヨセフのばかだ、と。

いかに、なじみのイメージから、なれなれしい解釈がひきだされて、テーマ本来の神聖さを汚したか、という事態がここに認められるのである。

民衆の想像するヨセフは、いつまでも、なかばコミックなイメージにとどまっていた。だから、十六世紀にはいってもなお、ルターの論敵として知られるヨハン・エックは、ヨセフをクリスマスの劇に登場させるのはやめよう。もしどうしてもというのなら、せめてそれに似つかわしいしかたでやるべきだ。たとえば、ヨセフに羹《あつもの》を料理させるようなことはすべきでない、「神の教会が笑いものにならないように」と、声を強めて説かなければならなかったのである。

このようにますますはびこるヨセフ戯画化の傾向に抗して、ジェルソンは、正しい聖ヨセフ崇拝を回復しようとつとめ、実際、全聖者典礼のうち、聖ヨセフのそれを筆頭におかせるまでに成功したのである。このジェルソンのまじめな努力もまた、つつしみのない好奇心からけっして自由なものではなかったという事情については、すでに以前に述べたところである。その好奇心は、思うに、ヨセフの結婚というテーマと、ほとんど不可避的に結びついていたのであった。

神秘主義への好みをみせてはいるものの、やはり、多くの観点からみて、ジェルソンは、一個の醒《さ》めた精神である。そのかれ、迷妄《めいもう》にとらわれぬ自由な精神のかれにあってさえも、マリアとヨセフの結婚ということを考える場合には、その内容ははなはだ世俗的な考察がはいりこんできてしまっていたのだ。

これまたまじめで正しい信仰の人というタイプの騎士ド・ラ・トゥール・ランドリも、この問題を、こんなふうにみている、「神は、マリアが、年老いて正しく、聖なる人ヨセフと結婚することを望まれたのだ。なぜなら、神は、当時慣行の法に従い、結婚という影に隠れて生まれんと欲したもうたのであったから、世のうわさをさけるために」。この最後の一句が問題なのだ。

ある未刊の十五世紀の著作は、天の花婿、つまりキリストと魂との神秘の結婚を、まるで市民の結婚ばなしででもあるかのような言葉づかいで語っている。イエスは、父たる神にいう、「もしよろしかったら、わたしは結婚し、子供や身よりをたくさん作りたいのですが」。父なる神は、異議をとなえた。子なるイエスが、黒いエチオピア娘を花嫁に選んだからである。つまり、この話は、雅歌の一節[*29]「わたしは黒い、けれども美しい」を下敷きにしているのだ。

父なる神はいう、これは不釣合《ふつりあ》いだ、家族にとっての不名誉だ、と。ここで、取り持ち役に天使が登場、花婿のために弁ずる。「この娘は、黒いことは黒いですけれど、にもかかわらず、かの女はしとやか、肢体《したい》はよく均整がとれ、たくさん子供を作る能力をもっています」。父なる神は答えていう、「わが息子《むすこ》は、かの女が黒く、ブルネットだ、といった。正直なところ、わたしは、息子の嫁が若く、上品で、かわいらしく、しとやかで、美しく、ととのった肢体をもっていてほしいのだ」。そこで、天使は、かの女の顔つき、からだつきをおおいにほめたたえ、魂の美徳のあらわれだ、といった。父なる神は、ついに折れ、子なるキリストに向かっていうには、

その娘をとれ、かの女は愛らしく、
いとしの夫を、よく愛するだろう。
また、われらの財宝からゆたかにとれ、
とって、ゆたかにかの女に与えなさい。

この作品のまじめで敬虔な意図については、いささかも疑念をさしはさむ余地はない。これは、つまりは、野放しの状態におかれた想像力というものが、どんなにつまらぬことを考えつくものであるかということを示す、ひとつの例証なのである。

聖者は、それぞれ、はっきりした絵姿に描かれて、じかに民衆に語りかけていた、つまり個性をもっていた。これと対照的なのが天使たちであって、三人の大天使[*30]を例外として、ついに、絵姿に描かれることがなかったのである。聖者の個性は、それぞれにわりあてられた特殊な職能によって、いっそう強められていた。あの危難にさいしては、この聖者を、この病気の治癒《ちゆ》が望みのときは、あの聖者を、と人びとは特定の聖者を求めたのだ。

多くの場合、その聖者伝中の一挿話《そうわ》とか聖画像のある特色とかが、職分わりあてのきっかけとなった。たとえば、その殉教のさい、歯をぜんぶひきぬかれた聖女アポロニア[*31]は、歯痛のとき、祈願されたのだ。そして、ひとたび、この聖者にはこの御利益《ごりやく》、ということが確定してしまうと、その聖者に対する崇拝に、なかば機械的な要素がはいりこんでくるのは、ほとんど必然の事態であった。

ひとたび、ペスト治癒が聖ロクス[*32]の職分ときめられてしまうと、ほとんど不可避的に、この治癒の霊験には、この聖者のはたらきが直接かかわっていると考えられてしまうのである。そうなると、教会の強調する考えかたの筋道、つまり、聖者は、神へのとりなしによって治癒の奇蹟を行なうのだ、という論理は、どこかにおとされてしまう危険にさらされることになる。

この危険がもっとも端的にあらわれたのが、中世末期、舞台前面にはなやかに登場した十四人の救難聖者崇拝のケースである。その数は、ときには五人、八人、十人、十五人と変わることがあったが、なかでも聖女バルバラ[33]と聖クリストフォルス[34]の画像は、ことのほか人びとに親しまれていた。民衆のイメージのなかでは、この十四人は神から特別の権能を与えられている、だから、このうちのだれかに祈願しさえすれば、さしせまった危険をさけることができるということになっていた。デシャンは歌う。

系図にみえる五聖者は、
五聖女ともども、その生の終りに、
神のめぐみの権能をうけた、
だれであれ、破滅にのぞみ、心より、
かれらに祈る、願いの筋を、
神はききたもう、いかなる不運のことをも。
それゆえに、この五聖者を奉ずるものはかしこい、
ジョルジュ、ドニ、クリストフル、ジル、そしてブレーズを。[35]

このデシャンの詩に示されているように、聖者は神より全権を委託され、その効験のほどはきわめてあらたかであったのだから、その聖者がたんなるとりなし役でしかないという考えは、民衆にとっては、とうていうけいれがたいものであったにちがいない。救難聖者たちは、神の全権代理人ということになっていたのだ。

実際、十四救難聖者の礼拝式文をふくむ、中世末期のミサ典書にしてからが、この聖者たちのとりなしというはたらきが、きわめて強い性格のものであることを、はっきり表明していたのである。たとえば、十五世紀末のバンベルクのミサ典書の一節はいう、「神よ、あなたは、あなたの選ばれた聖者たち、ゲオルギウス[*36]その他を、他の聖者にまさる特別の権能をもって、飾られました。かくて、すべて、難儀にさいして、かれら聖者に援助を求めるものは、あなたの恩寵《おんちょう》の約束に従って、その請願のさいわいなる成就に到達するのです」

かくて、教会は、トリエント公会議を機として、十四救難聖者のミサを禁止するにいたったのである。それというのも、民衆が、魔除《まよ》けのお札の迷信よろしく、この信仰に執着する危険があったからだ。事実、すでに、不幸な最期を迎えないように守ってくれる魔除けとして、聖クリストフォルスの画像や彫像を毎日おがむことが行なわれていたのである。いったい、この十四人が、ひとつにまとめられて救難聖者のグループを作るにいたったきっかけはなんであったか。こう問うてみて、思いあたるのは、かれらの肖像のどれもが、なにか想像力をあやしく刺激する特徴をもっていた、ということである。聖アカチウス[*37]は荊冠《けいかん》をつけている。聖アエギディウス[*38]は牝鹿《めじか》を、聖ゲオルギウスは竜を従えている。聖ブラシウス[*39]は野獣とともに洞穴《どうけつ》にあり、聖クリストフォルスは巨人であり、聖キリアクス[*40]は鎖につながれた悪魔とともにいる。聖ディオニシウス[*41]は自分の頭を手にもっている。聖エラスムス[*42]は巻揚機《まきあげき》で腸をまきとる拷問具にかけられている。聖エウスタキウス[*43]はその叉角《またつの》に十字架をかけて運ぶ牡鹿《おじか》を、医者の聖パンタレオン[*44]はライオンを従えている。聖ヴィトゥス[*45]は大釜《おおがま》のなかにあり、聖女バルバラはかの女の塔のかたえに立ち、聖女カタリーナ[*46]は車輪と剣をもち、聖女マルガレータ[*47]は竜とともにある。十四人の聖者に対する特別の注目が、このような、かれらの画像にみられる特異なものへの関心に発していたということは、けっしてありえないことではなかったのだ。

　多くの聖者の名前が、特定の病気と密接に結びついていた。たとえば、聖アントニウス[*48]は、ありとあらゆる種類の皮膚病に、聖マウルス[*49]は痛風に、聖セバスティアヌス[*50]、聖ロクス、聖アエギディウス、聖クリストフォルス、聖ヴァレンティヌス[*51]、聖ハドリアヌス[*52]はペストというぐあいに。ここに、民衆の信心を堕落させる、もうひとつの危険がひそんでいたのだ。病気が、聖者の名を冠して呼ばれるようになったのである。「聖アントニウス熱」とか「聖マウルス病《サン・モール》」とか。

　かくて、聖者は、病気のことを考えるとき、まずまっさきに想い浮かぶ存在となった。

病気のことを思えば、心は、恐れと不安に、はげしく動揺する。とくに、ペストとなると、そうだった。だから、ペストの聖者は、十五世紀、教会での礼拝に、祭列に、信者講に、たいへんな信心を集めたのである。これは、いってみれば、宗教の疾病《しっぺい》保険だったのだ。

いまや、災厄《さいやく》ということになれば、そこにかならず出てくる神の怒りという強烈な観念は、はっきりしたイメージをもつ聖者たちの上に、いともかんたんに移植されたのであった。神のはかりしれぬ正義が疾病の原因なのではない。聖者の怒りが疾病をひきおこすのだ。そしてその怒りは、なだめられるまでやまないのだ。いったい、聖者が病気をいやすならば、どうしてそれをひきおこさないはずがあろうか。

かくて、ここにみられたのは、民衆の信仰が異教へと傾斜し、宗教、倫理の領域から、呪術《じゅじゅつ》の領域へと移りゆく事態である。教会は、この事態に関して、責任を負っていたろうか。教会は、純粋な教義というものが、無知な精神にうけいれられるとき、いかにその純粋さを失ってしまうものであるか、このことをじゅうぶん計算にいれなかった。ただこのことに関するかぎり、教会はやはり責任を負っていたのである。

このような考えかたが、民衆のあいだに広くひろまっていたことを立証する証拠は、実に数多くあり、いったい、ほんとうに、無知な人びとのあいだでは、聖者が病気をひきおこすと考えられていたのだろうか、そんなことは疑わしいとする意見は、かんたんにこれをしりぞけることができるのである。

「聖アントワーヌに焼かれもしよう」というのは、当時はやっていた呪《のろ》い文句であった。そのほか、「あいまい屋なんぞ、聖アントワーヌに焼かれちまえ」、「聖アントワーヌ、馬を焼け」、およそこういった呪い文句のなかでは、聖アントニウスは、まさしく、火の悪霊《ダイモン》の役を演じているのだ。

聖アントワーヌは、高い値段で売りつける、
その病を、おれのからだに火をつける。

これは、デシャンが、皮膚病に悩む乞食にいわせたせりふである。さらに、デシャンが、痛風やみに向かっていうには、なんだって、歩けないって、いいじゃないか、通行税が節約できる、

聖モール[*53]がふるえないようにしてくださるさ。

ロベール・ガガンは、けっして聖者崇拝それじたいに反対するものではなかったが、『フランス国じゅうを乞食してまわるたくましき連中の種々の狡猾《こうかつ》さについて』と題する諷刺詩《ふうしし》を作り、そのなかで、こんなふうに、聖者崇拝の悪弊を批判している。「あるもの

は、地面に倒れると、くさいつばを吐きちらし、これは聖ヨハネの奇蹟だ、だのとぬかす。連中にいわせれば、潰瘍《かいよう》に悩むのも、隠者、聖フィアクリウス[*54]のせいなそうな。おお、聖ダミアヌス[*55]よ、あなたが放尿を妨げているのです。聖アントニウスは、苦痛の火に、かれらの関節を焼く。聖ピウス[*56]が、かれらを身体障害者にし、中風《ちゅうぶ》にする」

エラスムスもまた、このような民衆の妄信《もうしん》を諷刺している。その『対話集』[*57]の一部であるが、いったい聖者というものは、天にのぼると、地上にあったときよりも、ひとが悪くなるものなのでしょうか、との、フィレコウスなるものの問いにテオティムスなる人物が答えていうには、「そのとおり。天に君臨する聖者たちは、侮辱されることを望まないのだ。いったい、生前のコルネリウス[*58]よりも心のやさしい人がいたろうか。アントニウスよりも柔和な人が、洗礼者ヨハネよりも我慢づよい人がいたろうか。それがどうだ、いまは、それ相応の敬意が払われないとなると、恐ろしい病気を送ってよこす始末だ」

民衆説教師さえも、会衆に向かって、聖セバスティアヌスがペストをはやらせる、聖ユトロープ[*59]が、これはおそらく、水腫《すいしゅ》患者を意味するイドロピークに発音が似ているというところからきているのだが、水腫病にかからせると明言したという。これはラブレーの証言である。アンリ・エチエンヌもまた、この種の信心について述べている。

聖者崇拝の感覚内容、思考内容は、広くそして密に、画像の色とかたちとに結びついていた。審美的知覚が、たえず、宗教思想をなしくずしにしていく危険が、そこにあった。

画像の黄金の輝きをみるということ、入念に描かれ、みごとに再現された衣装のすばらしい効果を、そこに立つ聖者たちの敬虔なまなざしをみるということと、そのとき、聖者の生きいきとしたイメージが心中に浮かびあがるということと、このふたつのプロセスのあいだには、それらこうごうしい存在に、心からの崇敬をささげるにあたって、教会はなにをゆるし、なにを禁じているかを考えてみるという、もうひとつのプロセスのはいる余地は、まったくなかったのである。

民衆の心のなかでは、聖者たちは神であった。信仰正しく厳格なウィンデスハイムの人びとが、これを信仰の危機とみて、民衆のために恐れたのは当然であって、なにもおどろくことはない。むしろおおいに注目すべきは、皮相凡俗の宮廷詩人、まさにその皮相さ凡俗さゆえに、時代の精神の一般相をよく映す鏡であったともいうべきユスタシュ・デシャンのような人にあっても、聖者崇拝のうちに信仰の危機をみる考えかたが、突然、いわば発作ででもあるかのように、出てきていることである。

銀で神々を作るな、金で、
木で、石で、青銅で、それは、
人びとを偶像礼拝へとはしらせる
……………

というのも、作られたものはかたち快く、
わたしがいうのは、そのいろどり、
輝く金の美しさ、それが、
心さだまらぬ人びとに、信じさせる、
これぞ神、まちがいなく、と。
そして、おろかな心から、かれらは仕える、
教会堂にあまたおかれて、
ダンスを踊る、それらの聖像に。
これはよしなしごとである。つづめていおう、
かかる偶像を拝むまい。

殿よ、ただ神御一方《かみおんひとかた》を信じよう、
まったき讃仰《さんぎょう》をささげよう、
はろばろとひろがるところ、いずくにあっても。
これぞ道理。偽りの神々、鉄、磁石、
また、知恵もたぬ石、

かかる偶像を拝むまい。

おそらくは、この聖者崇拝熱への無意識の反動として、中世末期、守護天使への熱狂的な崇拝が出てきたのではなかったか。聖者崇拝にあっては、生きいきとした信仰が、あまりにも堅くこりかたまりすぎてしまったのだ。だから、ひとは、もっと自由のきく状態の崇拝感情、被保護意識を求めたのである。かくて、この希求は、画像表現をほとんど知らぬ天使の姿をみいだした。超自然のものとの直接の接触へともどったのである。

ここに、またしてもジェルソン、この純正の信仰のゆだんなき擁護者が登場し、言葉をつくして、守護天使崇拝を勧める。だが、ここでもまた、特殊瑣末事《さまつじ》をほじくりたいという気持はなかなかに強く、ために、敬虔な崇拝の心の傷つけられるおそれがあった。だから、ジェルソンはいう、「学者のおうせいな探求心」は、天使について、さまざまな問いをなげかける。天使たちはわたしたちをみすてないかどうか。わたしたちは救われるのか、断罪されることになるのか、天使たちは知っているかどうか。キリストは守護天使をもっていたかどうか。マリアはどうか。反キリストはもつことになるのかどうか。

天使は、幻を介さず、直接わたしたちの魂に語りかけることができるのかどうか。天使たちは、善への慫慂者《しょうようしゃ》であるかどうか、ちょうど悪魔が悪へのそれであるように。天使たちは、わたしたちの考えをみぬけるかどうか。天使たちは、ぜんぶで幾方《いくかた》か。かかるおうせいな探求心は、とジェルソンは結論する、これを神学者たちにまかせておこう。幻妙な考察にふけるよりは信心を、と心がける人びとには、好奇心などというものは、まったく無縁である、と。

ジェルソンより一世紀ののち、宗教改革は、その攻撃の前に、聖者崇拝がまったく無力なのをみいだした。他方、宗教改革は、魔女、悪魔の信仰に対しては、攻撃を加えなかったのである。いや、むしろこういおう、攻撃することを望まなかったのだ、と。宗教改革派じたい、まだ、それに深くとらわれていたからであった。

なぜ、聖者崇拝は、無抵抗であったか。聖者崇拝が、ほとんど「のこりかす」になってしまっていたからではなかったか。その思想内容のほとんどすべてが、絵に、伝説に、礼拝式に表現しつくされ、もはや、そこには、戦慄《せんりつ》の畏怖感《いふかん》がすこしも残されていなかったからではなかったか。聖者崇拝は、描かれぬもの、いいあらわしえぬもののなかに深くおろしていたその根を失ってしまっていた。それにくらべ、悪魔信仰の世界では、いぜん、その根は深かったのである。

かくて、やがて対抗宗教改革が、聖者崇拝から不純物をとりのぞき、新たにこれを育てようとしたとき、まずしなければならなかったのは、きびしい規律という庭鋏《にわばさみ》を手に、盛んにのびひろがろうとする民衆の想像力の芽をつみとり、もって、その精神を矯《た》めなおすことであった。

〔1〕なお、エドワード四世の血なまぐさい手先であり、同時に、イギリス初期人文主義者のひとりでもあった、ウースター伯ジョン・ティプトフトの話をあわせ考えられたい。この男は、首を切られるとき、聖三位一体への敬いのために三太刀で首を落としてくれと、首切り役人にたのんだというのだ。

〔2〕一四二〇年の財産目録。なお、「シャルル突進侯の財産目録」に言及されているのも、これと同一のものであろう。またアミアン市立図書館蔵の木彫りのマリア小像は、十六世紀末にスペインで作られたものだが、その腹部に長方形のへこみをもち、そのなかには、象牙製の幼児イエス像が鎮座している。

〔3〕なおジェルソンは、ある年のクリスマスの説教で、この異端の思想が、事実、しだいにひろまりつつあったことを証言している。そこに引用されている、ある祈禱文は、マリアについて、こう述べている、「罪人たちのために、父と子と聖霊とは、あなたの内に宿借らんと欲された……だから、あなたは、全三位一体の室なのです」

〔4〕たとえば、シャトランの報ずる、一四二〇年、ヘンリー五世とブルゴーニュ侯フィリップのパリ入城、一四三〇年、フィリップのガン入城にさいして。

〔5〕ジェルソンは、この場合、天使に関するトマス・アクィナスの学説の上に立っている、すなわち、天使は、それぞれ、いわばこの地上においては「種」と呼ばるべきものである、と。エチエンヌ・ジルソン『トマスの学説』（一九二二）を参照のこと。

（1）一四一四年、コンスタンツ公会議（改革大教会会議）がひらかれた。この会議は、一四一七年法王マルティヌス五世を選出して「教会分裂」の事態をいちおう収拾したが、いわゆる公会議主義（教会の問題の最高の決定機関は、司教の会議たる公会議であるとする改革論）と、法王至上主義との対立の調整は、けっきょくならず、問題はのちにもちこされた。教会改革論者とは、この前後、カトリック教会の組織、制度の改革のことを論じた論客の総称である。

（2）クリスマスと御公現の祝日（一月六日）のあいだに催された祭り。民衆のあいだから「愚者の司教」が選ばれ、教会行事をもじる陽気な騒ぎがみられた。おそらく、ローマのサトゥルナリア（三〇五ページ注（6）参照）に出たもの。すでに、法王庁は、これを八世紀に禁止している。だが、十一世紀以降各地に流行し、とくにサンス、ボーヴェのそれは有名になった。ようやく、十六世紀、きびしい禁圧処置がとられ、消滅した。

（3）シメオンの預言、エジプトへの逃避、イエルサレムでイエスを三日間みうしなったこと、ゴルゴタの丘にひかれていくイエスに出会ったこと、イエスの磔刑に立ち会ったこと、十字架降下、イエスの埋葬。「七つの悲しみのミサ」は、現在、九月十五日に行なわれている。

（4）ヤコブの母マリアは、クロパ（クレオファ）の妻。この点ははっきりしているのだが、「ヨハネによる福音書」一九の二五の読みによって、(1)クロパはヨセフの兄弟、したがって、ヤコブの母マリアは聖母マリアの義姉妹、(2)聖母マリアの実姉妹、と二説に分かれる。

（5）ゼベダイ（ゼベデオ）の妻、使徒大ヤコブおよび使徒ヨハネの母。ヤコブの母マリアおよびマグダラのマリアとともに、イエスの磔刑に立ち会い、また、イエスがよみがえったあとの墓に行き合わせた、とマルコは伝えている（「マルコによる福音書」一五の四〇、一六の一〜八）。

(6) イエス懐胎のことをマリアに告知した御使（「ルカによる福音書」一の二六）。

(7) ゲッセマネの園での祈りから十字架上の死までの経過を十四のプロセスに分け、各プロセスについて黙想を行なう信心行。

(8) 十字架上のイエスの両手、両足、脇腹に負わされた傷口。その祝日は四旬節第四週の金曜日。

(9) 「アンジェラスの鐘」は聖処女マリア讃仰の「天使祝詞」の出だしが「アンゲルス・ドミニ」、主の天使と始まることに由来する呼び名である。「天使祝詞」は「アヴェ・マリア」とも呼び、この祈禱に合わせて鳴らす鐘が「アヴェ・マリアの鐘」あるいは「アンジェラスの鐘」である。この祈禱と鐘の起源は定かでない。十四世紀の法王ヨハネス二十二世が毎日夕方にこの祈禱を唱えることを許可したという伝えがあり、それから一世紀ほどして、フランス王ルイ十一世の時代に、この王の考えで朝昼晩の三回、これを実修するようになったという伝えもある。「ヴィヨン遺言詩」の『形見分けの歌』に「夜ごと、かかさず九時に」この鐘が鳴ると読める。なんでもこれをパリ大学の消灯の鐘としていたという伝えもある。十五世紀中ごろには、まだ、夜一回の勤行と鐘だったということで、「朝夕のアンジェラスの鐘」は中世末期からだというホイジンガの指摘はそれなりに正しいということになる。

(10) ホイジンガは「罪なき子ら」厄日関係の情報をコミーン、シャトラン、ル・ジュヴァンセル、パリの一市民、パストン家書簡集といった文書資料、あるいは関係研究者の著述などから拾っている。なお、「ルネ・ド・ロレーヌ」は一四七三年以降ロートリンゲン（ロレーヌ）侯だったルネ二世のことで、侯位について早々、ブルゴーニュ侯シャルル・ル・テメレールがロートリンゲン制圧に動いた。ルネはアルザスの諸勢力とスイス盟約者団の協力を得てシャルルと対決し、一四七七年初頭、シャルルを、ロートリンゲンの首邑ナンシー郊外に倒した。「予定された戦闘」がいつのことなのかは不明。

(11)「マタイによる福音書」一七の一～三、「マルコによる福音書」九の二～八参照。

(12)十三世紀のはじめ、パレスチナのカルメル山に成立した修道会。預言者エリヤに従う修道生活を理想とする。一二四〇年ごろパレスチナを捨ててキプロスからフランス、イギリスに移転した。一二四七年、イギリスのカルメル会で会則が決定され、以後、ドメニコ会、フランチェスコ会と競合しつつひろまる。きわめて峻厳な規律に立っていたが、十五世紀にはいるとしだいに規律はゆるめられ、その世紀のなかばには、女性をも入会させる方針をとるにいたった。

(13)ホイジンガは根拠の史料を『パリ一市民の日記』と指定しているが、じつは日記の校訂者アレクサンドル・テュテイの注記から情報を汲んでいる。日記の記事は一四四二年十月十一日付けのもので、ジャン・ラ・ヴェリエールなる女隠者がイノッサン墓地内の新造の小屋に入居する儀式がパリ司教の司祭で執り行なわれたことの次第を述べているだけである。とりたててスキャンダル扱いの気配はない。「女隠者たち」だのと複数で書いているわけでもない。あとホイジンガが書いていることはテュテイの注記から汲んだ、それもかなり恣意的な読み方の知識である。どうもこのあたりの史料の読み方と扱い方は感心しない。

(14)ホイジンガはこの情報は人の本に頼っている。なおベルヘ・ノプ・ソーンは「海岸のベルヘン」の意味で、ワルヘレン島と本土の作る狭い入り江に面した町だった。いまは埋め立てによってワルヘレン島が本土とつながっているので、往時とは立地が異なる。

(15)一四〇〇年ごろ、エノーに生まれた音楽家。ローマの法王庁で仕事をしたのち、一四三六年以降、カンブレーの教会参事会員として、ほとんどカンブレーに住み、教会音楽を監督し、また作曲した。ミサ曲のほか、聖あるいは俗のテーマによるモテットそのほかの世俗歌曲を多く残している。一四五四年、ブルゴーニュ侯のリールの祝宴のために作曲している。一四七〇年没。

(16) 十五世紀後半以降、聖書に材をとった宗教劇を「ミステール」と呼ぶ慣行が確立した。これ以前、この語はかなり広い意味に使われていたと思われる。そして、この語が、ラテン語で異教の秘儀を意味する「ミステリウム」に出たのか、それとも中世ラテン語で礼拝奉仕（ミサ）を意味する「ミニステリウム」に出たのか、はっきりしてはいないのである。ラ・マルシュの言葉づかいは、きわめて特殊なケースだと思われるが、要は、宗教劇という意味での「ミステール」という言葉の適用範囲が、世俗の演劇的催しものに使われる小道具類にまでひろがっていったということを、ホイジンガはいいたがっているのだ。

(17) モテット（モテトゥス）は、グレゴリオ聖歌の一部分を基本声部（テノール）とし、これに、すこし調子の高い第二声部を加えて、二部の多声形式にしたものが初源のかたちで、これはすでに十三世紀に成立した。教会音楽、世俗の歌曲、あるいは伴奏楽器の有無を問わず、要するに二部合唱である。これにさらに第三部、第四部を加え三部四部の多声形式が出たが、しかし、つねに基本声部にはラテン語によるグレゴリオ聖歌の断片が使われ、第二部以下には、フランス語の歌詞が使われるというかたちが一般になったのである。ギョーム・デュファイのモテットがこのかたちであり、十六世紀にはいっても、この基本声部尊重の体制は、なお維持されていた。

(18) ネーデルラント初期人文主義者。一四四三または四年、フロニンヘン北のバフロに生まれ、フロニンヘン、エルフルト、ルーヴァンに学ぶ。イタリア、ドイツのほか、その足跡は広いが、一四八五年、若くして死ぬ。後年のエラスムスとの関係が注目される。

(19)「聖リーフィン」Sint Lievin はホイジンガは Sint Lieven と書いていて、半世紀後の記念出版の刊本も見てみたのだが、変わっていない。七世紀のアイルランド人伝道師で、ブラバントを伝道し、ハウテムで殉教した。ハウテムはマース河畔、マーストリヒトのすぐ北のメールセンの隣町である。ヘント(ガン)からハウテムまで、かなりある。

(20) ネーデルラント、スウォレ近郊、アイセル川のほとりのシントアグニーテンベルフ(サンクタ・アグネスの丘)に設営されたアウグスティヌス会派の修道院。通称「ウィンデスハイム修道院」。トマス・ア・ケンピスは、ここで七十年余りを過ごしている。

(21)「長靴」は「神」の陰語と考えられる。なぜ「長靴」をもちだしたのかはわからない。フランス語でも、とくに呪詛の言葉づかいとして、「デュー」を「ビュー」ないし「ブリュー」となまる例がある。また、オランダ語では神は「ホット」であり、「ボット」に近く、あんがいこのへんに説明の鍵があるのかもしれない。

(22)「パープラール」(papelart, papelarde) はイタリア語の「パッパラルド」(pappalardo) かららしい。これの語原はわからない。pappa は「おかゆ」、lardo は「ラード」だが、それの組み合わせとは信じられない。pappare が「大食する」という意味の動詞で、それと類縁語なことはたしかである。「学校ラテン語」schoollatijn もわからない。学生が学ぶ生半可なラテン語という意味か。なんでもラテン語に言い換えてしまう環境をいっているのか。なお、モロースキーは、その『十五世紀以前のフランス諺集』（一九二五年）に、この諺の異種として、「若い天使」のかわりに「若いパープラール」とある資料を紹介している。

(23) ヘレニズム期アテネの哲学者（前三四一～二七〇）。その幸福論が、次節に出るエピキュリズムである。

(24) アヴェロエスは十二世紀末に死んだコルドバのアラブ人学者である。アラビア名イブン・ルシュド。そのアリストテレス解釈が、ようやく大学のかたちをとりはじめたパリの「スコラ」、学校の教師たちの受け入れるところとなった。だいたい一二三〇年代以後のことである。「スコラ哲学」がそこに成長した。アヴェロエスのどの著書に「エピクロス」の名前が出てくるか、寡聞にして知らない。

(25)「出エジプト記」二〇の四～五。

(26)「ヴィヨン遺言詩注釈Ⅲ『遺言の歌』中巻」参照。

(27) ベネディクト派修道会の枝派カマルドリ会を、一〇一二年、アレッツォ近傍カマルドリに創始した。

(28) ハンガリー王女。一二〇七年ごろ生まれ、チューリンゲン侯ルートウィヒ四世に嫁す。夫の死後、マールブルクに施療院を経営。フランチェスコ会第三会会員。

(29)「雅歌」一の五。

(30) ミカエル、ガブリエル、ラファエル。

(31) 二四七年、アレクサンドリアで火刑殉教。

(32) モンペリエ生まれ、イタリアでペスト治療。一三二七年没。

(33) 異教徒の父に迫害され、二〇〇年ごろ殉教したという。殉教の地はニコメディアともトスカナのさる町ともいう。砲手、火夫の守護聖者。

(34) 三世紀、デキウス帝代の迫害の殉教者という。中世伝承では巨人の渡し守。幼児キリストを背負った姿に描かれる。旅行者の守護聖者。

(35) それぞれ、この前後に出るゲオルギウス、ディオニシウス、クリストフォルス、アエギディウス、ブラシウスのフランス語読み。

(36) イングランドの守護聖者（エドワード三世のころから）。アンドロメダ伝説が結合して竜退治ということになった。おそらく教会初期にカッパドキアで殉教した。十字軍以降、西方でもこの聖者崇敬が盛んになった。

(37) トラキア駐在ローマ軍団の隊長。三〇三年ごろ、斬首殉教。

(38) 南フランス、サン・ジルの守護聖者。伝承によれば、六世紀この地に隠棲し、たまたまのがれてきた牝鹿をかばい、みずからも傷を負った。のち、ゴート王フラヴィウスは、かれのため修道院を建てた。隻脚者《せっきゃくしゃ》、乞食の守護聖者。

(39) 四世紀はじめパレスチナで殉教。羊毛梳機の爪で拷問されたという。羊毛梳人の守護聖者。喉、肺の聖者でもある。

(40) 不詳。あるいは七世紀初頭、コンスタンティノープル教会大主教であり、ビザンティン帝国ユスティヌス朝の最後の皇帝を助け、帝位簒奪者フォークスの怒りを買い殉教したキリアクスのことだろうか。だが、かれはギリシア正教会の聖者である。

(41) 三世紀のガリア伝道者。フランス語になまって「サンドニ」。パリの北の丘で斬首された。

その丘が「モンマルトル」と呼ばれるようになった。「殉教者の山」の意味である。遺骸はその丘から六キロほど北の土地に葬られた。後代、そこに修道院が営まれ、門前町ができた。サンドニの町縁起である。伝えでは自分の首を捧げ持って歩いたという。

(42) 四世紀イタリアはフォルミオの司教。ディオクレティアヌス帝代の迫害に殉教。子を生む女の守護聖者。「セント・エルモ（エラスムス）の火」で知られるように、船人のそれでもある。

(43) 一一八年、ローマで殉教。伝承によれば、奇蹟の鹿をみて改宗したという。狩人の守護聖者。

(44) 三〇三年殉教。ガレリウス帝の侍医。

(45) 幼時、ディオクレティアヌス帝代の迫害に殉教。ザクセン、ボヘミアの守護聖者。舞踏病は「聖ウィトゥスの踊り」と呼ばれる。

(46) 伝承によれば、アレクサンドリアの貴族の娘。四世紀のはじめ、マクセンティウス帝代の迫害に車輪の拷問をうけ斬首された。死体は天使がシナイ山に運んだという。車大工、処女、学者の守護聖者。

(47) アンティオキアのローマ人長官との結婚を拒否して斬首されたと伝えられる女性。これは、しかし、まったく架空の人物らしい。三一一年ごろ、ディオクレティアヌス帝代の迫害に、十五歳にして殉教したアンティオキアの聖ペラギアの写しではないかとの説もある。

(48) 四世紀前半、エジプトにはじめて修道院を設立した隠者。砂漠の隠棲中に得たヴィジョンがいわゆる「聖アントワーヌ（アントニウス）の誘惑」である。

(49) 伝承によれば、六世紀、アンジューのグランフィコ修道院長。ベネディクト修道会をガリア（ゴール）に誘致したとされる。

(50) 三世紀、ローマで殉教。矢を射こまれた姿で描かれる。弓射手の守護聖者。
(51) 二七〇年、ローマで殉教。鞭打たれ斬首。
(52) 三〇三年、ニコメディアで殉教。このほかにも同名の殉教者が二、三いる。
(53) 聖マウルスのフランス語読み。
(54) アイルランド出身。フランク王国に伝道し、モーの司教の許しを得て、ブリーに修道院を建てた。庭師の守護聖者。六七〇年ごろ没。
(55) 小アジア、キリキアの医者。その兄弟コスマスとともに、三〇三年、ディオクレティアヌス帝代の迫害に殉教。
(56)「ピウス」の名を持つ聖者は二世紀のローマの司教しかいない。現在フランスのカトリック教会でも七月十一日を祝日に指定して、「ミッセル」(信者必携の祈禱文集)にもその項を立てているが、式文は「聖者共通式文」を指定している。この司教の事績はほとんどわかっていない。身体障害とのかかわりも特定しがたい。
(57) 一五一八年バーゼルで出版。一五二六年、パリ大学これを禁書処分。一五三三年までに改訂増補、六〇篇余に達す。この文章の出るのは「織天使の葬式」篇。
(58) ローマ司教(在位二五一～二五三)、ガルス帝代の迫害にあう。
(59) ラテン名エウトロピウスのフランス語読み。三世紀、アクィタニアのサントの司教。

中世の魅力と充実

柳　宗玄

ホイジンガという名は、今から一〇年ほど前までは、西洋中世史の専門家を除いては、わが国では、ほとんどこれを知る人はいなかった。

しかし西洋では、名著『中世の秋』を書いた歴史家として、早くから著名であり、一九一九年にこの著書がオランダで出版されて以来、ヨーロッパ各国語に翻訳され、高く評価されていた。

私も、かつてそのフランス語版を読んで非常な興味を覚え、私自身この著書の主要舞台であるフランドルで一年ばかり中世美術を学んだこともあり、自分に邦訳の義務があるような気がして、それに手をつけかけたことがある。

さいわい、昭和三三年に兼岩正夫、里見元一郎両氏の訳が公刊され、続いて他の数種の著作も翻訳されて、歴史家、さらには文明批評家としてのホイジンガの名は、急速にわが国で親しまれるようになった。今ここに堀越孝一氏の『中世の秋』新訳が公刊され、しかもそれが『世界の名著』のシリーズの一冊に加えられた。このところ、いささかホイジンガ・ブームといった観がある。

素朴な中世蔑視

同種の歴史書でも、ブルクハルトの『イタリアのルネッサンス文化』のほうは、早くからわが国に紹介され、親しまれてきた。村松恒一郎氏と藤田健治氏の訳が出たのが、昭和六～一四年のことである。

しかしなぜ、ホイジンガの『中世の秋』のほうの紹介がずっと遅れたのか。原著がオランダ語ということもあろうが、何よりもまず、ブルクハルトのほうがルネサンスを扱い、片方が中世を扱ったものだからなのであろう。ルネサンスを謳歌し中世を蔑視しようとする素朴な態度は、久しくわが国では支配的であり、それが、いまだに中学や高校の教科書に尾を引いている。

しかし最近はルネサンスの限界が意識されるとともに、中世への理解が深まり、両者の評価が逆転しそうな形勢になってきている。

ところで、ルネサンスとか中世とかいう表看板ははずして、この著作の内部に立入ってみると、この二つの歴史書は、実はほとんど同じ時代を扱っているのである。

ただ、一方がイタリアを、他方がブルゴーニュおよびフランドルを舞台にしているだけの違いである。つまり一五世紀を中心とするある時期が、地域によってはルネサンスと呼ばれ、あるいは中世と呼ばれる、ということになる。

そこで、ルネサンスは中世の次にくる時代だと単純に思いこんでいる人たちは、北欧がイタリアより遅れているのだ、と考えるか、さもなければ、一五世紀のフランドルは、もはや中世をぬけ出していて、イタリアのルネサンスと並ぶ「北方ルネサンス」の時代に入っていたのだ、と考えるよりほかはない。

しかし、あのヴァン・エイック以下のフランドル画家たちの精緻極まる写実主義の芸術を知る者は、北欧が遅れていたなどという考えにはとうてい、くみしえない。

そこで、「北方ルネサンス」という概念をもち出すことになる。かくいう場合、優れた芸術、巧みな写実主義はルネサンスのもの、という先入観念が働いているのだ。

特異な史的手法

ホイジンガは、一五世紀を、中世内部の現象と見るのに躊躇しない。それは、中世の成熟しきった姿、つまり「秋」の時代なのである。

そのような考え方は、この世紀（多少その前後にはみ出るが）のフランドルとブルゴーニュ（もう少し広げてネーデルラントとフランス）の社会を、美術、文学、さらにはより広く人間の基本的な生活態度を含めて総合的にありのままに見ての結果なのだ。

そのために、彼は、従来の歴史家がほとんど見捨ててきたような、いわば道端の雑草のような史料をもたんねんに拾い集めている。しかしまさにこの雑草こそ、ある地域の植物相の特徴を最も的確に示すものなのではないか。

歴史学者としてのホイジンガの方法は、さながら一五世紀のフランドル絵画そのままである。主要なテーマの描かれる空間は、一木一草にいたるまで、あるいは室内の片隅の小さい置物や、壁にさす微妙な光のニュアンスにいたるまで、誠実極まる観察眼で把握され描写されている。主題を役立たせるために周辺を暗く塗りつぶすようなことはしない。

この名著は、まことに中世の秋を描いた一幅の名画にほかならない。読む者は何よりまず、その細部にまでおよぶ誠実な描写の妙に陶然と酔い、さてこの中世末期という過去の時代、しかしそれとしてまことに生命的な魅力ある時代に改めて深い興味を覚え、さらに歴史書というものはこういうもの、ということを教わるであろう。

（やなぎ・むねもと　お茶の水女子大学名誉教授）

＊初出「朝日ジャーナル」一九六八年一月二八日号

編集付記

一、本書は中公文庫『中世の秋（上）』（一九七六年九月刊）の改版である。

一、改版にあたり、同文庫（二三刷　二〇一四年二月刊）を底本とし、中公クラシックス版『中世の秋Ⅰ』（二〇〇一年四月刊）を参照した。また、旧版の巻末にあった、原注、訳注を各章末に移した。

一、本文中、今日の人権意識に照らして不適切な語句や表現が見受けられる部分があるが、執筆当時の時代背景と作品の価値に鑑みて、そのままの表現とした。

中公文庫

中世《ちゅうせい》の秋《あき》（上《じょう》）

1976年9月10日　初版発行
2018年11月25日　改版発行

著　者　ホイジンガ
訳　者　堀《ほり》越《こし》孝《こう》一《いち》
発行者　松田陽三
発行所　中央公論新社
〒100-8152　東京都千代田区大手町1-7-1
電話　販売 03-5299-1730　編集 03-5299-1890
URL http://www.chuko.co.jp/

DTP　ハンズ・ミケ
印　刷　三晃印刷
製　本　小泉製本

Published by CHUOKORON-SHINSHA, INC.
Printed in Japan　ISBN978-4-12-206666-3 C1122